Zeit zum Wandern

KAISERSTUHL MARKGRÄFLER LAND

40 abwechslungsreiche Wanderungen – großartige Fernsichten – reiche Natur- und Kulturlandschaften – Ausflugsziele in der Region – **GPS-Tracks zum Download**

RAINER D. KRÖLL

BRUCKMANN

Inhalt

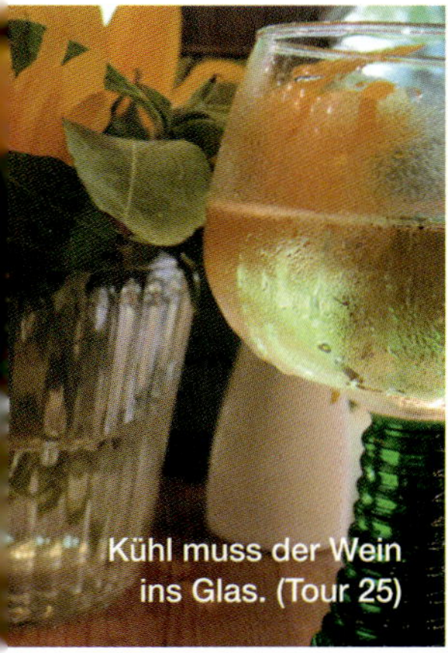
Kühl muss der Wein ins Glas. (Tour 25)

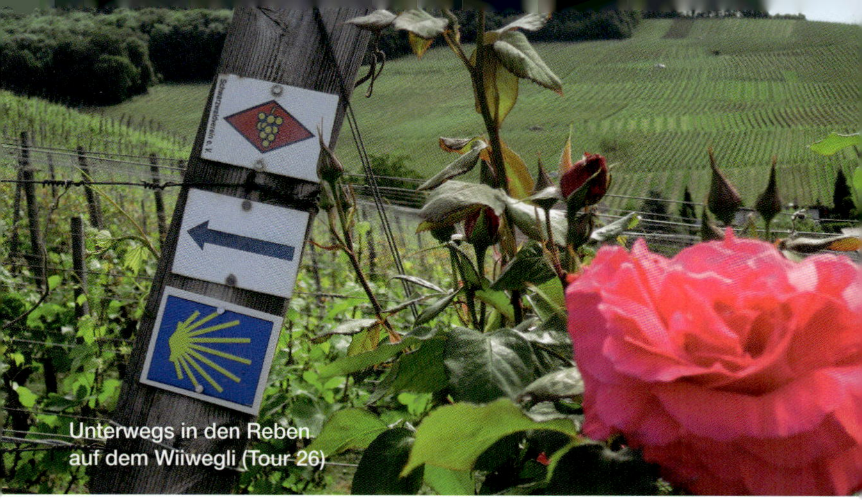

Unterwegs in den Reben auf dem Wiiwegli (Tour 26)

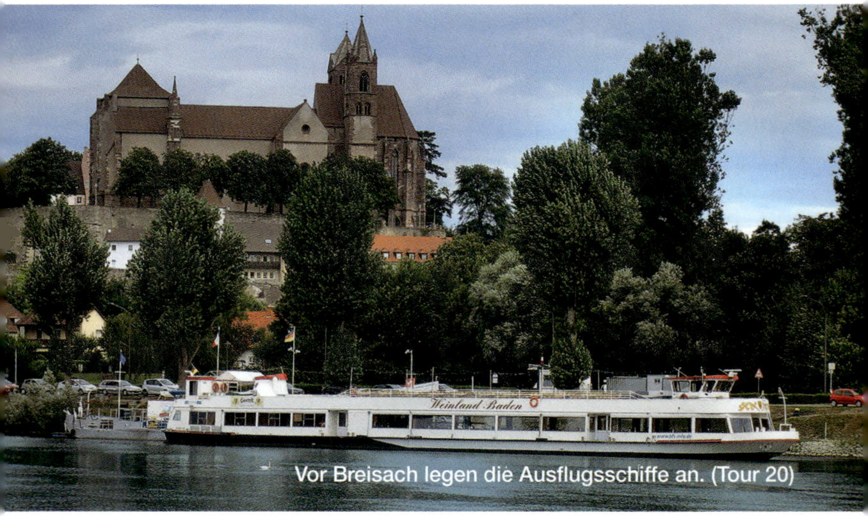

Vor Breisach legen die Ausflugsschiffe an. (Tour 20)

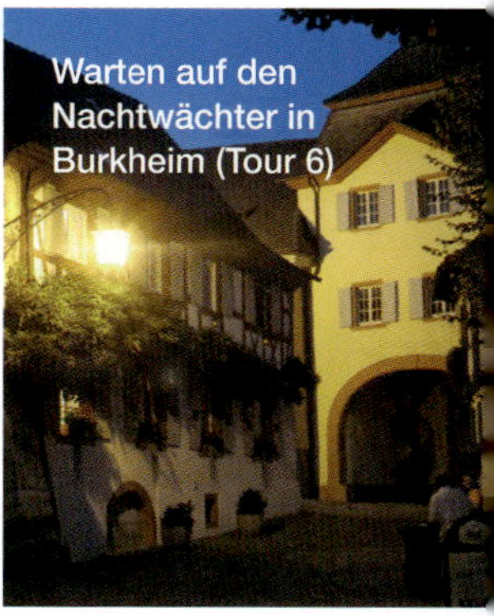

Warten auf den Nachtwächter in Burkheim (Tour 6)

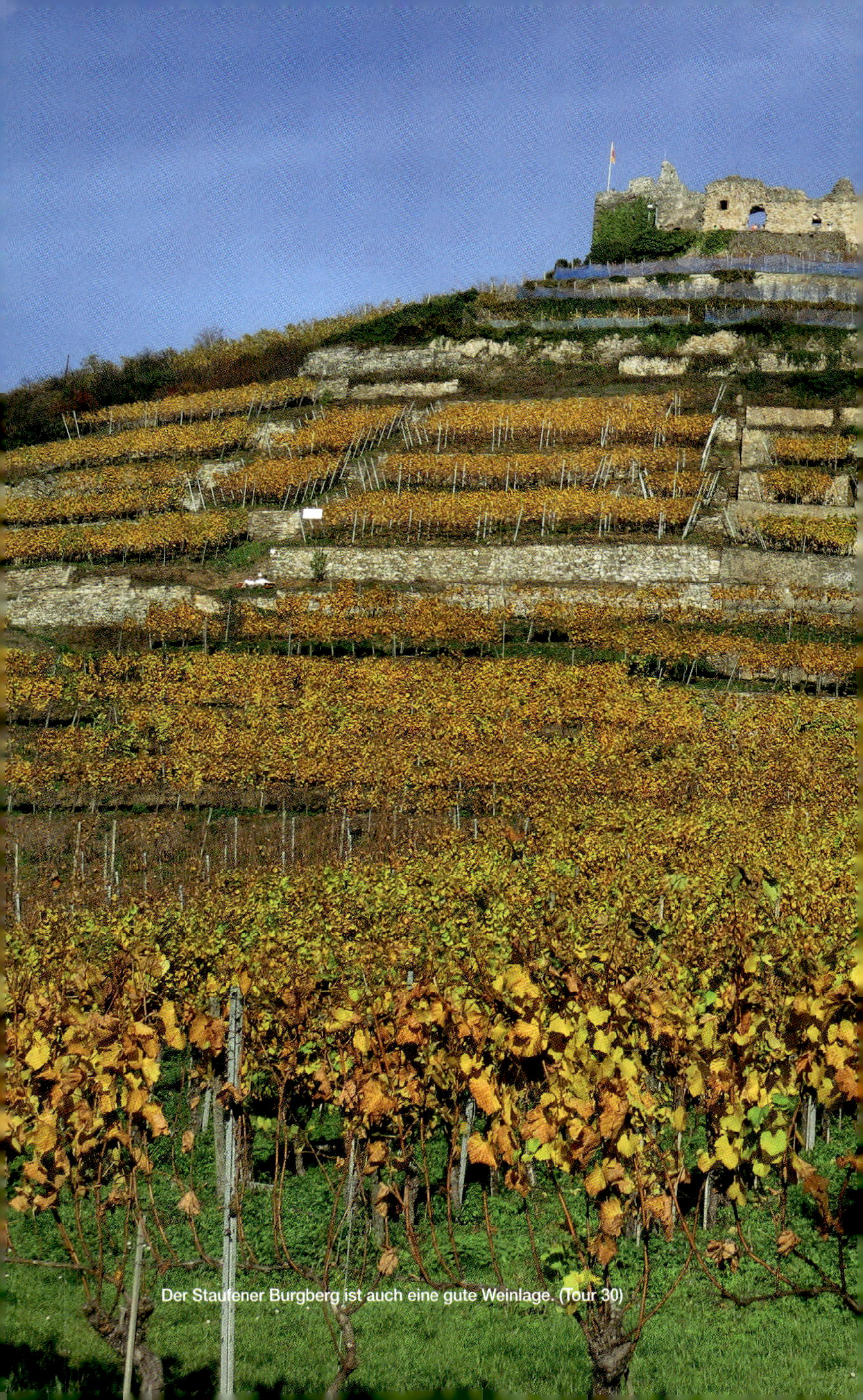

Der Staufener Burgberg ist auch eine gute Weinlage. (Tour 30)

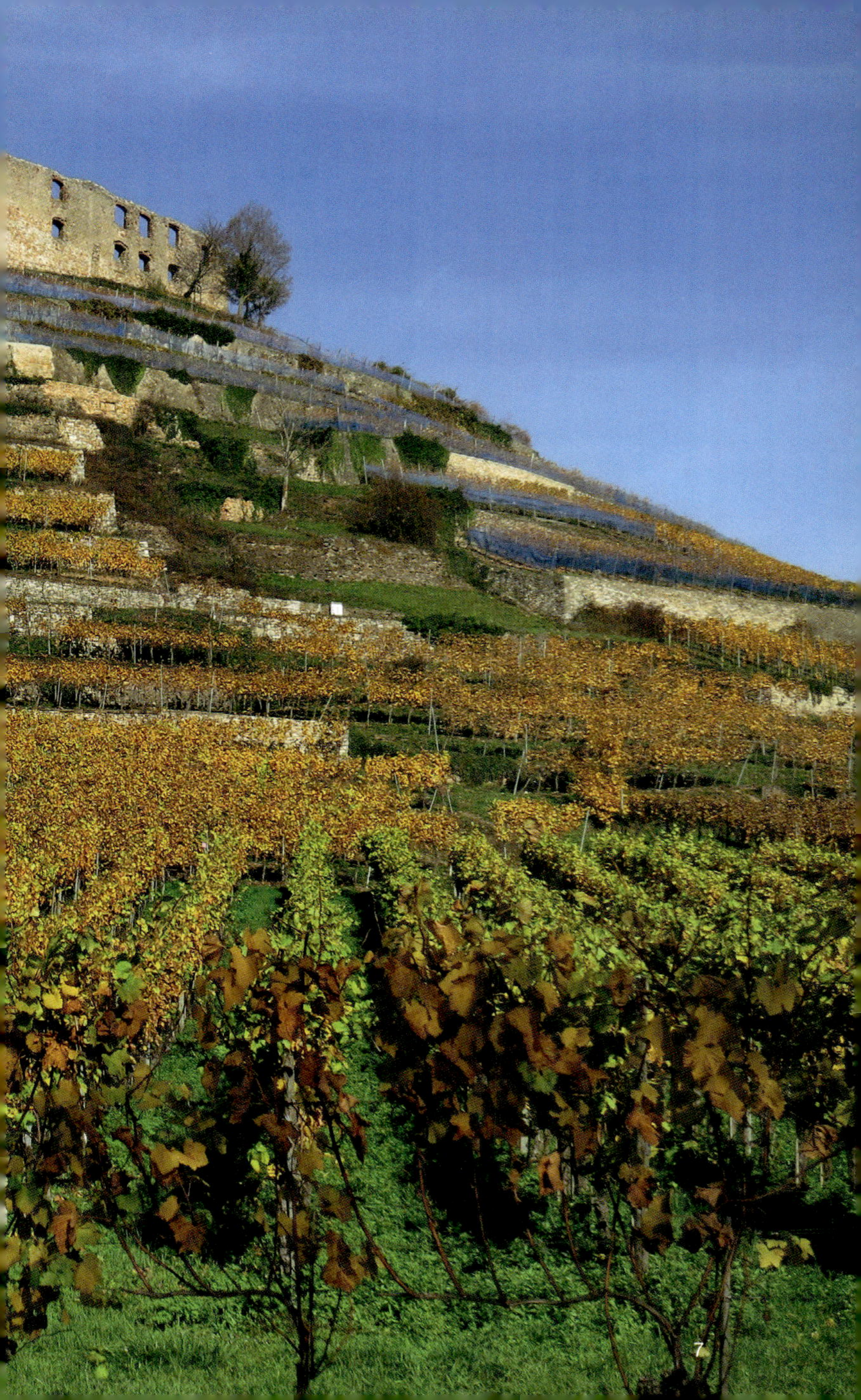

Kaiserstuhl und Markgräflerland erwandern

Vom sonnigen Kaiserstuhl bis hinunter in das liebliche Markgräflerland erstrecken sich reizende Landschaften, dekoriert mit bezaubernden Winzerdörfern und Städtchen. Verheißungsvoll schmückt sich die Region mit dem Slogan »Deutschlands Genießer-Ecke«. Am besten ist es, das Gebiet auf Wanderschuhen zu durchstreifen, denn die Touren präsentieren ursprüngliche und reiche Natur- und Kulturlandschaften, den dschungelartigen Rheinwald, Parklandschaften und Gärten in der Rheinebene und Schwarzwaldrandberge mit großen Fernsichten.

Die Wanderungen zeigen Fachwerkhäuser, Winzerhöfe, Burgen, Ruinen, Schlösser und Klöster inmitten einer intakten Natur, die sich nur zu Fuß entdecken lässt.

Geographie und Landschaftsbild

Kaiserstuhl und Tuniberg in der Region Breisgau und das Markgräflerland erschließen die Badische Weinstraße. All diese Regionen werden nach Osten hin vom Schwarzwald und im Westen vom Rhein begrenzt. Das kleine, nur 15 Kilometer lange Vulkangebirge Kaiserstuhl und der Kalkhügel Tuniberg sind ebenso Bestandteile des Breisgaus wie die Rheinebene. Die beliebte Großstadt Freiburg profitiert von der Lage in der wärmsten Region Deutschlands. Mit dem Begriff Markgräflerland wird heute das Oberrheingebiet mit seinen Weinbergen südlich von Freiburg bis zur Schweiz bezeichnet. Historisch gesehen verläuft die Nordgrenze des Markgräflerlands allerdings bei Heitersheim.

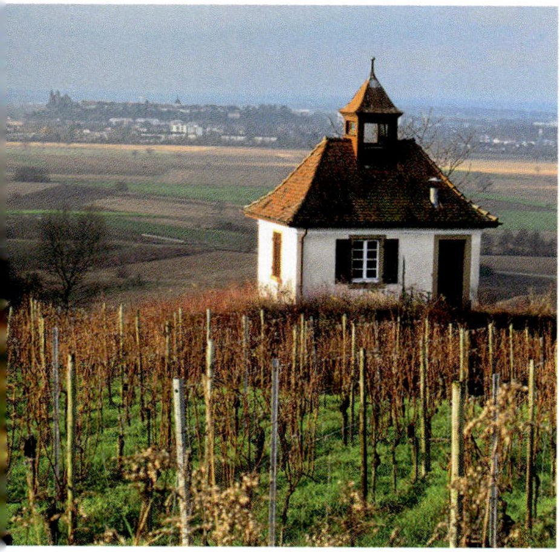

Weinberghäuschen beim Weingut Blankenhornsberg (Tour 17)

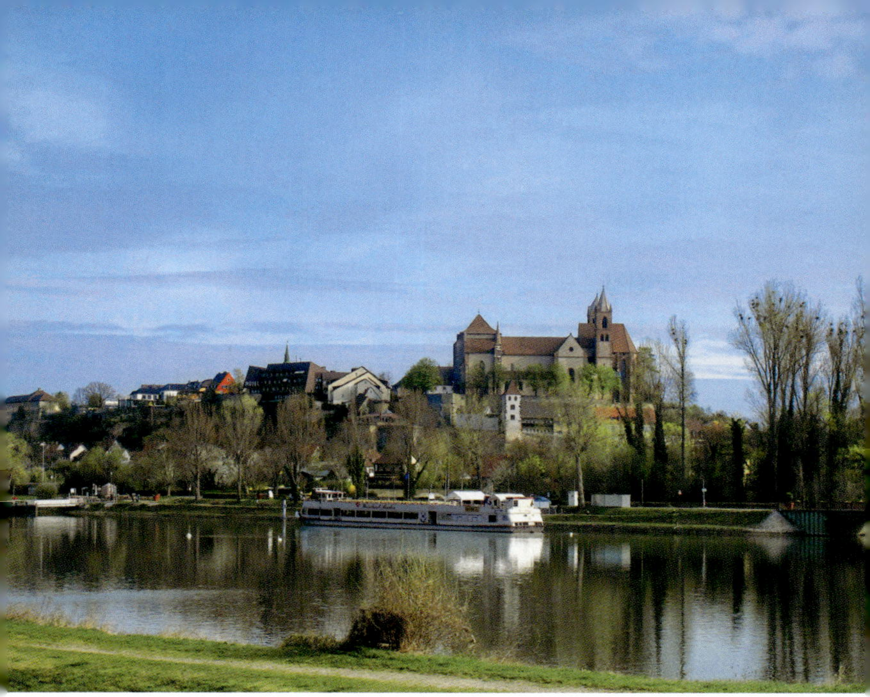

Breisach von der Rheininsel aus gesehen (Tour 20)

Geologie

Zwischen Basel und Frankfurt am Main senkte sich vor 35 Millionen Jahren der 300 Kilometer lange und 50 Kilometer breite Oberrheingraben ab. Sedimente verfüllten diese Bruchzone aber teilweise wieder. Die Gebirge des Schwarzwalds und der Vogesen stellten sich als Abgrenzung des Grabens deutlich heraus. In der nachfolgenden vulkanischen Aktivität im Oberrheingraben entstand neben anderen, inzwischen erodierten Vulkanen auch der Kaiserstuhl, der eine erhebliche Lössanwehung als Auflage aufweist. Die Lössböden können landwirtschaftlich gut genutzt werden, da sie eine gute Belüftung bieten und eine hohe Wasserspeicherfähigkeit haben. Der kleine Tuniberg ist eine Kalksteinerhebung mit Löss- und Lehmauflagen. Kaiserstuhl und Tuniberg liegen in der Region Breisgau. Der Breisgau und auch das Markgräflerland liegen im Osten auf den Gneis- und Granitsockeln des Schwarzwalds. Im Westen gibt es liebliches Hügelland aus fruchtbaren lösshaltigen Böden und die Rheinebene mit sand- und kieshaltigen Böden aus der Sedimentierung des Rheins.

Der gesamte Rheingraben weist noch vorhandene geothermische Aktivität auf. So können heute, wie auch schon zu Zeiten der

Römer, die heißen Quellen zu entspannenden Badefreuden genutzt werden. In den Seitentälern des Schwarzwalds wurden, wie zum Beispiel in Sulzburg, bereits von den Römern die Vorkommen von Silber und Blei abgebaut.

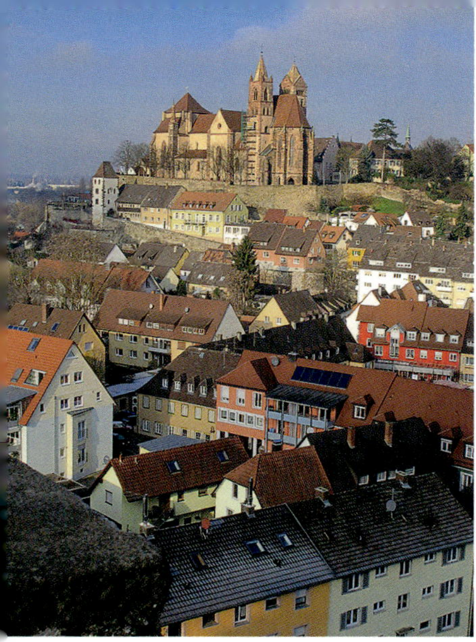

Breisacher Altstadt und Münster vom Eckartsberg aus gesehen (Tour 20)

Klima und Wetter

Der südliche Oberrheingraben zählt zu den klimatisch wärmsten Regionen in Deutschland, die mittlere Jahrestemperatur liegt bei 11 °C, die durchschnittliche jährliche Niederschlagsmenge bei bis zu 900 l/m², die Sonnenscheindauer bei 1800 Stunden. Der Kaiserstuhl besticht durch für Europa vergleichsweise milde Winter und warme Sommer, die Durchschnittstemperaturen von über 20 °C im Juli und August erreichen können. Ursachen sind der Regenschatten der Vogesen und der südliche Warmluftzufluss aus der Burgundischen Pforte.

Geschichte der Regionen

Der Breisgau, zu dem der Kaiserstuhl gehört, hat seinen Namen möglicherweise vom keltischen Namen der Stadt Breisach. Im 12. Jahrhundert erschien in Südwestdeutschland das Geschlecht der Zähringer mit großer Macht. Die Stadt Freiburg kaufte sich 1368 von der Herrschaft der Grafen von Freiburg los und unterstellte sich der Macht der Habsburger. Deshalb gehörte der Breisgau bis zum Wiener Kongress im Jahr 1815 zu Vorderösterreich. Daher gibt es in Endingen am Kaiserstuhl das Vorderösterreichmuseum. Nach 500-jähriger Zugehörigkeit zu Österreich wurde der Breisgau schließlich dem Großherzogtum Baden zugeschlagen.

Der Kaiserstuhl im Breisgau hat seinen Namen vermutlich von dem Gerichtstag bei Sasbach, der von König Otto III. im Jahr 994 abgehalten wurde. Nach diesem Gerichtstag wurde das ganze Gebirge als »Königsstuhl« bezeichnet. Nachdem Otto III. 996 zum Kaiser gekrönt war, wurde aus dem »Königsstuhl« der »Kaiserstuhl«.

Das Markgräflerland wurde vor den Römern lose von den Kelten besiedelt. Reste von römischen Bauten wie die sehenswerte Villa Urbana in Heitersheim oder die interessanten Badruinen in Badenweiler sind noch heute in diesem Gebiet zu finden. Auch der Weinanbau ist eine Errungenschaft der Römer. Doch 230 eroberten die Alemannen, ein Germanenstamm, das Oberrheingebiet. Die weiteren Jahrhunderte bescherten wechselnde Machtverhältnisse von den Franken bis zu den Grafen von Freiburg. Benannt ist die Region nach dem einstigen Herrschergeschlecht, den Markgrafen von Baden, die 1806 von Napoleon zu Großherzögen erhoben wurden. Die Stadt Freiburg ist eine kreisfreie Stadt.

Natur und Naturbedrohung

Abwechslungsreiche Landschaften schufen hier einen enormen Naturreichtum. Einige Gebiete am Oberrhein gehören zu den schönsten und wertvollsten Naturlandschaften Europas mit einer faszinierenden

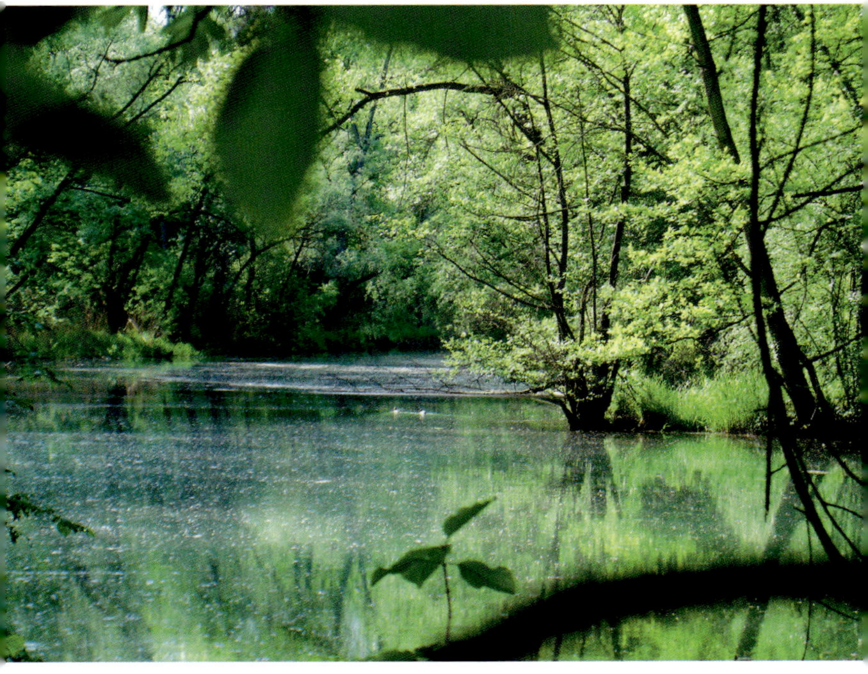

Im urwaldähnlichen Rheinauewald bei Wyhl (Tour 1)

und reichhaltigen Flora und Fauna. Zahlreiche Naturschutzgebiete und geschützte Landschaftsgebiete helfen, die Natur zu behüten. Hervorstechend sind die Naturschutzgebiete im Kaiserstuhl wie z. B. der Badberg mit seinem besonderen Halbtrocken- und Trockenstandort und die urwaldähnlichen Rheinauewälder. Im Frühling blühen auf den Trockenrasen des Badbergs und der Mondhalde die Küchenschellen und Orchideen. Bienenfresser, Gottesanbeterin, Smaragdeidechse und Diptam gehören zu den seltenen Tieren und Pflanzen, die am Kaiserstuhl vorkommen. Der bunte Bienenfresser baut seine Nisthöhle in senkrechte Lösswände. Die Smaragdeidechse fühlt sich in den warmen Gebüschen der Hohlwege und Böschungen wohl. Ihre einzigen Vorkommen in Baden-Württemberg finden sich am Tuniberg und Kaiserstuhl. Für über 80 Wildbienenarten bieten Lösswände optimalen Lebensraum. Auch die Wildkatze wurde schon am Kaiserstuhl und in den Auewäldern am Rhein nachgewiesen. Für den aufmerksamen Wanderer gibt es viel zu entdecken. Leider führt die industrielle Landwirtschaft in der Region zu zunehmenden Maismonokulturen. Chemische Pflanzenschutzmittel sind ein Grund für den Rückgang der Artenvielfalt auf Ackerböden und angrenzenden Gebieten. Feldlerchen und Rebhühner, einst häufige Arten in der Agrarlandschaft, sind in vielen Gebieten der Rheinebene bereits sehr selten geworden. Der große Brachvogel und der Kiebitz stehen vor dem Aussterben, und die Bestände des Feldhasen gehen zurück.

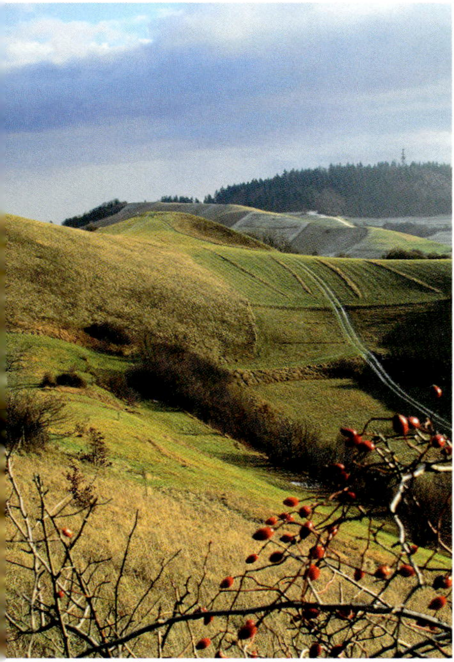

Herbststimmung am Badberg im Kaiserstuhl (Tour 10)

Kulinarische Spezialitäten und Verpflegung

Die Badische Weinstraße, die durch Kaiserstuhl, Breisgau und Markgräflerland führt, wird wegen

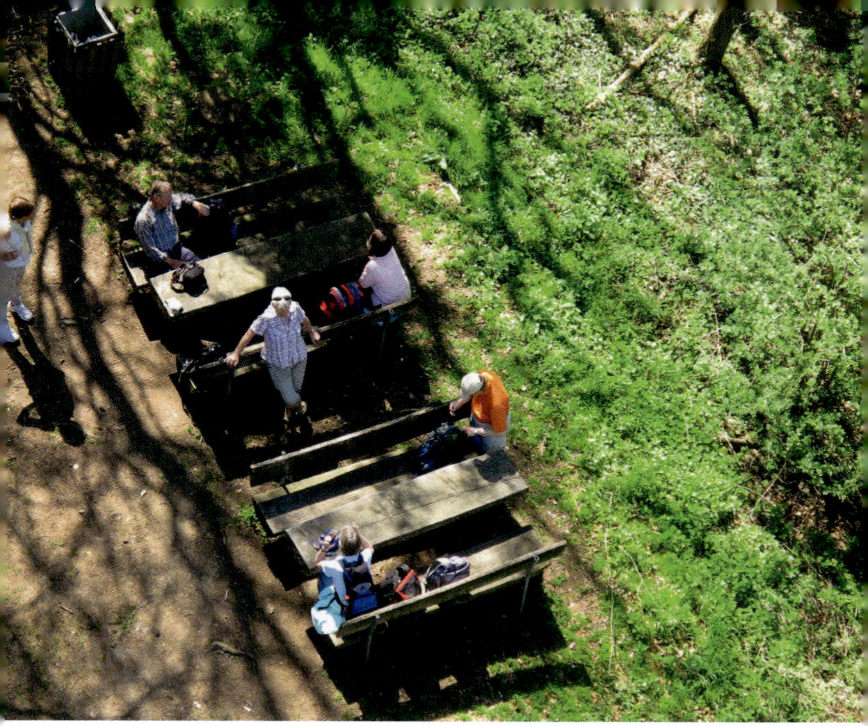

Wanderer rasten am Eichelspitzturm. (Tour 9)

ihrer vielen Dorfgasthöfe und den regionalen Spezialitäten gerne auch als »Badens Schlemmerstraße« bezeichnet. Die touristische Straße verbindet auch die besten Weinanbaugebiete Badens. Die Badische Küche steht für frische regionale Produkte. Dafür sorgen die Gemüsekulturen im Rheintal mit hochwertigem Spargelanbau und allem, was die Küchenchefs begehren. In Baden gibt es die größte Dichte von ausgezeichneten Spitzenrestaurants. Aber auch das breite, solide Angebot traditioneller Restaurants bietet hohe Qualität und Gastlichkeit, die Küche ist zudem vom Elsass und von der Schweiz inspiriert. Nach einer Wanderung kann es da auch mal etwas deftiger sein. Bibbeleskäs mit Brägele (angemachter Quark mit Bratkartoffeln), Schäufele mit Spätzle, Schwarzwälder Speckteller oder Flammkuchen. Die regionalen Weinlandschaften Kaiserstuhl, Tuniberg, Breisgau und Markgräflerland liefern die passenden Weine zum Essen, z. B. den leichten, bekömmlichen Gutedel als typischen Wein des Markgräflerlands oder die guten Spätburgunder, denn Baden ist vorwiegend Spätburgunderland. Die vielen kleinen Obstbauern sorgen dafür, dass die Brennereien die edlen Kirschwasser- oder Williams-Christ-Birnenbrände herstellen können.

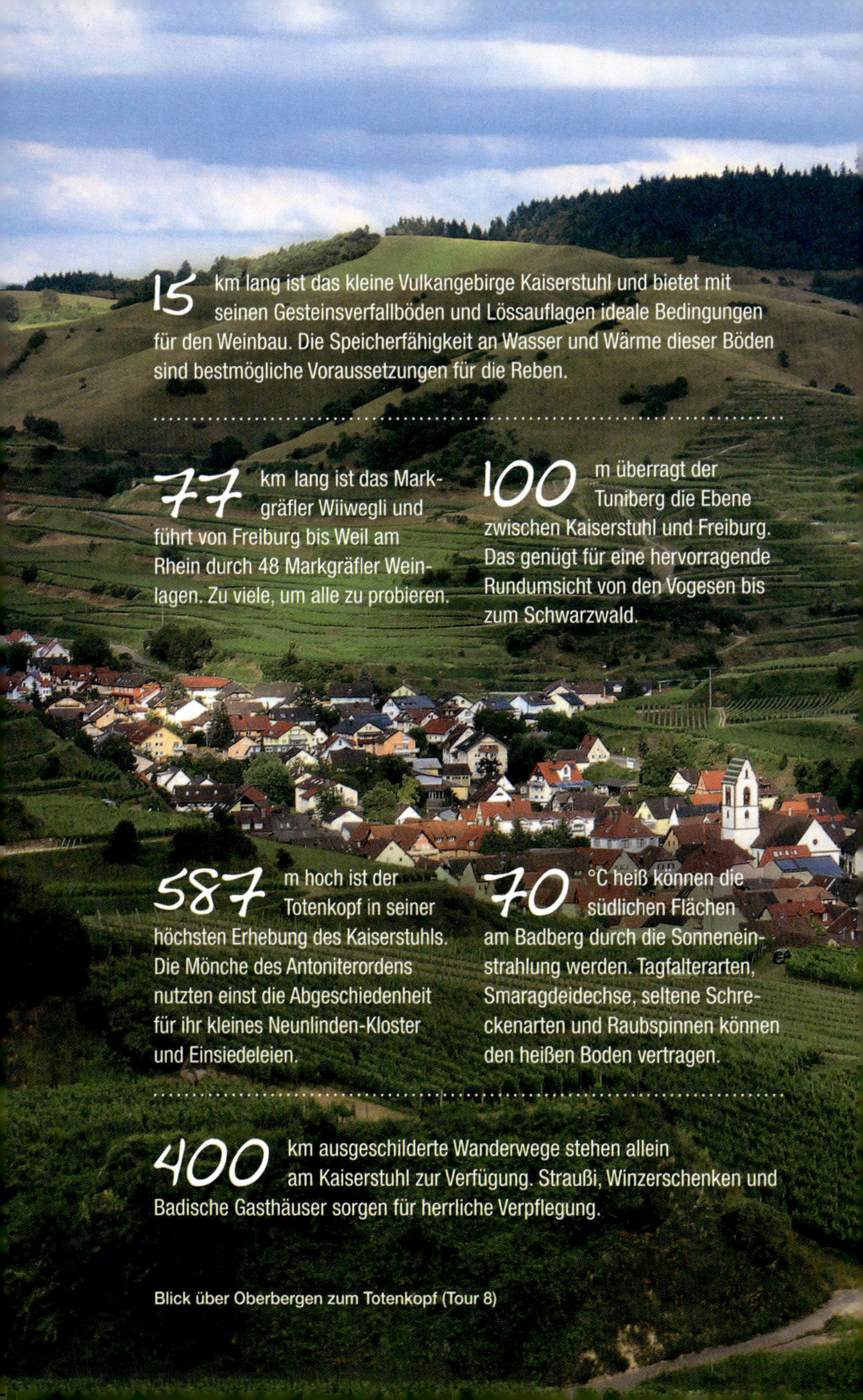

15 km lang ist das kleine Vulkangebirge Kaiserstuhl und bietet mit seinen Gesteinsverfallböden und Lössauflagen ideale Bedingungen für den Weinbau. Die Speicherfähigkeit an Wasser und Wärme dieser Böden sind bestmögliche Voraussetzungen für die Reben.

77 km lang ist das Markgräfler Wiiwegli und führt von Freiburg bis Weil am Rhein durch 48 Markgräfler Weinlagen. Zu viele, um alle zu probieren.

100 m überragt der Tuniberg die Ebene zwischen Kaiserstuhl und Freiburg. Das genügt für eine hervorragende Rundumsicht von den Vogesen bis zum Schwarzwald.

587 m hoch ist der Totenkopf in seiner höchsten Erhebung des Kaiserstuhls. Die Mönche des Antoniterordens nutzten einst die Abgeschiedenheit für ihr kleines Neunlinden-Kloster und Einsiedeleien.

70 °C heiß können die südlichen Flächen am Badberg durch die Sonneneinstrahlung werden. Tagfalterarten, Smaragdeidechse, seltene Schreckenarten und Raubspinnen können den heißen Boden vertragen.

400 km ausgeschilderte Wanderwege stehen allein am Kaiserstuhl zur Verfügung. Straußi, Winzerschenken und Badische Gasthäuser sorgen für herrliche Verpflegung.

Blick über Oberbergen zum Totenkopf (Tour 8)

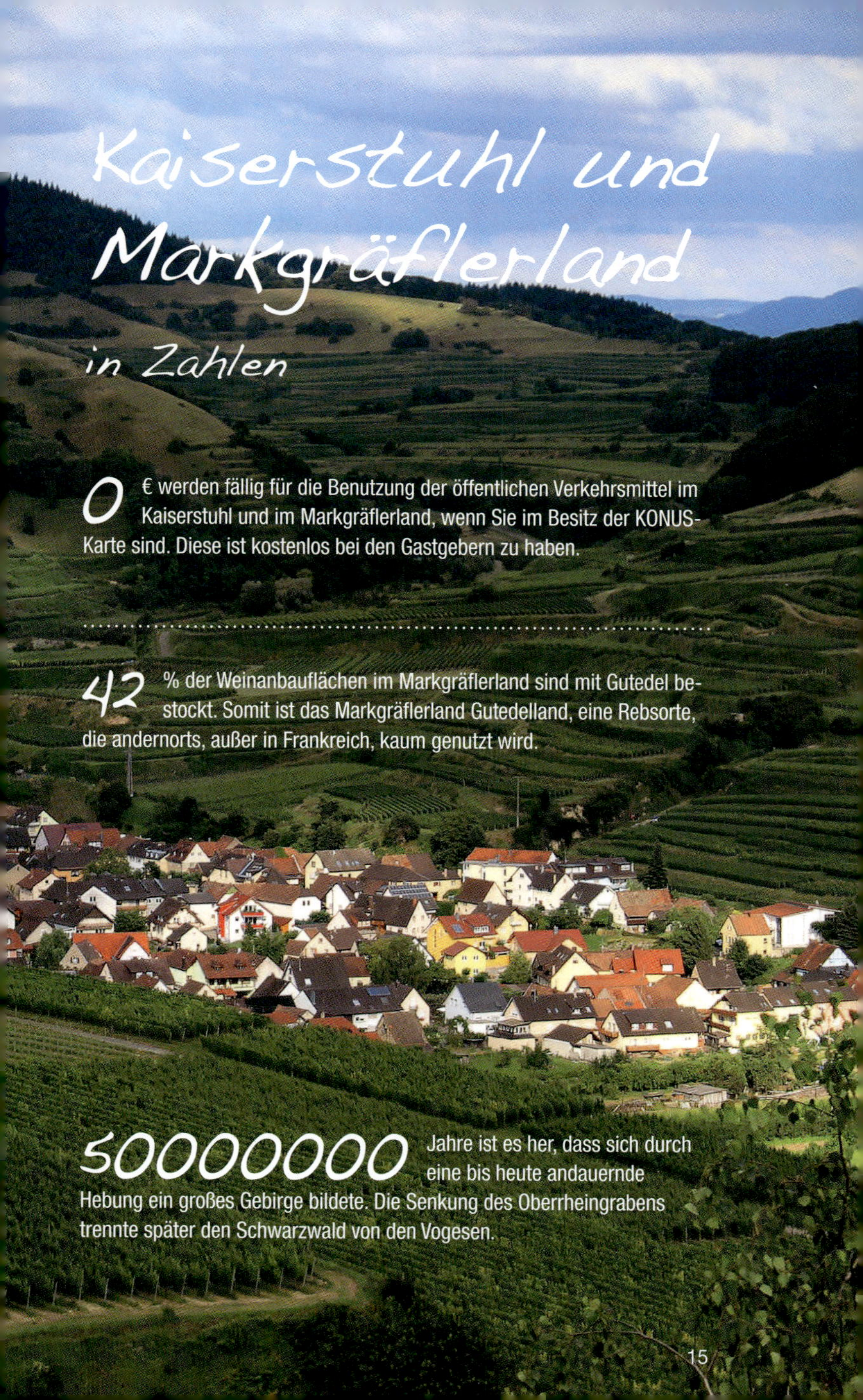

Kaiserstuhl und Markgräflerland

in Zahlen

0 € werden fällig für die Benutzung der öffentlichen Verkehrsmittel im Kaiserstuhl und im Markgräflerland, wenn Sie im Besitz der KONUS-Karte sind. Diese ist kostenlos bei den Gastgebern zu haben.

42 % der Weinanbauflächen im Markgräflerland sind mit Gutedel bestockt. Somit ist das Markgräflerland Gutedelland, eine Rebsorte, die andernorts, außer in Frankreich, kaum genutzt wird.

50000000 Jahre ist es her, dass sich durch eine bis heute andauernde Hebung ein großes Gebirge bildete. Die Senkung des Oberrheingrabens trennte später den Schwarzwald von den Vogesen.

Tipps und Infos für unterwegs

Das sollte jeder mit auf die Wanderung nehmen

- [ ] Wanderschuhe
- [ ] Jacke oder Pullover
- [ ] Regenschutzkleidung
- [ ] Taschentücher
- [ ] Rucksack
- [ ] Wasserflasche
- [ ] Proviant
- [ ] Tüte für den Abfall
- [ ] Taschenmesser
- [ ] Sonnenschutz
- [ ] Geld
- [ ] Ausweis

Das sollte mindestens einmal in der Wandergruppe vorhanden sein

- [ ] Kartenmaterial
- [ ] Erste-Hilfe-Set
- [ ] Notizpapier
- [ ] Schreibstift
- [ ] Lampe
- [ ] Smartphone
- [ ] Uhr
- [ ] Kompass

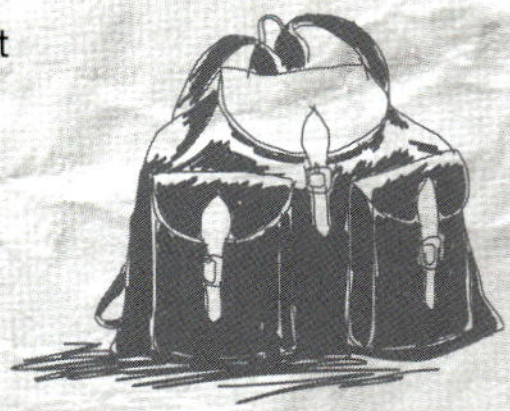

Ausrüstung

Die meisten Wanderungen aus diesem Buch verlaufen in einfachem Gelände und sind mit normaler Wanderkleidung zu bewältigen. Gewitter, Nebel, Kälte und schnelle Wetterwechsel erfordern zumindest in den höheren Lagen auch im Sommer warme Kleidung (je 100 Höhenmeter kann die Temperatur bis zu 1 °C sinken). Dazu kommen Regenschutz, Kleidung zum Wechseln, Notapotheke mit Rettungsfolie, Taschenlampe, Notproviant mit Energiespendern und ausreichend Tagesproviant und Flüssigkeit. Knöchelhohe Wanderschuhe mit griffigem Profil sind in jedem Fall zu empfehlen, da sie die Gefahr des Umknickens vermindern und der Fuß wegen der Stützwirkung nicht so schnell ermüdet wie in niedrigen Schuhen.

Wege und Wegweiser

Der Wanderclub Schwarzwaldverein hat für eine gute Markierung der Wege gesorgt. Es wird empfohlen, keine Abkürzungen zu benutzen, sondern auf den erprobten, ausgezeichneten Wegen zu bleiben und damit die Kräfte zu schonen und die Landschaft vor Erosion zu schützen. Kompass, Höhenmesser und GPS-Gerät können Orientierungshilfe bieten.

Wanderkarten

Die Wanderungen in diesem Buch werden von den guten topografischen Karten des Landesvermessungsamtes Baden-Württemberg im Maßstab 1:50 000, Nr. F505 »Freiburg im Breisgau«, und Nr. F508 »Lörrach« abgedeckt. Die Gebietswanderkarten des Kompass Kartenverlags im Maßstab 1:30 000 sind ebenfalls gut geeignet.

Informationen im Internet

www.deutsche-weinstrassen.de
www.schwarzwald-tourismus.info/region/touristische_strassen/badische_weinstrasse

Wichtige Fremdenverkehrsämter

Breisach
Marktplatz 16
79206 Breisach am Rhein
Tel. 07667/94 01 55, www.breisach.de

Freiburg
Rathausplatz 2–4
79098 Freiburg
Tel. 0761/38 81-880, www.freiburg.de

Heitersheim
Hauptstraße 9
79423 Heitersheim
Tel. 07634/402-12,
www.heitersheim.de

Ihringen
Bachenstraße 38
79241 Ihringen
Tel. 07668/93 43,
www.ihringen.de

Staufen
Hauptstraße 53
79219 Staufen
Tel: 07633/805-36,
www.muenstertal-staufen.de

Die Schwierigkeitsgrade der Touren

2

Leicht: Technisch und konditionell einfache Wanderungen auf guten Wegen und Pfaden mit kleineren Anstiegen

2

Mittel: Technisch und/oder konditionell mittelschwierige Wanderungen, die einen sicheren Tritt und abschnittsweise Schwindelfreiheit erfordern

2

Schwer: Technisch und/oder konditionell anspruchsvolle Wanderungen, die aufgrund ihrer Länge oder Wegbeschaffenheit Trittsicherheit, Schwindelfreiheit und gute Kondition benötigen; streckenweise auch Felspfade mit Seilsicherung

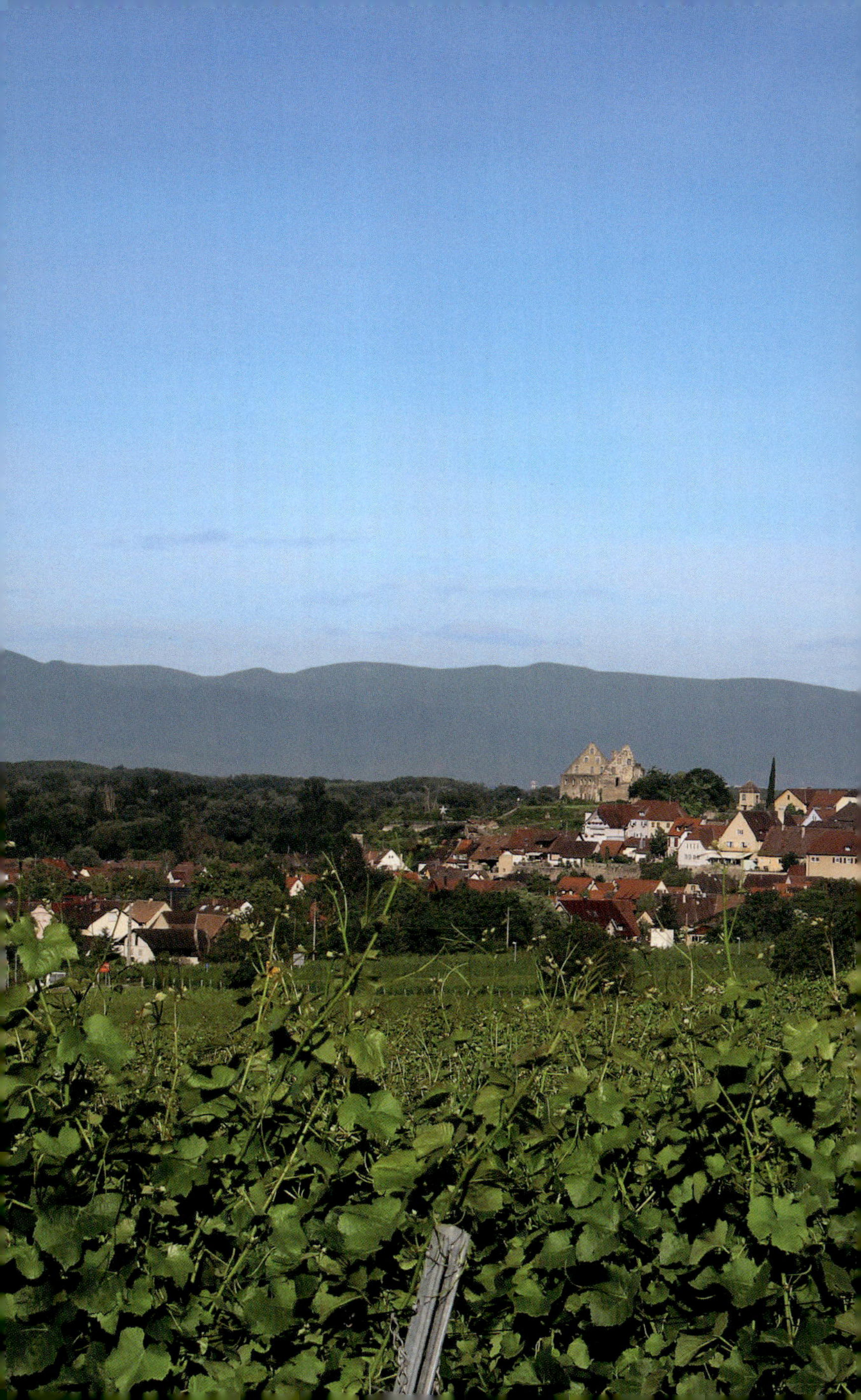

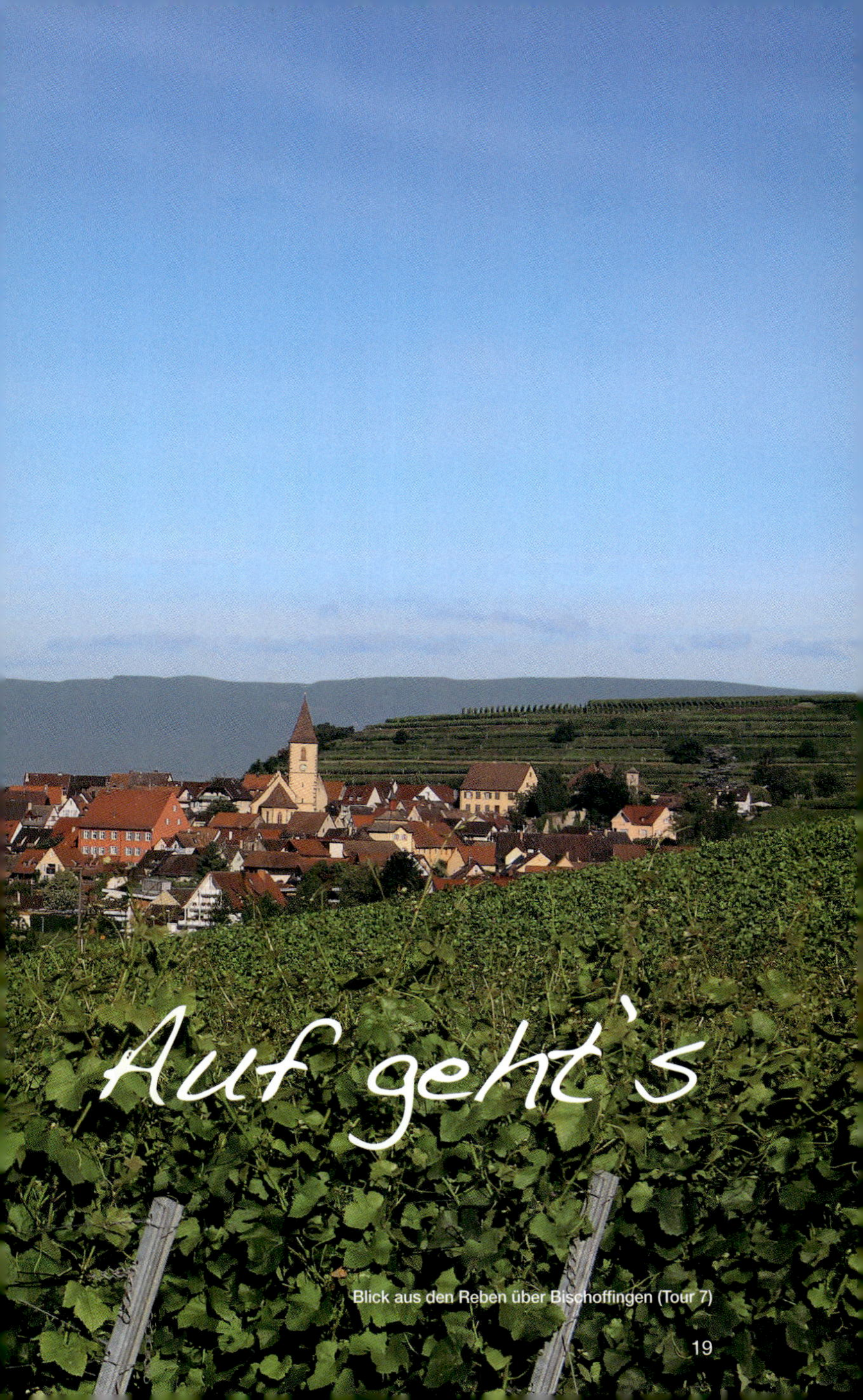

Auf geht`s

Blick aus den Reben über Bischoffingen (Tour 7)

1 2:00 Std. ↑ 20 Hm ↓ 20 Hm ↔ 5,6 km

Abseits des Trubels

Durch den Rheinauewald bei Wyhl

Die Wanderung leitet in Form einer Acht auf einfachen Wegen und kleinen Pfaden ohne nennenswerte Steigungen durch den artenreichen, urwaldähnlichen Rheinauewald. Der Ausflug bietet geheimnisvolle, glitzernde Altwasserarme des Rheins und besonders im Winter eine interessante Vogelwelt.

Der Wegverlauf

Vom **Wanderparkplatz** A starten wir auf breitem Fahrweg entlang des alten Hochwasserdamms am Waldrand gen Süden. Ein kleiner Wegweiser mit der Aufschrift »Naturlehrpfad« weist den Weg. Schon nach 100 Metern verlassen wir den Weg auf einem kleinen Pfad nach rechts

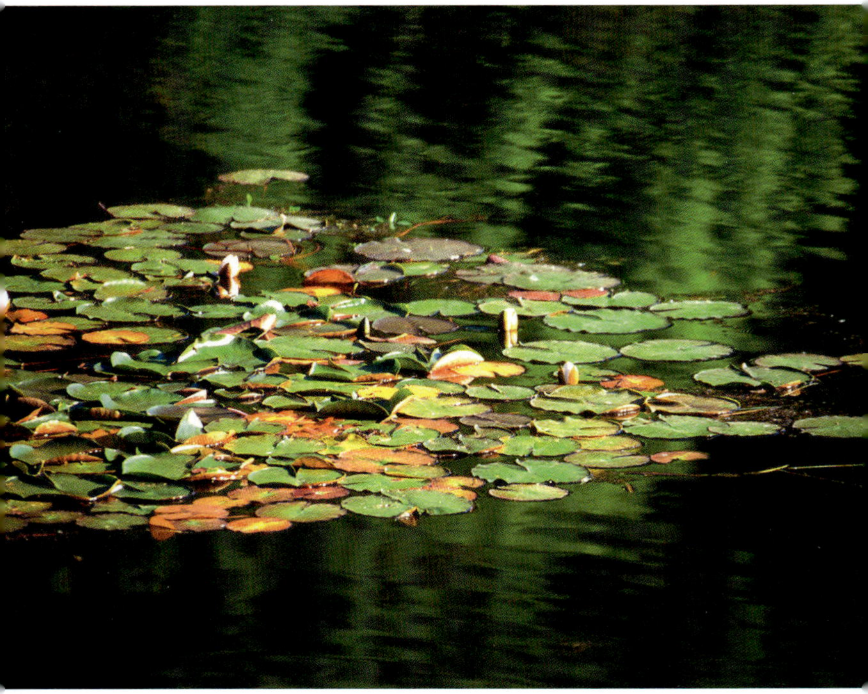

Der Seerosenteich am Naturlehrpfad

zum idyllischen Seerosenteich. Kurz nach dem Teich stoßen wir wieder auf den Fahrweg und folgen diesem nach rechts in den Rheinauewald hinein. Mächtige Stieleichen mit breiten Kronen stechen aus dem Waldgefüge hervor. Eindrucksvolle Silberpappeln mit silbrig-grauem Stamm und unterseitig mehlig-weißen Blättern dominieren als typische große Baumart des Auwalds. Die vielen Arten der Strauch- und Krautschicht lassen den Rückschluss auf reichlich Nährstoffe des angeschwemmten Auwaldbodens zu. Mit Efeu und Waldrebe umschlungene Bäume erzeugen Urwaldatmosphäre. Allerdings gibt es seit der Kanalisierung des Rheins keine Überschwemmungen mehr, die für eine echte Weichholzaue nötig sind. So ist auch stellenweise der Übergang zu einer Hartholzaue mit den beteiligten Ahornarten zu sehen.

Nach 100 Metern biegen wir links in einen kleinen Pfad. Vorerst bleiben wir den häufigen Wegweisern und Schildern des Naturlehrpfads treu. Es gibt aber auch geschichtliche Hinweise wie zum Beispiel einen Schützengraben aus dem Jahr 1944, den Wyhler Frauen und Kinder graben mussten. Schließlich stößt der Pfad auf den Altrhein, dem der Fußweg nach rechts folgt. Hier kann der ruhige und vorsichtige Wanderer den schillernden Eisvogel entdecken, denn dort gibt es Steilufer, in die er seine Bruthöhle gräbt. Das Elternpaar versorgt bis zu vier Bruten im Jahr. Es ist wirklich ein bewundernswerter »fliegender Edelstein«. Der Pfad quert kurz vor einer Straßenbrücke über den Altrhein den Fahrweg mit dem Namen **Hollikopfweg** **1** (0:25 Std.). Bald endet der kleine Fußweg an der Asphaltstraße, an der eindrucksvolle Maserpapeln stehen. Wenn deren Holz aufgeschnitten wird, zeigen sich im Holz im Bereich der knolligen Wucherungen schöne Maserungen. Auf der Asphaltstraße schlendern wir für 100 Meter nach rechts bis zur Brücke über den Altrhein. Vor der Brücke steht ein **Denkmal** **2** (0:35 Std.) für eine Anlegestelle, von der Kaiserstühler Auswanderer 1842 nach Venezuela einschifften. Das von ihnen gegründete Dorf Co-

Tourencharakter
Schattige Fußwege, bei Nässe können die Pfade schlammig sein.

Ausgangspunkt
Wanderparkplatz am alten Hochwasserdamm und Waldrand, 1 km westlich von Wyhl (GPS: N48°10‘29.5“ E07°38‘11.5“)

Anfahrt
Auto: A5 Ausfahrt Riegel, dann nach Wyhl, auf der Rheinstraße in westliche Richtung. Bus: Linien 102, 103, 105, 106 von Freiburg und Riegel

Einkehr
Strudels Hofladen, 79369 Wyhl, Sasbacher Straße 39, Tel: 07642/84 44, www.strudels-hofladen.de
Thai-Restaurant Sukhothai, 79369 Wyhl, Hauptstraße 39, Tel: 07642/92 45 74, www.sukhothaiwyhl.business.site

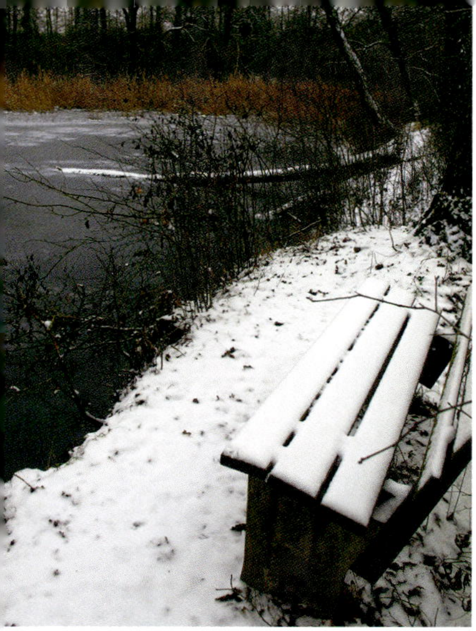

Der Seerosenteich im Winter

lonia Tovar besteht noch heute. Am Denkmal gehen wir über die Brücke und gleich danach links den Altrhein entlang. Der Fahrweg verlässt nach 100 Metern in einer Rechtskurve das Fließgewässer. Nach weiteren 100 Metern folgen wir dem Wegweiser für den Naturlehrpfad nun auf einem kleinen Fußweg nach rechts. Ein hölzerner Steg bringt uns über einen kleinen Seitenarm des Altrheins, und dann stehen wir auf dem großen **Grillplatz** **3** **(0:45 Std.)** mit Tischen und Bänken, der sehr gut für eine Rast geeignet ist.

Aber nach 800 Metern folgt auch noch ein unterhaltsamer Rastplatz am Rhein. Also wandern wir nun auf der Straße nach links und verlassen hiermit vorerst den Naturlehrpfad. Im Winter erregt oft ein Schwarm von lustigen Seidenschwänzen die Aufmerksamkeit. Diese sind hier nur dann Wintergäste, wenn es in ihrem Brutgebiet in Skandinavien ein zu kleines Nahrungsangebot an Beeren der Eberesche gibt. Das winzige Wintergoldhähnchen fällt durch seine wispernde Stimme in sehr hoher Tonlage auf. Die Asphaltstraße endet auf dem **Rheindamm** **4** **(1:00 Std.)**. Hier oben auf dem Damm stehen Picknickbänke, von denen aus sich Wasservögel wie verschiedene Enten, Möwen und Schwäne beobachten lassen. Auch der Schiffsverkehr lässt keine Langeweile aufkommen.

Nach der Pause müssen wir auf der Asphaltstraße ein Stück zurückwandern. Unten am Damm steht am Waldrand ein Fels mit dem eingemeißelten alemannischen Spruch: »Nai hämmer gsait« – ein selbstbewusstes Zeugnis für den erfolgreichen Widerstand der Wyhler gegen ein hier in den 1970er-Jahren geplantes Atomkraftwerk. Den wunderbaren Rheinauewald und den Eisvogel gäbe es hier nicht mehr. Etwa 20 Meter nach dem großen Parkplatz folgen wir dem Fahrweg ohne Wegweiser nach rechts entlang des Rheindammes. An der zweiten T-Kreuzung verlassen wir in erstem Sichtkontakt mit dem Kieswerk den Weg nach links. Nach 200 Metern zweigt nach einigen großen Maserpappeln links ein kleiner Pfad ab. Der Wegweiser des Naturlehrpfads ist von hinten zu sehen. Es ist der kleine Abschnitt des Pfades in der

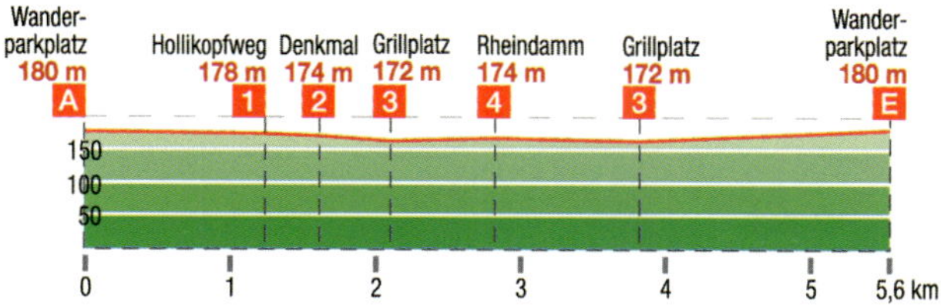

Mitte der Acht, den wir vorher schon gegangen sind. Über den Holzsteg bringt uns der Pfad wieder an den großen **Grillplatz** 3 (1:20 Std.). Jetzt überqueren wir aber die Asphaltstraße und folgen weiter bis zum Ende dem ausgeschildertem Naturlehrpfad. Mehrere Holzstege führen über Seitenarme des Altrheins und über grundwassergespeiste Gießen. Schließlich stößt der Naturlehrpfad auf einen Fahrweg, dem wir nach links bis zum schon sichtbaren alten Hochwasserdamm folgen. Am Damm wenden wir uns nach rechts und steigen nach 100 Metern auf die Dammkrone hoch. Wir bleiben auf dem Damm und haben von erhöhter Warte einen besseren Einblick in den artenreichen Rheinauewald. Vorbei an einer künstlich angelegten Hirschkäferbrutburg und an einem Wildbienenbrutplatz bringt uns der Hochwasserdamm direkt zurück zum **Wanderparkplatz** E (2:00 Std.).

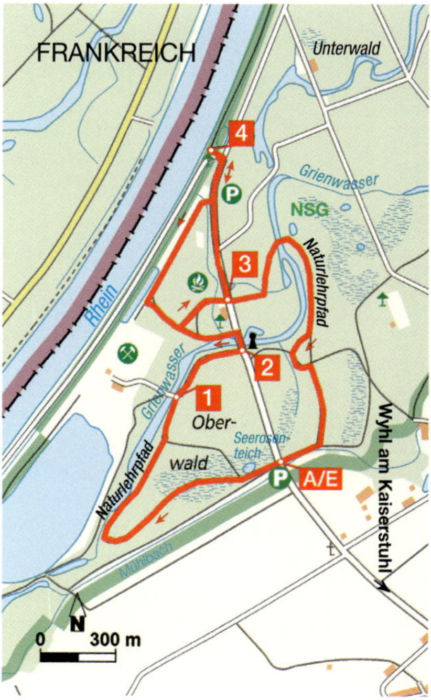

Die Gießen

Gießen sind klare, nährstoffarme Fließgewässer in den Rheinauen, die von Grundwasser gespeist werden. Das nördlich des Kaiserstuhls befindliche Naturschutzgebiet Taubergießen weist mit dem Wortteil taub aus der Fischersprache auf Nährstoffarmut hin. Hier haben sich Tiere und Pflanzen zu einer Symbiose zusammengefunden, die es in vielen Gebieten Europas nicht mehr gibt. Zu den seltenen Brutvögeln gehört der Eisvogel.

2 3:20 Std. ↑ 40 Hm ↓ 40 Hm ↔ 8,8 km

Geologie und Burgen am Limberg

Von Sasbach am Rhein führen die einfachen Wege mit leichten Steigungen über die Lützelbergkapelle zum geschichtsträchtigen Limberg mit steinzeitlichen Siedlungsresten, keltischen Spuren und der mittelalterlichen Burgruine Limburg. Der Rückweg zeigt noch etwas vom Rheinauewald.

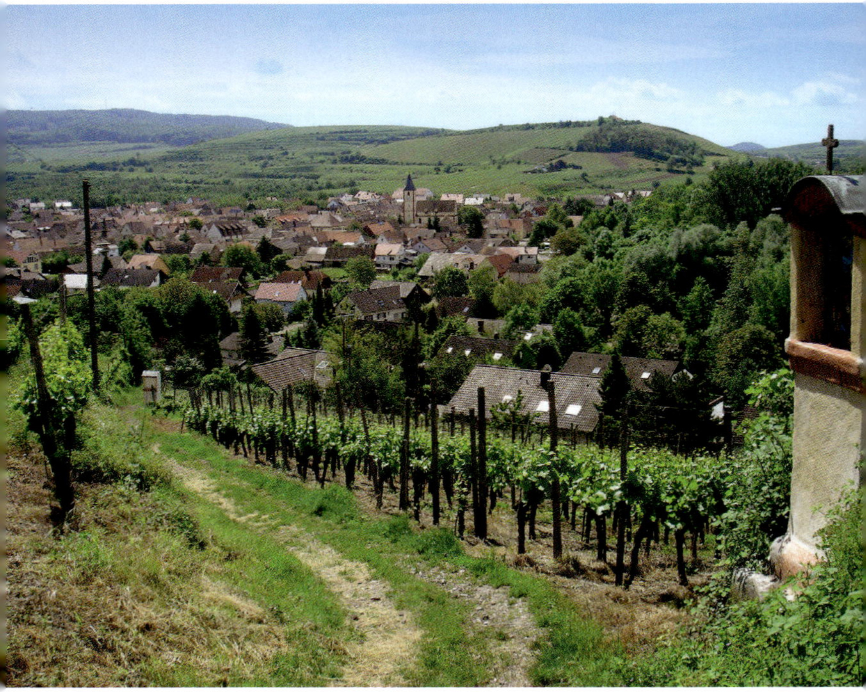

Blick vom Lützelberg auf Sasbach

Der Wegverlauf

Vom **Bahnhof Sasbach am Rhein** A beginnen wir die Wanderung vorbei am weithin bekannten Restaurant Bürgerstuben nach Westen und gehen nach 70 Metern rechts in die Straße Im Fischersdorf (oder wir haben bereits in dieser Straße geparkt). Am Ende der Straße

Tourencharakter
Leichte Aufstiege auf beschaulichen Weinberg- und Waldwegen in Sonne und Schatten

Ausgangspunkt
Bahnhof in Sasbach am Rhein bzw. Parkplatz in der Straße Im Fischersdorf (GPS: N48°08'22.3" E07°37'10.5")

Anfahrt
Auto: A5 Ausfahrt Riegel, dann nach Westen über Endingen. Bahn: Von Riegel und Breisach. Bus: Linien 102, 103, 105 von Freiburg

Einkehr
Restaurant Bürgerstube, 79361 Sasbach, Hauptstraße 48, Tel: 07642/33 67, www.buergerstube-sasbach.de
Gasthaus Zur Limburg, 79361 Sasbach, Am Rhein 2, Tel: 07642/33 93, www.gasthaus-zur-limburg.de

wandern wir links in die Kaiserstuhlstraße, die dann nach der Kreuzung Limburgstraße heißt. Nach einem kleinen Industriegebiet biegen wir rechts in die Straße Im Weingarten. Nach 50 Metern halten wir uns wieder rechts und gehen nun auf einem nach links schwenkenden kleinen Weg entlang der über 250 Jahre alten Kreuzwegstationen nach oben. An einer Bank bietet der Blick zurück eine schöne Aussicht über Sasbach und Kaiserstuhl. Der als Jakobsweg ausgeschilderte Weg leitet natürlich zur **Lützelbergkapelle** 1 (0:40 Std.), ein aus dem Jahr 1752 stammender Kirchenbau. Hinter der Wallfahrtskirche geht es an der großen Linde eine Treppe in die Rebflächen hinunter. Das anzupeilende Ziel ist die Mauer im Gegenhang mit der großen Schrift der Weinlage Rote Halde. Vor dieser Mauer läuft der Weinbergweg nach rechts aufwärts an der Aussicht Breisgau-Blick mit Orientierungstafel vorbei.

An einer später wichtigen Kreuzung ist ein **Keltischer Wall** 2 (1:00 Std.) mit erläuternden Schildern. Es gibt auch Siedlungsreste aus der Jungsteinzeit. Zur Zeit des Kaisers Augustus war hier oben dann ein römisches Lager. Weiter aufwärts zeigt die gelbe Raute einmal nach rechts und einmal nach links, dann geht es wieder leicht abwärts. Auf der Hälfte des hinuntergeneigten Weges gibt es rechts einen kurzen Abstecher zur Aussicht auf die Staustufe Marckolsheim und hinüber bis in die Vogesen. 100 Meter weiter auf dem abwärts geneigten Weg ist dann links der Abstecher zum **Aussichtspavillon Kaiserstuhlblick** 3 (1:20 Std.). 70 Meter weiter abwärts auf dem vorherigen Weg stehen die Reste eines Rundturms auf einem Felssporn, einst zur ersten frühmittelalterlichen Alten Limburg gehörend.

Um an dem äußerst interessanten Steinbruch Nord vorbeizukommen, wandern wir jetzt wieder die 800 Meter bis zur Kreuzung an dem **Keltischen Wall** 2 (1:40 Std.) zurück. Der Wegweiser zeigt links durch den schönen Laubwald hinunter zum Steinbruch Nord. An einer T-Kreuzung

2

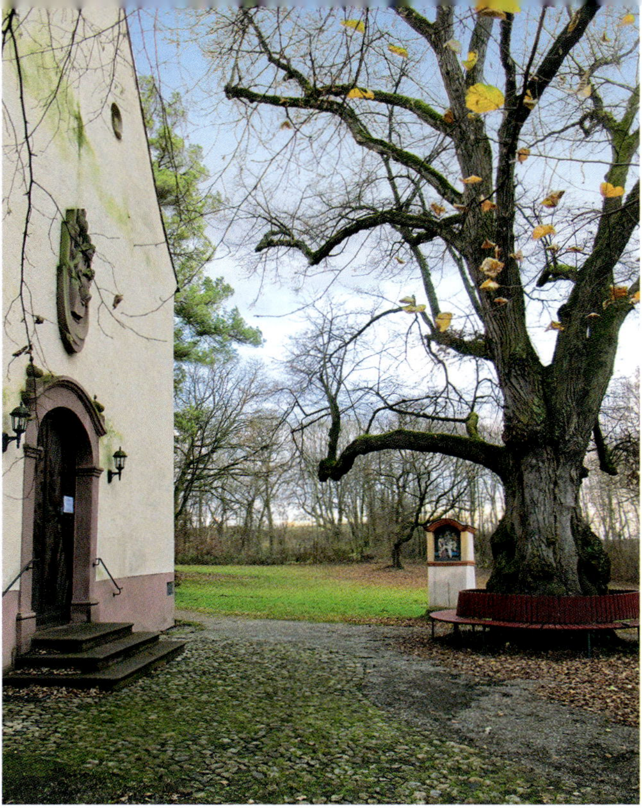

Die alte Linde an der Lützelbergkapelle

im Wald schickt uns die gelbe Raute nach rechts. Fast unten an der Straße ist dann links der wissenschaftlich interessante **Steinbruch Nord** 4 (2:00 Std.). Hier tritt das seltene vulkanische Gestein Limburgit mit Einsprengungen von schwarzem Augit und rostig verwittertem Olivin in zwei voneinander getrennten Lavaströmen zu Tage. Der Name des Gesteins stammt vom Fundort hier an der Limburg. Unten am Rhein gehen wir nach links unterhalb eines größeren alten Steinbruchs in Richtung Sasbach. Links oben weht auf der Ruine Limburg, die auf das 12. Jahrhundert zurückgeht, eine Fahne. Der lohnende Abstecher, 40 Meter über Treppen hinauf, sollte nicht versäumt werden. Nach dem Abstieg gehen wir links weiter und vor der Gaststätte Zur Limburg rechts über ein tiefer liegendes Wehr auf den Leinpfad, der uns auf dem Rheindamm flussaufwärts weiter nach Süden bringt. Von diesen Leinpfaden aus wurden früher Lastschiffe mit Zugtieren den Rhein herauf gezogen. 100 Meter vor dem Segelclub Sasbach nehmen wir den kleinen Pfad nach links in den Auwald hinein Richtung Badesee Sasbach. Die gelbe Raute zeigt im Wald auf einem Waldweg einmal nach links und einmal nach rechts. Nach einer kleinen Brücke und Querung eines Hochwasserdamms erwartet uns der kleine Sasbacher **Badesee** 5 (3:00 Std.).

Auf der Ostseite des Badesees führt eine gelbe Raute in den Wald hinein. In Sasbach stoßen wir auf eine Straße, der wir nach rechts auf die Kirche zu folgen. Nach 100 Metern wandern wir links in die Marckolsheimer Straße. Nach dem Gasthof Löwen halten wir uns links und sind auf der Hauptstraße, die uns direkt an den **Bahnhof Sasbach am Rhein** E (3:20 Std.) zurückbringt.

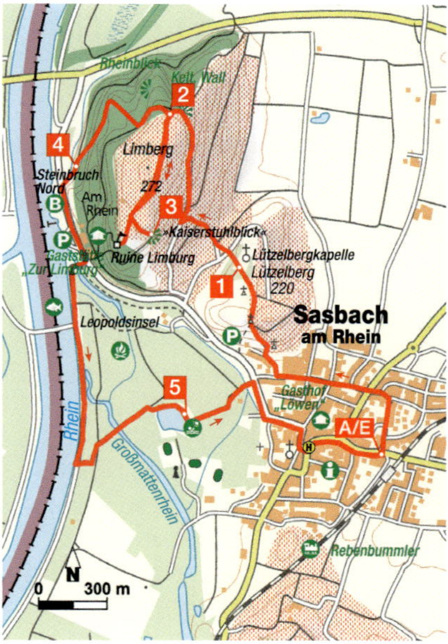

Der strategisch wichtige Limberg

Durch die strategisch günstige Lage am Schnittpunkt von Straßen über den Schwarzwald, die Vogesen und entlang des Rheintals bot der Limberg zu allen Zeiten beste Voraussetzungen für die Anlage von befestigten Siedlungen und Burgen. Der Rundblick über den Rhein, den Rheinübergang und Straßen ermöglichte die Überwachung aller Verkehrswege. Nachweise gibt es aus der Jungsteinzeit, Hallstattzeit und spätkeltischen Zeit. Auch die Römer und die Franken setzten sich hier fest. Bunkerreste aus dem Ersten und dem Zweiten Weltkrieg zeugen noch in der Neuzeit von der strategischen Wichtigkeit des Limbergs.

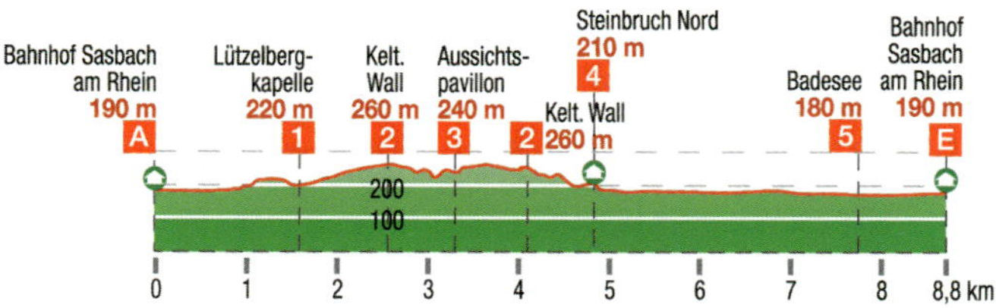

3 3:30 Std. 260 Hm 260 Hm 10,1 km

Durch den Kaiserstühler Obstgarten

Diese Wanderung lenkt durch den riesigen Obstgarten des Kaiserstuhls im Dreieck zwischen Königschaffhausen, Amoltern und Kiechlinsbergen. Besonders zur Kirschbaumblüte oder zur Kirschenernte, wenn an den Bäumen die Leitern stehen, wird die Tour zu einer sehr schönen Unternehmung.

Der Wegverlauf

Am **Bahnhof Königschaffhausen** A zeigt der Wanderwegweiser mit der gelben Raute Richtung Kiechlinsbergen in südöstliche Richtung in die Bahnhofstraße. Am Ende der Straße biegen wir an der Endinger Straße nach links und nach 100 Metern nach rechts in die Gausbergstraße ein. An dieser Ecke bremsen die leckeren, leuchtenden Kirschen am Obststand zur Zeit der Kirschenernte den Wanderschritt. An der zweiten Kreuzung schickt uns der Wegweiser des Obstwanderwegs mit dem Kirschensymbol nach links durch ausgedehnte Obstbaumflächen. An einer Wegkreuzung nach einem Pavillon mit ausgestelltem Wurzelstock wandern wir rechts weiter. Nach 100 Metern folgen wir nicht weiter dem Obstwanderweg, sondern laufen geradeaus auf den

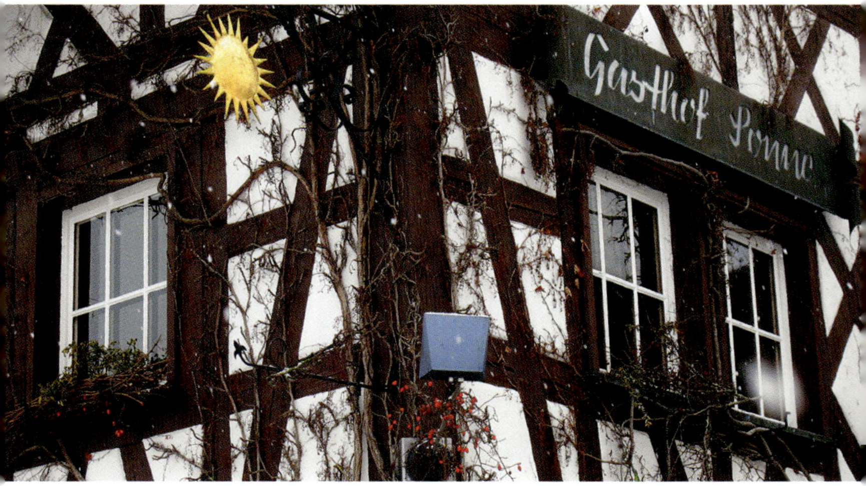

Der Gasthof Sonne ist das älteste Haus in Amoltern.

Verbindungsweg zum Amolter Kräuterpfad. Oben auf dem Damm lenkt der Weg mit der gelben Raute nach links hinunter. Auf der Landstraße, die nach Amoltern führt, gehen wir für 100 Meter nach rechts und steigen dann links leicht aufwärts in die Weinberge hoch. An der T-Kreuzung nach 100 Metern halten wir uns nicht mehr an die gelbe Raute, sondern spazieren nach rechts. Zuerst eben, dann leicht aufwärts bleiben wir immer auf dem Verbindungsweg zum Amolter Kräuterpfad. An einer **T-Kreuzung** 1 (0:45 Std.) stoßen wir schließlich auf den Amolter Kräuterpfad und wandern darauf nach rechts durch schöne Lösshohlgassen nach Amoltern hinunter. In den Lösswänden sind unzählige Löcher von solitär lebenden Wildbienen und anderen Insekten eingebohrt. Auf informativen Tafeln stellen sich dem Wanderer wertvolle Kräuter vor. Im ruhigen Amoltern steuern wir auf der unteren Dorfstraße geradeaus auf die Kirche zu. Am Dorfplatz vor dem Gasthaus Sonne mit dem **Bacchusbrunnen** 2 (1:10 Std.) spazieren wir nach rechts in den Winzerweg Richtung Kiechlinsbergen. Vorher bietet sich aber ein Abstecher zu der nur 200 Meter entfernten, schlichten klassizistischen Kirche mit dem schönen Glasrosettenfenster an.

Dann, vom Dorfplatz aus auf dem Winzerweg, verlassen wir diesen schon nach 50 Metern nach links auf dem Talweg in die Weinberge hoch. An einer Kreuzung mit großem Holzlagerplatz am Waldrand bleiben wir geradeaus mit der gelben Raute in Richtung Kiechlinsbergen und steuern aufwärts auf die kleine Hütte mit Wellblechdach zu. An einer Y-Kreuzung gehen wir rechts und bleiben auch hier im schattigen Wald. Am **Wegweiser Im Riedle** 3 (1:35 Std.) bleiben wir geradeaus in Richtung Kiechlingbergen, das wir bald darauf gut von oben überschauen können. An einem aussichtsreichen Picknickplatz vorbei wandern wir angenehm durch Weinbauterrassen abwärts und bleiben an einem Wegkreuz rechts der gelben Raute treu. Vor dem kleinen Fernsehsendemast verlassen wir den Kirschbaumpfad

Tourencharakter
Schattige Wege durch Obstbaumflächen und Wald, aber auch sonnige Weinbergwege in den oberen Lagen

Ausgangspunkt
Bahnhof der Kaiserstuhlbahn in Königschaffhausen (GPS: N48°08‘14.1“ E07°39‘30.5“)

Anfahrt
Auto: A5 Ausfahrt Riegel, dann nach Königschaffhausen. Bahn: Von Riegel oder Breisach. Bus: Linien 102, 103, 105, 107 von Freiburg und Riegel

Einkehr
Gasthaus Sonne, 79346 Amoltern, Bergstraße 1, Tel: 07642/72 42
Gasthaus Hotel Dutters Stube, 79346 Kiechlinsbergen, Winterstraße 28, Tel: 07642/17 86, www.dutters-stube.de

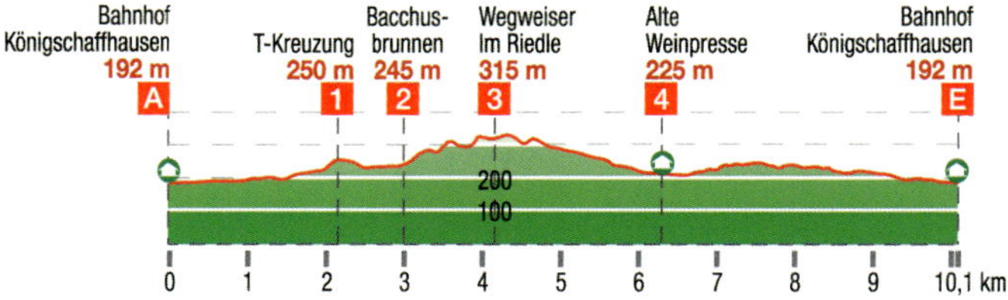

und gehen links direkt am Sendemast vorbei Richtung Kiechlinsbergen Schloss. Unterhalb des Sendemastes mit schöner Sicht über den Ort wenden wir uns scharf rechts entlang der Tafeln des Kiechlinsbergener Weinlehrpfades. An einem weiteren Wegkreuz gehen wir scharf links abwärts und stoßen an den ersten Häusern auf den Adelheidweg und gehen dann nach rechts in die Tannenbachstraße. Ab dem Schloss Kiechlinsbergen, das die ehemalige Propstei des Zisterzienserklosters Tennenbach war, nennt sich die gerade Straße Herrenstraße. Ein paar Meter weiter auf der Herrenstraße steht an der Winzergenossenschaft Kiechlinsbergen eine **Alte Weinpresse** 4 (2:20 Std.) mit schweren Gewichtsteinen aus dem Jahr 1603. Nach 80 Metern bietet sich ein Abstecher nach links zur Kirche im Weinbrenner-Stil, aber mit baro-

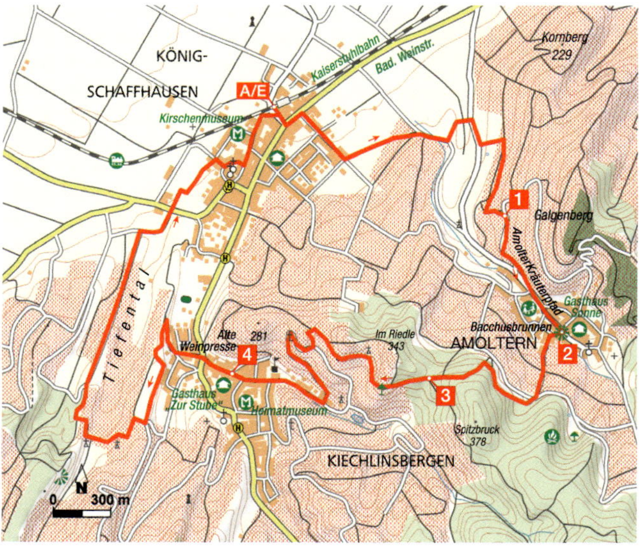

cken Altären, an. An der Kirche sind auch noch Reste einer Burg der Herren zu Küchlin zu sehen. Von dem früheren Dorf Bergen und von den Herren zu Küchlin leitet sich der Name des heutigen Kiechlinsbergen ab. Vor der Kirche steht das alte Gasthaus Zur Stube, in dem sich im Jahr 1525 die Kämpfer des Bauernkrieges getroffen haben.

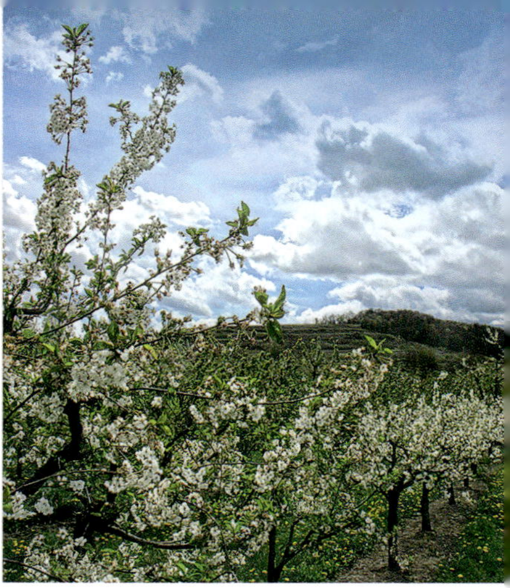

Obstbaumblüte bei Amoltern

Danach laufen wir von der alten Weinpresse an der Winzergenossenschaft geradeaus die Herrenstraße und den Kapellenweg hinab. Am Ende des Kapellenwegs folgen wir nach rechts der gelben Raute, die an einem Haselbaum angebracht ist. Nach 150 Metern, fast oberhalb des Sportplatzes, wenden wir uns in scharfem Winkel nach links Richtung Tiefental. Schon nach 50 Metern steigen wir an der T-Kreuzung links nach oben an einem Aussichtspunkt über Kiechlinsbergen vorbei. Weiterhin achten wir auf die gelbe Raute und steigen ab einem schmiedeeisernen Wegkreuz in das Tiefental hinunter. Noch nicht ganz am Talboden lassen wir aber die gelbe Raute außer Acht und folgen jetzt dem Schild der Kaisertour für Radfahrer nach rechts. Der Weg bringt uns geradeaus die Landstraße von Königschaffhausen nach Sasbach querend nach Königschaffhausen hinein. An der ersten Kreuzung im Ort wandern wir rechts in den Kirchengraben und an der nächsten T-Kreuzung nach rechts. An der zweiten T-Kreuzung stehen wir an der Unteren Guldenstraße, die nach links direkt zum **Bahnhof Königschaffhausen** E **(3:30 Std.)** führt. In der Unteren Guldenstraße 1 kann noch das Kirschenmuseum mit Ausstellungsstücken rund um die Kirsche besichtigt werden.

Die Kirche in Kiechlinsbergen

Die Kirche St. Petronilla wurde erst 1813 im Weinbrenner-Stil erbaut. Dieser Baustil wurde von der Schule des Badener Baumeisters Friedrich Weinbrenner (1766–1826) geprägt, dessen größtes Werk das klassizistische Gesicht des großherzoglichen Karlsruhes darstellt. Innen aber gibt es einen reich verzierten barocken Hochaltar. Die Seitenaltäre stammen aus dem abgebrochenen Zisterzienserkloster Tennenbach bei Emmendingen.

4 3:30 Std. ↑ 510 Hm ↓ 510 Hm ↔ 9,1 km

Von Endingen zum Katharinenberg

Von dem Weinort Endingen, der durch sein mittelalterliches Ambiente besticht, führt die Wanderung zur Kapelle auf dem Katharinenberg, die eine herrliche Aussicht bietet. Zurück geht es über das Naturschutzgebiet Amolter Heide und durch tiefe Lösshohlgassen auf dem Kirschbaumpfad.

Der Wegverlauf

Die Wanderung beginnt am **Bahnhof Endingen** **A**. Ein Wegweiser bringt uns durch die Üsenberger Straße in Richtung Neunlindenpfad. Dann gehen wir links am Bürgerhaus vorbei in den Adelshof. Links steht der wunderschön restaurierte Üsenberger Hof (15. Jh.), in dem das Vorderösterreichmuseum und die Touristinfo untergebracht sind.

Das Löwengässl führt zur Hauptstraße, an der wir uns nach rechts wenden. Weiter vorne steht das schöne Königschaffhauser Tor, wir aber gehen links vor dem Stadtbrunnen auf den Marktplatz und an der Kirche St. Martin vorbei. Am Lindenplatz biegen wir nach rechts in die Stollbruckstraße ab und stoßen auf einen Parkplatz. Gegenüber dem **Gasthaus Schützen** **1** (0:20 Std.) wandern wir an dem steinernen Kreuz rechts vorbei in das kleine Sträßchen. Nach 50 Metern zeigt der Wegweiser Neunlindenpfad links in einen Fußweg und dann auf die Erlestraße weiter zum **Erleweiher** **2** (0:35 Std.).

Nach dem Weiher gehen wir links und vor der Brücke rechts in die Gus-Zimmermann-Allee, die sich als schöne Kastanienallee erweist. Am Ende der Allee laufen wir geradeaus in einen Hohlweg, im Wald zum Katharinenberg hoch. Zuerst bietet sich ein Abstecher 100 Meter nach links zum geheim-

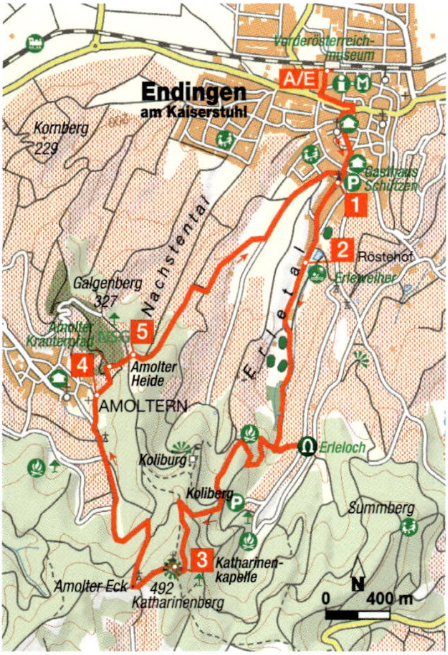

nisvollen Erleloch an. Dabei handelt es sich um einen 100 Meter tiefen Stollen, der Ende des 18. Jahrhunderts zur Verbesserung der Trinkwasserversorgung von Endingen gegraben wurde. Der Kanal ist heute nicht mehr in Betrieb und kann begangen werden. Dann, nach weiteren 100 Metern auf dem Hohlweg, müssen wir in spitzem Winkel rechts auf einen Pfad hoch. Jetzt halten wir uns nur noch an die Zielangabe Katharinenkapelle aufwärts. An der **Katharinenkapelle** 3 (1:45 Std.) öffnet sich einem bei schönem Wetter eine fantastische Aussicht über die gesamte Rheinebene.

Jetzt gehen wir nach Westen, in Richtung Amolter Eck steil den Hang hinunter. An einem weißen Kreuz wandern wir rechts zur Amolter Heide hinab. Im Wald gehen wir an der zweiten Verzweigung links nach Amoltern hinunter. An einer Wiese treten wir aus dem Wald und laufen geradeaus abwärts. 70 Meter vor dem ersten Haus nehmen wir den rechten Abzweig, der leicht bergan führt. Nach 100 Metern beginnt am **Friedhof** 4 (2:30 Std.) der Amolter Kräuterpfad, dem wir rechts aufwärts folgen. Der Weg bietet einen schönen Blick bis in die Vogesen hinüber. Ab der **Amolter Heide** 5 (2:40 Std.) schlendern wir auf dem Kirschbaumpfad durch Wald und Reben und tiefe Lößholwege Richtung Endingen Bahnhof. Schließlich stehen wir wieder am **Gasthaus Schützen** 1 (3:15 Std.), an dem wir bereits am Hinweg vorbeigewandert sind. Von dort kommen wir erneut durch die Stollbruckstraße und über den Marktplatz wieder zum **Bahnhof Endingen** E (3:30 Std.) zurück.

Tourencharakter
Meist schattige, natürliche Waldwege und Pfade, die aber auf den Katharinenberg sehr steil sind

Ausgangspunkt
Parkplatz vor dem Bahnhof in Endingen (GPS: N48°08'38.4" E07°42'11.0")

Anfahrt
Auto: A5 Ausfahrt Riegel, dann nach Westen nach Endingen. Bahn: Von Riegel oder von Breisach. Bus: Linien 101–107 von Freiburg und Riegel

Einkehr
Gasthaus Ratsstube, 79346 Endingen, Marktplatz 10, Tel: 07642/929 55 00
Strauße Dielbuckschänke, 79346 Endingen, Hauptstraße 1, Tel: 07642/30 17

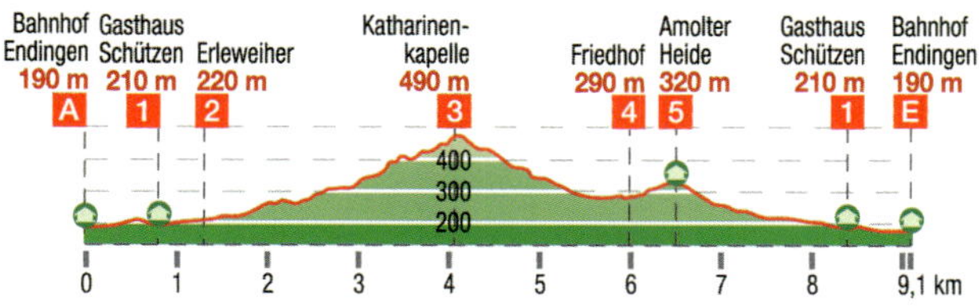

5 2:40 Std. ↑ 100 Hm ↓ 100 Hm ↔ 7,8 km

Zur Michaelskapelle in Riegel

Riegel ist bis in die Antike historisch. Diese Wanderung leitet zur 800 Jahre alten Michaelskapelle. In Riegel bleibt noch Zeit, die ganze Runde des archäologischen Rundwegs zu machen und auf den Spuren der Römer zu wandeln.

Der Wegverlauf

Vom **A Bahnhof Riegel Ort** starten wir auf der Römerstraße nach Osten, gehen dann links über die Schienen und gleich nach den zweiten Gleisen rechts über die Wiese. Auf dem Elzdamm wandern wir rechts und kommen dann, die Schienen wieder überquerend, anschließend zum **1 Großherzog-Leopold-Platz** (0:20 Std.).

Vom vorderen Parkplatz der Kunsthalle Messmer steigt ein Pfad auf den Michaelsberg hoch. Oben bleiben wir auf dem Wiesenweg links und kommen dann rechts aufwärts zur **2 Michaelskapelle** (0:30 Std.). Die einstige Burgkapelle deren Bausubstanz auf das 13. Jahrhundert zurückgeht, bietet gute Aussichten.

Von der Kapelle gehen wir die Treppe wieder hinunter und dann links den Weg mit Geländer abwärts und an der Kreuzung geradeaus. An einer weiteren Kreuzung müssen wir rechts abwärts und vor der Schule links durch die Lösshohlgasse hinunter. An einer Gabelung steigen wir rechts abwärts und an den ersten Häusern biegen wir links in die Bergstraße, die in einem großen Bogen zur Hauptstraße hinab führt. Dieser folgen wir nach links und kommen zur Kreuzung mit der Landstraße L 116, vor der auf der linken Seite die **Erdskulptur 3 »Mutter Erde«** (1:00 Std.) liegt.

Die Landstraße queren wir und wandern parallel dazu nach links. An einer dreifachen Weggabel nehmen wir den mittleren Hohlweg auf den Dürleberg und bleiben an Abzweigen immer geradeaus aufwärts. Vor einer **4 kleinen Stromleitung** (1:45 Std.) wandern wir in spitzem Winkel nach rechts in Richtung Riedhöfe.

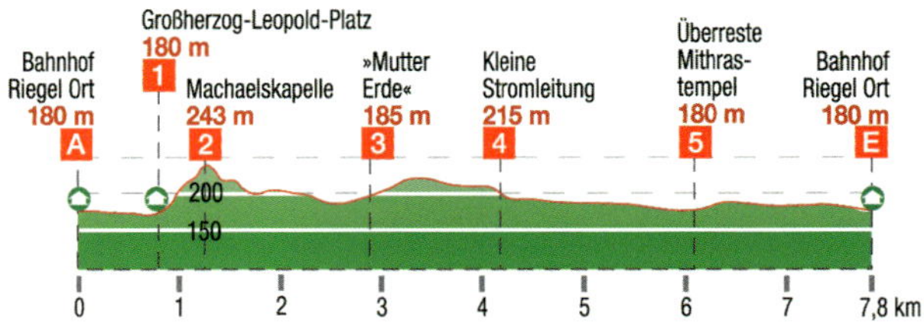

Durch das Riedtal kommen wir zur Landstraße K 5145, die wir überqueren. Nun in der Kaiserstuhlstraße nehmen wir die Dürlebergstraße rechts unter die Sohlen und gehen am Ende der Straße rechts durch die Unterführung und geradeaus weiter. Auf der rechten Seite tangieren wir die Überreste eines 5 **römischen Mithras-Tempel** **(2:10 Std.)** (2. Jh.).

Das 2. Jahrhundert war die Blütezeit der römischen Siedlung Rigola, als Verwaltungszentrum für die Region. Aber Riegel hat eine 7000-jährige Siedlungsgeschichte, die bis in die Jungsteinzeit zurückreicht. Es sind Funde aus den Kulturen der Bandkeramik nachgewiesen. Aus dem 1. und 2. Jahrhundert v. Chr. stammen verschiedene bronze-, hallstattzeitliche und keltische Funde. Berühmt ist ein keltischer Goldmünzschatz.

Zum Bahnhof Riegel Ort am Ende der Üsenbergstraße gehen wir rechts und dann gleich links in die Kehnerstraße. Am Rathaus geht es auf der Hauptstraße nach links am Gasthof Kopf vorbei und an der Kapelle geradeaus in die Kapellenstraße. Auf der Wilhelm-Meyer-Straße nach rechts und durch den Maternusweg nach links erreichen wir die Römerhalle, überqueren dann die Forchheimer Straße und kommen durch das Schmiedegässle zum E **Bahnhof Riegel Ort** **(2:40 Std.)** zurück.

Tourencharakter
Anfangs leichter Aufstieg zur Kapelle, sonst schattige Waldwege, aber auch sonnige Feldwege

Ausgangspunkt
Riegel, Parkplatz vor dem Bahnhof Riegel Ort (GPS: N48°09'13.1" E07°45'00.4")

Anfahrt
Auto: A5 Ausfahrt Riegel, dann zum Bahnhof Riegel Ort. Bahn: Von Breisach und Freiburg. Bus: Linien 101, 102 von Breisach und Freiburg

Einkehr
Hotel Gasthof Kopf, 79359 Riegel, Hauptstraße 30, Tel: 07642/90 88 90, www.gasthof-kopf.de
Gasthof Riegeler Stammhaus, 79359 Riegel, Hauptstraße 29, Tel: 07642/93 05 60, www.riegeler-stammhaus.de

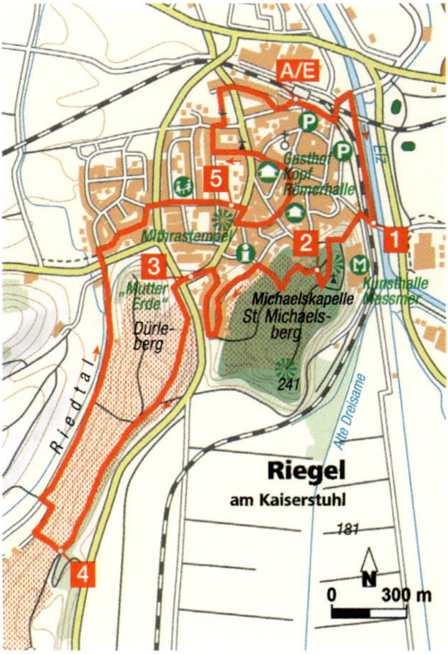

6 5:15 Std. ↑ 340 Hm ↓ 340 Hm ↔ 13,8 km

Bezauberndes Burkheim

Vom Weindorf Jechtingen führt die Wanderung durch Rebflächen und Wald hinüber zur Burg Sponeck. Wir kommen vorbei am Burkheimer Badesee, durch den artenreichen Urwald des Rappennestgießen und zum bezaubernden Burkheim hinauf. Aussichtsreich ist der Weg nach Jechtingen zurück.

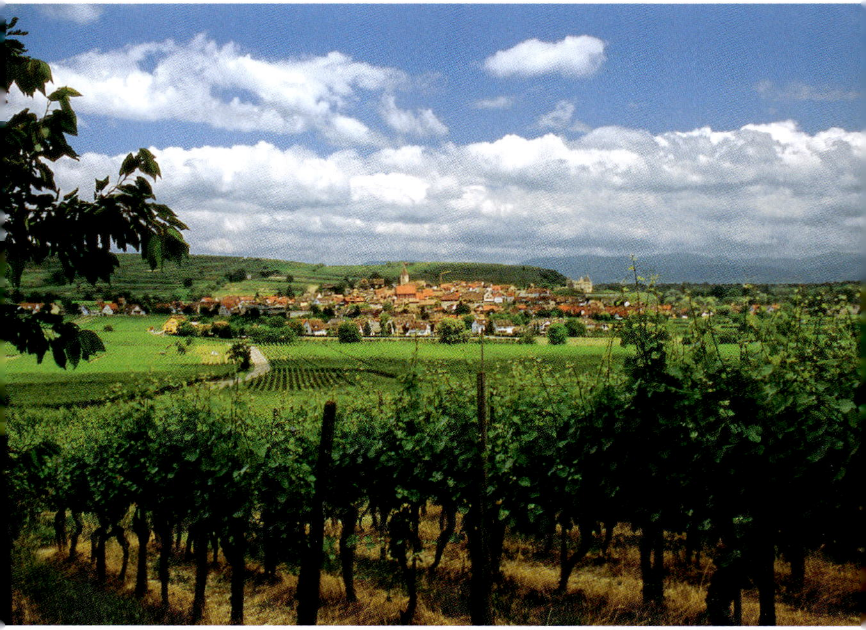

Blick auf Burkheim im Kaiserstuhl

Der Wegverlauf

Vom **Bahnhof Jechtingen** A führt die Wanderung südlich durch die Bahnhofstraße und an der Dorfstraße rechts den Bach entlang. Nach der Kirche leitet links die Schmiedgasse nach Süden. Fünf Minuten später stehen wir außerhalb des Dorfes auf einer Kreuzung mit steinernem Feldkreuz. Hier geht der Weg rechts auf dem Haberbergweg durch Obstplantagen weiter, an dem einsamen Weingut Burkhart vorbei bis zu einer T-Kreuzung. Dort links einer Markierung mit gelber Raute folgend, bewegen wir uns leicht aufwärts einem Waldrand zu.

Die gelbe Raute weist an einer Kreuzung nach links, die aber ignoriert wird. Nahe dem Waldrand knickt der Fahrweg nach rechts und endet im Wald an einem eisernen Wegkreuz von 1888. Jetzt folgen wir rechts der gelben Raute auf einem schattigen Pfad durch Laubwald und dem Wegweiser Richtung Burg Sponeck. An einer Infotafel lassen sich die bewohnte **Burg Sponeck** 1 (1:00 Std.) und die Reste eines römischen Grenzkastells überschauen. Weiter unten lädt eine offene Pforte zur Besichtigung des liebevoll mit heimischen Pflanzen bestückten Gartens ein.

Die Burg entlang geht es abwärts auf eine Kreuzung zu, an der rechts das Cafe Jägerhof ist. Für uns zeigt ein Wegweiser nach links Richtung Burkheim, jetzt mit dem blauen Wellensymbol des Rheinauewegs. Rechts erstreckt sich der Rheinauewald mit dem Wasserlauf Blauwasser. Nach zehn Minuten weist ein Wegweiser mit der Aufschrift »Am Märle« nach rechts eine kleine Treppe abwärts und über einen schmalen Steg zu Fischteichen und einem Kiosk. Vor dem **Anglerheim Burkheim** 2 (1:30 Std.) geht es rechts über einen Damm zwischen zwei Teichen weiter, vor dem Kiefernwäldchen nach links und an der Kreuzung nach rechts in Richtung Badesee Burkheim. An der T-Kreuzung nach den Sportplätzen wenden wir uns rechts über die Brücke und nach nur 70 Metern links wieder in Richtung Badesee Burkheim. An einer Schranke leitet eine gelbe Raute rechts über einen Steg und die Treppe hoch auf den Rheindamm und einen Bootshafen. Wir bleiben links auf dem Damm. Nach 15 Minuten schillert der Burkheimer Badesee durch die Bäume und eine Treppe leitet bei Flusskilometer 233,4 links den Damm hinab und weiter über einen Eisensteg. Auf der Asphaltstraße vor dem See schlendern wir nach links entlang mehrerer einladender Badestellen mit Liegewiese.

Etwa 70 Meter nach der Straßenbrücke mit grünem Geländer deutet ein Wegweiser nach links auf einen

Tourencharakter
Anfangs leichte Aufstiege, dann angenehme schattige Waldwege und Pfade, aber auch sonnige Weinbergwege

Ausgangspunkt
Jechtingen, Parkplatz vor dem Bahnhof (GPS: N48°07‘11.1“ E07°36‘39.3“)

Anfahrt
Auto: A5 Ausfahrt Riegel, dann nach Jechtingen. Bahn: Von Riegel und Breisach. Bus: Linien 102, 295 von Breisach und Freiburg

Einkehr
Gerhart’s Straußе, 79361 Jechtingen, Sponeckstraße 102, Tel: 07662/61 17, www.gerhart-strausse.de
Wein- und Vesperstube Zur alten Schmiede, 79235 Burkheim, Mittelstadt 12, Tel: 07662/94 99 47, www.schmiede-burkheim.de

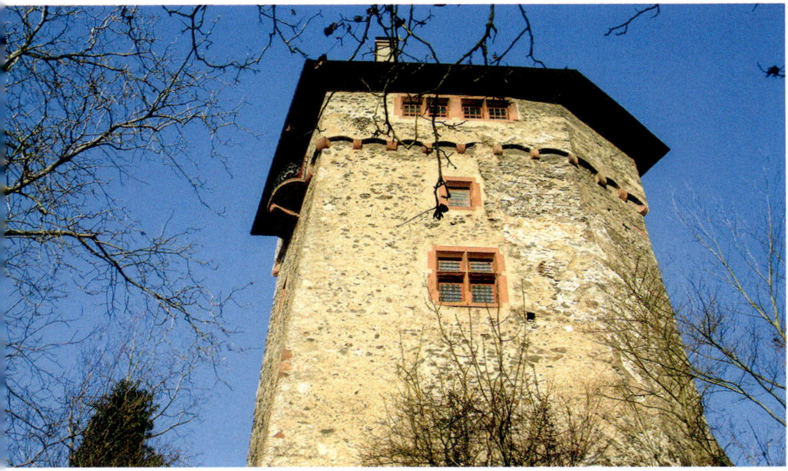

Burg Sponeck am Rhein

versteckten Pfad **Richtung Steingrüngrund** 3 (2:20 Std.). Hier sind wir nun im artenreichen Urwald Rappennestgießen. Wer sich ruhig verhält, kann hier allerlei Wasservögel beobachten. An der Kläranlage Burkheim erreichen wir wieder die Zivilisation. Ein Burkheimer Künstler stellt hier seine skurrilen Schrottfiguren aus. Die Wegweiser zeigen nach Burkheim an der Kläranlage vorbei und nach einer Brücke nach rechts. In Burkheim stoßen wir an der Kreuzung unterhalb der Schlossmauer auf die **Hänferbrücke** 4 (3:00 Std.). Geradeaus über die Steinbrücke könnten wir einen Abstecher zum 150 Meter entfernten Burkheimer Kräuterhof gehen. Die Tour führt aber vor der Brücke links in die Stadt hinauf. Am links liegenden kuriosen Korkenziehermuseum öffnet sich der Blick auf das bezaubernde mittelalterliche Städtchen. Kurz vor dem Stadttor lädt rechts unter der Linde das Städtlecafe zu verdienter Rast ein.

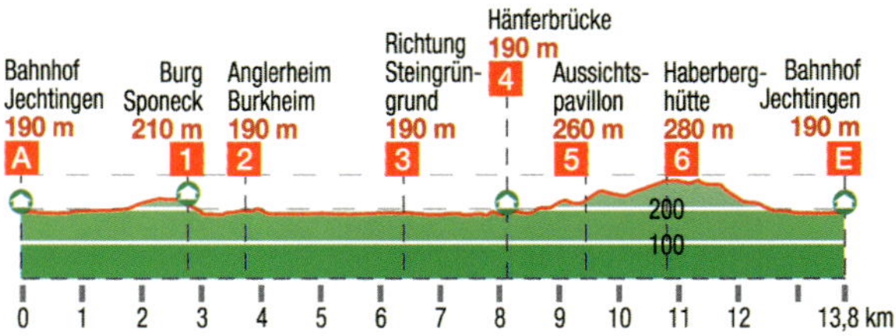

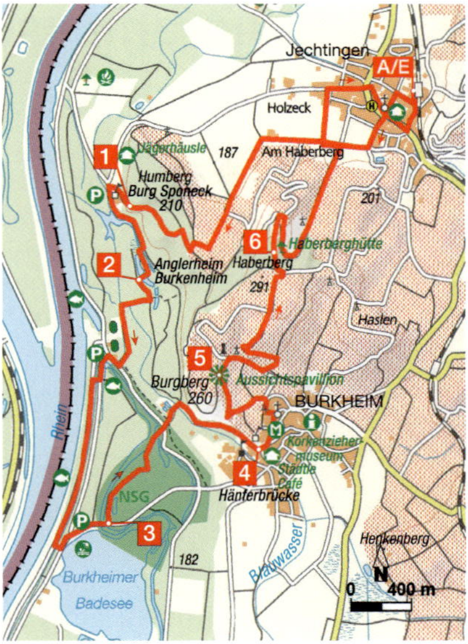

Vor dem Stadttor zweigt nach links oben die Straße Am Kirchberg ab. Nach der Kirche weist geradeaus ein Schild zum oberen Parkplatz weiter, an dessen Ende wir nach links in Richtung Aussichtspavillon wandern. Vom **Aussichtspavillon** 5 (3:30 Std.) reicht der Blick vom Schwarzwald und den höchsten Erhebungen des Kaiserstuhls im Osten, über Burkheim und Breisach bis über den Rhein im Westen.

Nun halten wir auf das unten links stehende Wasserhäuschen mit den zwei Säulen zu und wandern nach ihm nach links immer aufwärts. Einmal knickt die Asphaltstraße nach links und einmal nach rechts. Rechter Hand liegen die Weindörfer Oberrotweil und Bischoffingen in den sonnigen Tälern des Kaiserstuhls. An einer gelben Bank befindet sich ein runder Tisch mit Richtungszeigern zur Orientierung. Ganz oben am Waldrand gehen wir an der T-Kreuzung links und dann gleich wieder nach rechts in den Wald. Ein Schild mit gelber Raute zeigt nach Jechtingen. An der **Haberberghütte** 6 (4:00 Std.) erschließt sich die Aussicht nach Nordwesten über den Rhein bis zum Straßburger Münster, nach Norden auf den Limberg und über Jechtingen, zu dem ein Schild abwärts zeigt.

An einer T-Kreuzung gehen wir rechts und nach nur 20 Metern gleich wieder rechts auf dem Sträßchen, das in einem Bogen in das enge Tal hinunterläuft. Unten am schon bekannten Haberbergweg in den Obstplantagen vor Jechtingen gehen wir für 100 Meter nach links, dann rechts in den Humbergweg und an der T-Kreuzung rechts in die Sponeckstraße. Hier empfiehlt sich ein Abstecher nach links zur 250 Meter entfernten, nur zeitweise geöffneten Straußenschenke Gerhart. Weiter geht die Wanderung ins Dorf bis zur Dorfstraße und dort vor dem kleinen Bach rechts am Dorfbrunnen vorbei. Zwischen Kirche und Winzerstube Sonne zweigt links die Kirchstraße ab. Am Feuerwehrhaus biegen wir nach rechts in die Rosenstraße und stehen gleich wieder vor dem **Bahnhof Jechtingen** E (5:15 Std.).

7 — 3:40 Std. — ↑ 220 Hm ↓ 220 Hm — ↔ 9,4 km

Abseits des Trubels

Panoramaweg um Bischoffingen

Bischoffingen liegt in einem Talgrund, im Halbkreis von Weinbergen umgeben. Die Wanderung über die Hügelkuppen schenkt eine der schönsten Panoramatouren im Kaiserstuhl. Eine ganz besondere Aussichtskanzel ist der Pavillon auf der Mondhalde, der in einem kurzen Abstecher angegangen wird.

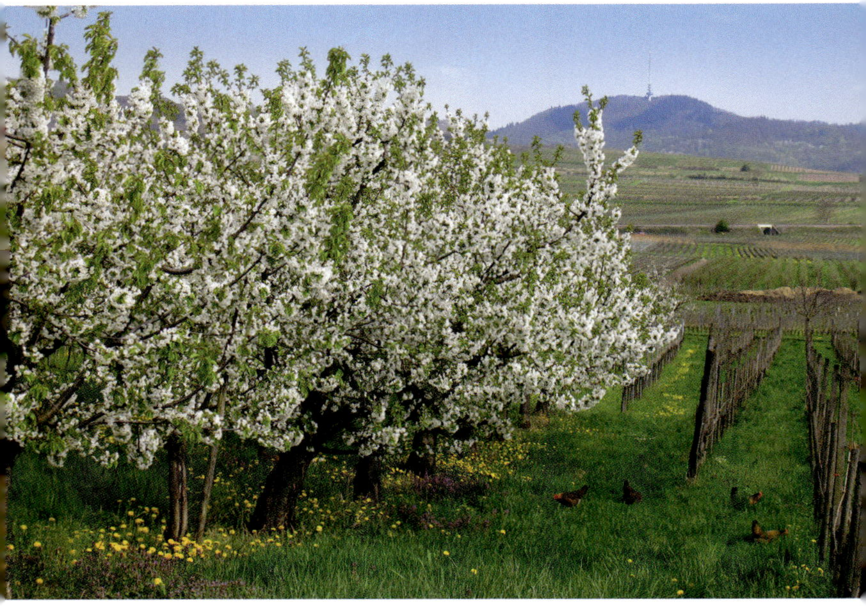

Kirschbaumblüte vor dem Totenkopf

Der Wegverlauf

Startpunkt für die Wanderung ist der **Bahnhof Burkheim-Bischoffingen** **A** (da es am Bahnhof keinen Parkplatz gibt, parken Autofahrer am Amthofplatz in Bischoffingen). Vom Bahnhof gehen wir am Bahnübergang über die Schienen und biegen gleich danach rechts ab. Der Weg nach Bischoffingen ist mit der gelben Raute gut ausgezeichnet. Nach einem Kilometer biegen wir inmitten von großen Rebflächen an einer T-Kreuzung links ab und wandern an der Weinstube und Restaurant

Steinbuck Stube die Steinbuckstraße nach Bischoffingen hinab. An der Bacchusstraße wenden wir uns nach rechts und kommen zum **Amthofplatz** 1 (0:35 Std.). Am Amthofplatz gehen wir auf der Dorfstraße links in den Ort hinein, biegen am Rathaus rechts in die Bergstraße Richtung Krankenhaus ein und gleich links in den Hüttenbergweg bis zum **Friedhof** 2 (0:45 Std.). Links vom Friedhof folgen wir den Wegweisern Panoramaweg, Weinlehrpfad und Hüttenbergstirn. Weiter oben um die Bergstirn herum schauen wir links nach Burkheim, auf den wie mit einer Mütze bewaldeten Enselberg vor dem Haberberg und weiter rechts auf den Weinort Jechtingen. Im Hintergrund steht der Vogesenhauptkamm.

Tourencharakter
Anfangs mittelstarker Aufstieg, dann sonnige asphaltierte Weinbergwege, langer Abstieg am Schluss

Ausgangspunkt
Bahnhof Burkheim-Bischoffingen, mit dem Auto am Amtshofplatz parken (GPS: N48°06‘09.8“ E07°37‘39.0“)

Anfahrt
Auto: A5 Ausfahrt Riegel, dann nach Bischoffingen. Bahn: Von Endingen und Breisach. Bus: Linien 102, 295 von Freiburg und Breisach

Einkehr
Landgasthof Steinbuck Stube, 79235 Bischoffingen, Talstraße 2, Tel: 07662/91 12 10, www.steinbuck-stube.de
Gutsschenke Weingut Rieflin, 79235 Bischoffingen, Kaiserstuhlstraße 8, Tel: 07662/22 64 94, www.rieflin.de

Am Viehweg steigen wir rechts steil hoch, bleiben oben auf dem Weinlehrpfad und erreichen den Picknickplatz am **Wasserhochbehälter** 3 (1:05 Std.). Nach 150 Metern wandern wir links die Seubertgasse hinauf auf den Seubertbuck. Bevor wir auf den Aussichtspunkt auf den Felsen hochsteigen, sollten wir den freiliegenden Fels etwas näher betrachten. Es ist vulkanisches Lavagestein, das vor etwa 20 Millionen Jahren im Tertiär hier mit einer Temperatur von circa 1000 °C nach oben gedrückt wurde. Die Felswand mit ihrem von der Sonne aufgeheizten Kleinklima gewährt sogar Opuntien (Wildkakteen) einen angenehmen Standort. Auf dem Felsen ist der Aussichtspunkt **Vogesenblick** 4 (1:15 Std.) mit Picknicktisch, der seinem Namen alle Ehre macht. An der Rosenkranzgasse steigen wir geradeaus höher, kurz am Waldrand entlang der Markierung gelbe Raute folgend. Am Wegweiser »Bischoffingen Spielberg« spazieren wir rechts und am Wegweiser »Hundshalde« wieder rechts. Nach nur zehn Metern wenden wir uns nach links in Richtung Maiengrundhütte. Am Wegweiser »Maiengrund«, 150 Meter vor der Hütte, nehmen wir den mittleren ebenen Weg Richtung Pavillon Mondhalde. Rechts bieten sich fantastische Ausblicke über Bischoffingen bis in die Vogesen. Bischoffingen ist ein typischer Kaiser-

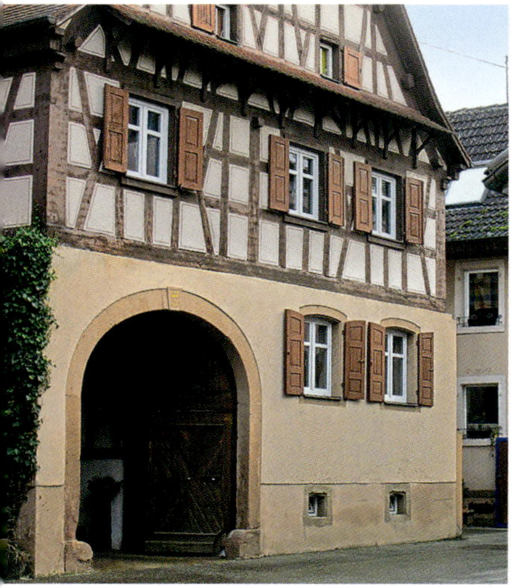

Im historischen Zentrum von Bischoffingen

stühler Weinort, der erstmals im Jahr 1010 urkundlich unter dem Namen »Piscofigin« in einer Schenkungsurkunde erwähnt wurde. Damals ging der Besitz Piscofigin von Basel zum Kloster Sulzburg über. Später war Bischoffingen dann Eigentum des Hauses Baden-Hachberg. Aber die geschützte Lage Bischoffingens gehört zu den ältesten Siedlungsgebieten im Kaiserstuhl. Es gibt Funde aus der Jungstein- und Merowingerzeit. Die Dorfkirche mit ihrem stämmigen Turm wurde im 14. Jahrhundert als Wehrkirche angelegt.

An der Stelle, an der die Straße beginnt, abzufallen, steigen wir links im Hang den kleinen Pfad mit einzelnen Stufen hoch. Gleich sind wir wieder auf dem Asphaltsträßchen und gehen weiter hoch in Richtung Pavillon Mondhalde. An einer T-Kreuzung wandern wir nach rechts eben am Hang und dann am Waldrand entlang. Am Wegweiser »Mittelberg« machen wir erst noch geradeaus den 300 Meter weiten Abstecher „auf dem kleinen Steig" hinauf zum **Pavillon Mondhalde** 5 (2:45 Std.). Eine sensationelle Aussichtskanzel mit fast grenzenloser Rundumsicht. Rhein, Elsass, Vogesen, Breisach und die umliegenden Kaiserstuhlorte, Totenkopf und der ganze halbrunde Kaiserstuhlhauptkamm über den Orten Oberbergen und Oberrotweil liegen vor uns. Es sieht aus wie eine vulkanische Caldera, ist es aber nicht. Der hufeisenförmige Kamm des Kaiserstuhls ist nur der erodierte Rest einer Vulkanruine mit einigen verwitterten Lavaströmen. Später wurde das ganze Kaiserstuhlgebiet von einer bis über 50 Meter dicken Lössschicht überdeckt, einen Vulkankrater gibt es im Kaiserstuhl nicht. Hier oben am Pavillon Mondhalde ist der richtige Picknickplatz für Genießer.

Dann geht es wieder die 300 Meter hinunter zum Wegweiser »Mittelberg« und dort geradeaus an einem markanten dreieckigen Picknicktisch vorbei nach Bischoffingen hinab. Kurz vor der Winzerschenke Rieflin gehen wir links und nach zehn Metern rechts Richtung Bahnhof in die Amthofstraße bis zum **Amthofplatz** 1 (3:15 Std.). Geradeaus

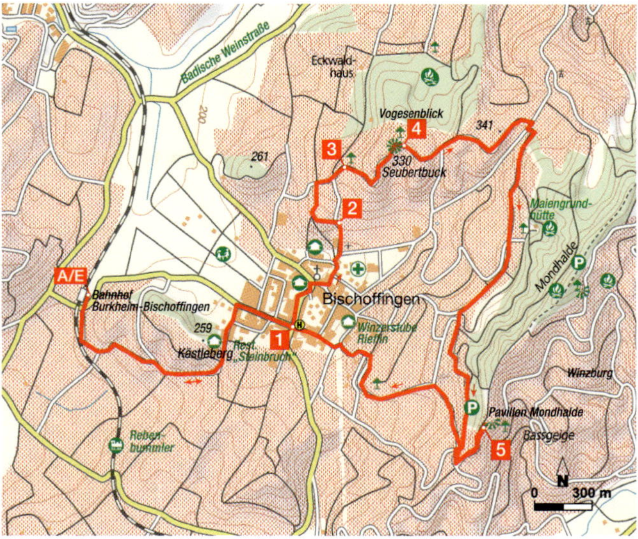

geht es auf bekanntem Weg über die Bacchusstraße und links in die Steinbuckstraße – gut mit gelber Raute markiert – zum **Bahnhof Burkheim-Bischoffingen** E (3:40 Std.) zurück.

Strauße oder Winzerschenke

Der Name »Straußе« kommt von dem Strauß oder Besen, der vor das Tor gehängt wird, wenn geöffnet ist. In einer Straußе werden selbst erzeugter Wein und kleine Speisen im Weinkeller oder in der Scheune angeboten. Sie darf nur vier Monate im Jahr geöffnet haben und ist auf maximal 40 Sitzplätze beschränkt. Eine Winzerschenke hingegen hat eine Gaststättenkonzession, ist aber nicht in der Sitzplatzanzahl oder in der jährlichen Öffnungszeit beschränkt.

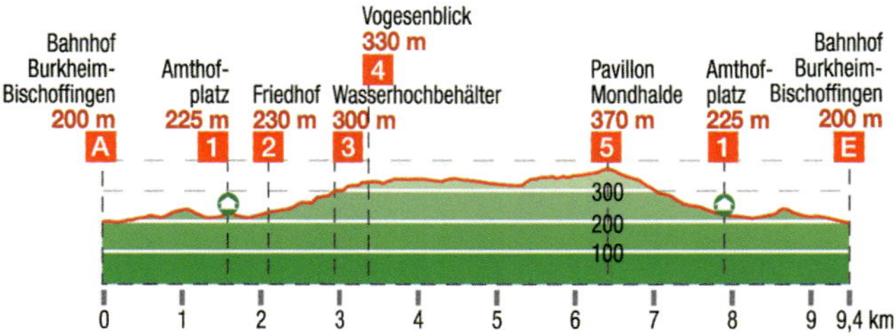

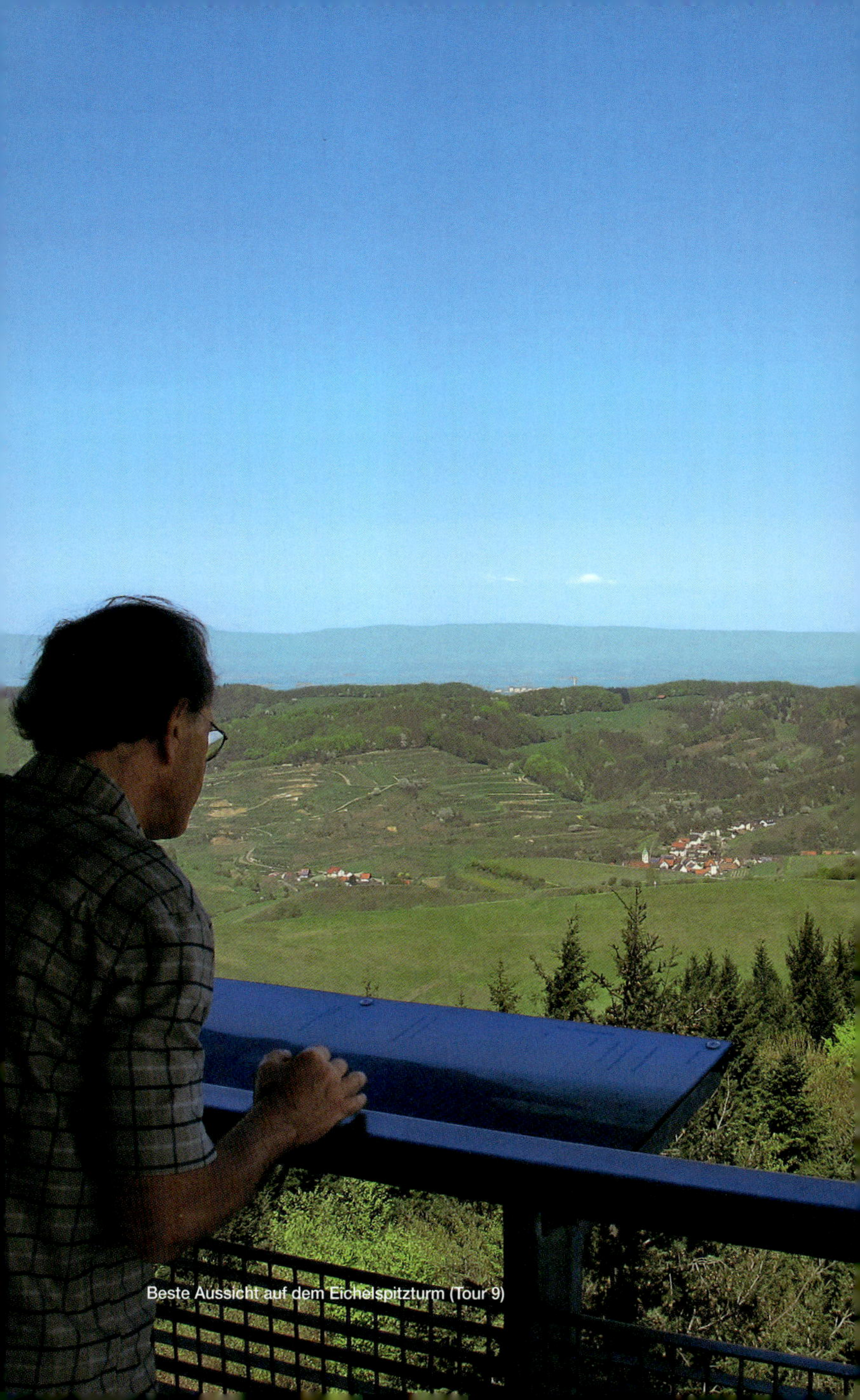

Beste Aussicht auf dem Eichelspitzturm (Tour 9)

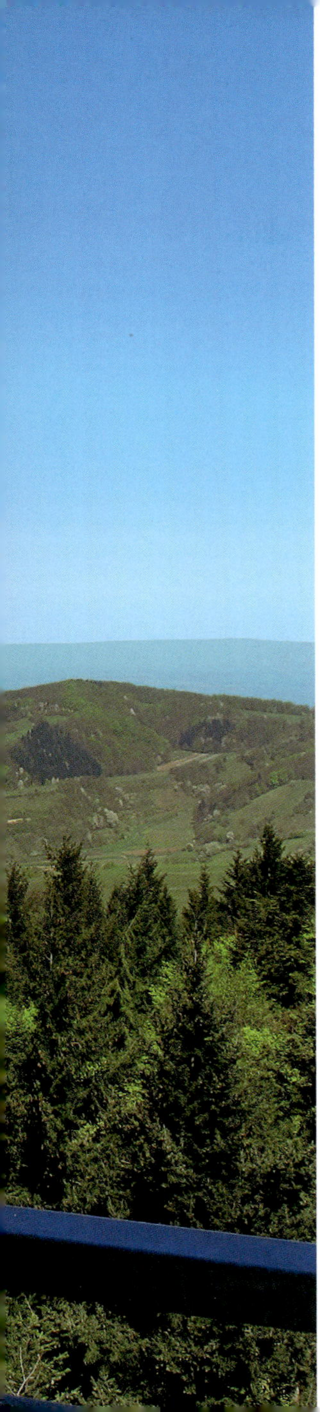

Top 5

Beste Aussichten

Auf dem Kaiserstuhlhauptkamm

Wunderbare Tiefblicke auf die Kaiserstühler Weinorte und Weitblicke bis in die Vogesen. (Tour 9)

Panoramaweg um Schelingen

Die Wanderung zeigt Schelingen aus der Höhe von allen Seiten. (Tour 10)

Jaspis und Käse bei Eichstetten

Der Eichelspitzturm ist einer der schönsten Aussichtspunkte im Kaiserstuhl. (Tour 15)

Von Munzingen über den Tuniberg

Die Erentrudiskapelle und der Attilafelsen sind hervorragende Aussichtspunkte. (Tour 23)

Batzenberg und Schneckental

Der Batzenberg besticht mit einer Aussicht in jede Richtung. (Tour 26)

8 4:45 Std. ↑ 400 Hm ↓ 400 Hm ↔ 13,4 km

Botanische Juwelen am Badberg

Auf dieser Wanderung durchstreifen wir das gesamte Krottenbachtal mit seinen Weinorten Oberrotweil und Oberbergen. Am Ende besteigen wir das berühmte Naturschutzgebiet Badberg. Auf dem Rückweg können wir dann das große Angebot an Weinstuben und Straußenschenken in den Weinorten nutzen.

Der Wegverlauf

Vom **Bahnhof Oberrotweil** A starten wir nach links und gehen dann nach rechts auf der Hauptstraße Richtung Osten in den Ort hinein. Am besten, wir benutzen den stets mit gelber Raute gut ausgeschilderten Badbergpfad, der meist an dem Krottenbach entlangläuft. Zwischen Oberrotweil und Oberbergen halten wir uns auf dem Weg durch Wiesen am linken Hang des Tals. Ein markantes, Landschaftsmerkmal ist der **Hochwasserdamm** 1 (0:50 Std.), den wir überqueren. Durch Oberbergen bleiben wir, wiederum auf der linken Talseite, von der Hauptstraße ein Stück entfernt. 300 Meter nach der Kirche achten wir auf den nach rechts zeigenden Wegweiser zum Parkplatz Mondhalde, den wir nach 200 Metern erreicht haben. Hier am **Parkplatz Mondhalde** 2 (1:40 Std.) beginnt der sehr steile Aufstieg auf den Badberg, stets gut beschildert mit der gelben Raute. Die nach Süden ausgerichteten Trocken- und Halbtrockenrasen werden im Sommer auf bis zu 70 °C aufgeheizt. Einige Schweißtropfen fließen und wir stehen auf dem aussichtsreichen, kahlen 433 Meter hohen **Badberg** 3 (2:30 Std.). In diesem Naturschutzgebiet wachsen viele seltene, wärmeliebende Pflanzen und hier leben Tiere, die es sonst nirgends in Deutschland gibt – berühmt ist zum Beispiel die Gottesanbeterin. Wir ziehen weiter Richtung Osten auf den Aussichtsturm auf

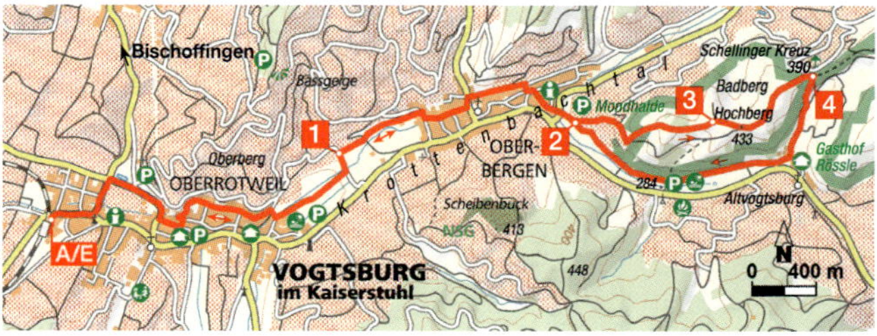

der Eichelspitze zu. Der Weg führt hinab zum steinernen **Schellinger Kreuz** 4 (2:45 Std.), an dem auch einige Picknicktische und ein Pavillon stehen. Hier verlassen wir den Badbergpfad und wenden uns rechts, den Weg hinunter nach Altvogtsburg. Unten im winzigen Ort gehen wir rechts und bleiben nach dem Haus Nr. 1 am rechten Hang des Tals. Nach einigen Metern entspringt rechts aus dem Berghang eine der Quellen des Krottenbachs. Der begleitet den angenehmen Wiesenweg, bis wir wieder auf den **Parkplatz Mondhalde** 2 (3:30 Std.) stoßen.

Während des Rückwegs auf bekannten Wegen und Straßen locken verführerisch Straußenschenken und Weinstuben zur Einkehr. Kurz vor Oberrotweil queren wir wieder den **Hochwasserdamm** 1 (4:00 Std.). Bald sind wir durch den Ort Oberrotweil wieder zurück am **Bahnhof Oberrotweil** E (4:45 Std.). Kunstinteressierte sollten hier unbedingt noch einen 800 Meter langen Abstecher zur Kirche St. Michael in Niederrotweil machen. Die im Jahr 1157 erstmals, in einer Urkunde erwähnte Kirche ist die älteste im Breisgau. Der außen schlichte Sakralbau beherbergt im Chor einen geschnitzten Hochalter, der zu den herausragendsten Kunstwerken der Spätgotik am Oberrhein zählt. Es gibt darüber hinaus noch viele weitere Kuntschätze von der Romanik bis zum Barock zu sehen, darunter auch die älteste Orgel im Breisgau.

Tourencharakter
Am Anfang und am Ende Straßen und asphaltierte Wege durch die Weindörfer. Sehr steiler, sonniger Erdweg auf den Badberg

Ausgangspunkt
Parkplatz vor dem Bahnhof der Kaiserstuhlbahn in Oberrotweil (GPS: N48°05‘20.7“ E07°37‘14.5“)

Anfahrt
Auto: A5 Ausfahrt Riegel, nach Oberrotweil. Bahn: Von Riegel und Breisach. Bus: Linien 102, 104, 295 von Freiburg und Breisach

Einkehr
Gasthof Rössle, 79235 Vogtsburg im Kaiserstuhl, Altvogtsburg 9, Tel: 07662/90 90 90, www.roessle-vogtsburg.de
Gasthof Sonne, 79235 Vogtsburg im Kaiserstuhl, Mitteldorf 5, Tel: 07662/276, www.koepfers-steinbuck.de/koepfers-sonne-in-schelingen

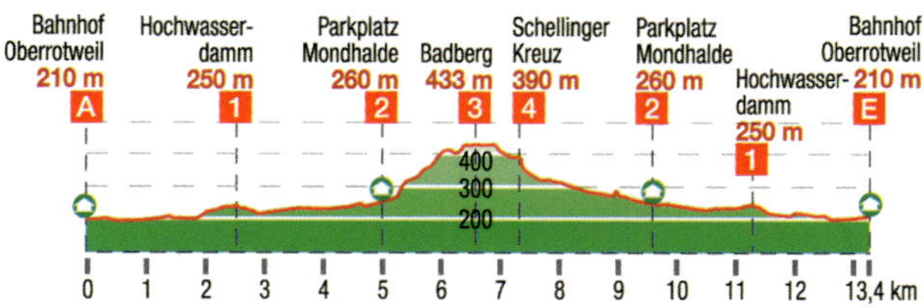

9 | 7:00 Std. | ↑ 690 Hm ↓ 690 Hm | ↔ 19,4 km

Auf dem Kaiserstuhlhauptkamm

Diese anspruchsvolle Königstour über den Höhenweg rund um Oberbergen gewährt wunderbare Tiefblicke auf die Kaiserstühler Weinorte und Weitblicke über den Kaiserstuhl hinaus bis in die Vogesen und in den Schwarzwald. Der letzte Abschnitt verspricht erquickliche Einkehrmöglichkeiten.

Der Wegverlauf

Vom **Bahnhof Oberrotweil** A starten wir nach links und dann nach rechts auf die Hauptstraße in den Ort hinein. Nach zehn Metern biegen wir, begleitet von der Markierung gelbe Raute, nach links in die Marktstraße ein und gehen nach 20 Metern rechts in die Brückenstraße den Grottenbach entlang. Am Ende der Straße wandern wir vor dem Supermarkt nach links und an der nächsten Kreuzung nach rechts in die Bruckmühlenstraße Richtung Friedhof. Am Steinkreuz vor dem Friedhof müssen wir links und gleich wieder rechts in Richtung Aussichtspavillon Mondhalde. Nach 100 Metern beginnt stets gut ausgeschildert rechts auf der Asphaltstraße der lange Aufstieg zum Pavillon und Parkplatz Mondhalde. Nach dem zweiten Wasserhochbehälter geht nach links

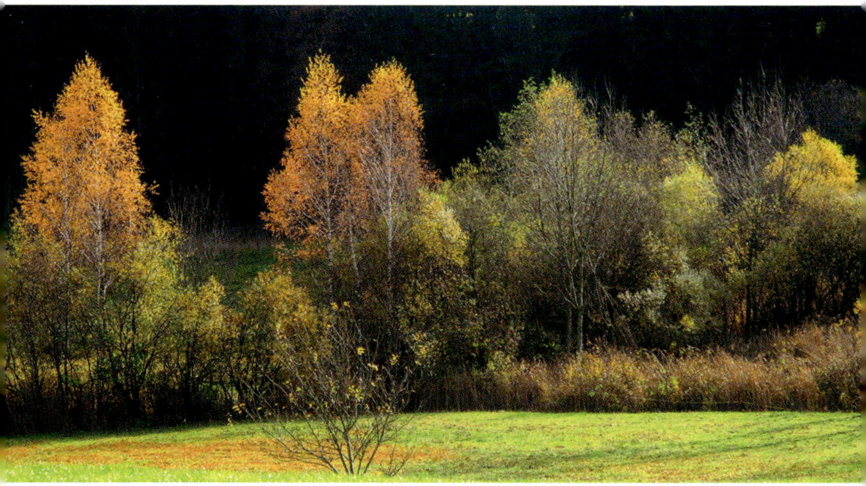

Herbstfarben am Kaiserstuhlhauptkamm

ein Pfad, und Treppen führen weiter hinauf. Oben sind es auf Asphalt nur noch 150 Meter bis zum **Pavillon Mondhalde** 1 (1:10 Std.), eine wunderbare Aussichtskanzel mit fast grenzenloser Rundumsicht. Rhein, Elsass, Vogesen, Breisach und umliegende Kaiserstuhlorte, Totenkopf und der ganze halbrunde Kaiserstuhlhauptkamm über den Orten Oberbergen und Oberrotweil liegen vor uns. Es sieht aus wie eine vulkanische Caldera, ist es aber nicht. Der hufeisenförmige Kamm des Kaiserstuhls ist nur der erodierte Rest einer Vulkanruine mit einigen verwitterten Lavaströmen. Später wurde das ganze Kaiserstuhlgebiet von einer bis über 50 Meter dicken Lössschicht überdeckt. Aber wir müssen weiter, warten doch auf dem Höhenweg noch ähnlich herrliche Plätze auf uns.

Vom Pavillon gehen wir über den Parkplatz und am anderen Ende eine kleine Treppe hoch mit dem Wegweiser Richtung Kiechlinsberger Eck auf dem Katharinenpfad, erst durch eine Rebfläche, dann am Waldrand entlang. An mehreren Weggabelungen bleiben wir jeweils Richtung Kiechlinsberger Eck im Wald und steigen dann zur Wanderhütte Bassgeige ab, die sich mit ihrem Picknickplatz zur Pause anbietet. Ungefähr 150 Meter nach der Wanderhütte steigen wir an einer Kreuzung den linken Weg hoch in den Wald, wieder mit Richtung Kiechlinsberger Eck. Nach 600 Metern nehmen wir an einer Kreuzung den zweiten Weg nach rechts und treten nach 50 Metern aus dem Wald. Hier genießen wir die Aussicht hinunter ins Tal und auf unsere nächsten Ziele Eichelspitzturm und Totenkopf.

Kurz vor der Straße nach Kiechlinsbergen müssen wir noch rechts hinunter, um die Straße überqueren zu können. Auf der anderen Seite der Straße gehen wir nach links ein paar Meter hoch, und wir stehen auf dem Parkplatz am **Kiechlinsberger Eck** 2 (2:00 Std.). Hier zeigt ein Wegweiser nach rechts zur Katharinenkapelle. Es gibt in der Folge viele Abzweige und Wegkreuzungen, der Weg über Staffelberg, Schelinger

Tourencharakter
Anfangs langer Aufstieg, dann im Wechsel schattige und sonnige Wege und Pfade, meist auf Naturwegen

Ausgangspunkt
Parkplatz vor dem Bahnhof der Kaiserstuhlbahn in Oberrotweil (GPS: N48°05‘20.7“ E07°37‘14.5“)

Anfahrt
Auto: A5 Ausfahrt Riegel, nach Oberrotweil. Bahn: Von Riegel und Breisach. Bus: Linien 102, 104, 295 von Freiburg und Breisach

Einkehr
Gasthof Neun Linden, 79235 Vogtsburg im Kaiserstuhl, Hauptstraße 65, Tel: 07662/802 02, www.neun-linden.de
Gaststätte Bären, 79235 Vogtsburg im Kaiserstuhl, Hauptstraße 4, Tel: 07662/289, www.baeren-oberrotweil.de

Viehweide und Bisamberg zur Katharinenkapelle ist aber vorzüglich ausgeschildert. Dieser Wegabschnitt des Katharinenpfads ist ein ständiges Auf und Ab, aber meist angenehm im schattigen Wald und Waldrand. Immer wieder öffnen sich Blicke auf den Badberg, Eichelspitzturm und Totenkopf. Vom Amolter Eck, an dem ein weißes Wegkreuz steht, steigen wir dann noch sehr steil hinauf zur **Katharinenkapelle** 3 (3:00 Std.), an der bei gutem Wetter ein Kiosk die Wanderer versorgt.

Nun schwenken wir nach Süden ab und bewegen uns abwärts zum Feldkreuz am Endinger Eck, ab dem wir dem Neunlindenpfad folgen. Wir bleiben nach dem Feldkreuz auf dem rechten Weg, der sich entlang des Waldrandes im Wesentlichen abwärts hinzieht. Am Wanderparkplatz **Bahlinger Eck** 4 (3:30 Std.) überqueren wir die Straße von Schelingen nach Bahlingen in Richtung Eichelspitzturm im Wald und am Waldrand immer geradeaus größtenteils abwärts. Dann gelangen wir auf einem Sattel zur Robert-Meier-Hütte mit Picknickplatz. An der Hütte links vorbei kommen wir durch einen schattigen Douglasienwald, der uns steil hinauf zum **Eichelspitzturm** 5 (4:10 Std.) neben den Resten einer alten Einsiedelei führt. Hier oben über den Wipfeln der Douglastannen ist eine herrliche Rundumsicht. Nach Westen schauen wir hinunter auf Altvogtsburg, auf den Badberg und in die Vogesen. Im Osten liegt der Schwarzwald am Horizont.

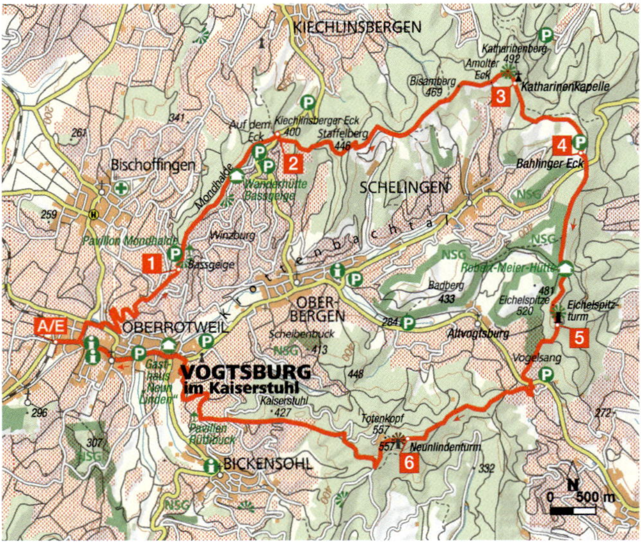

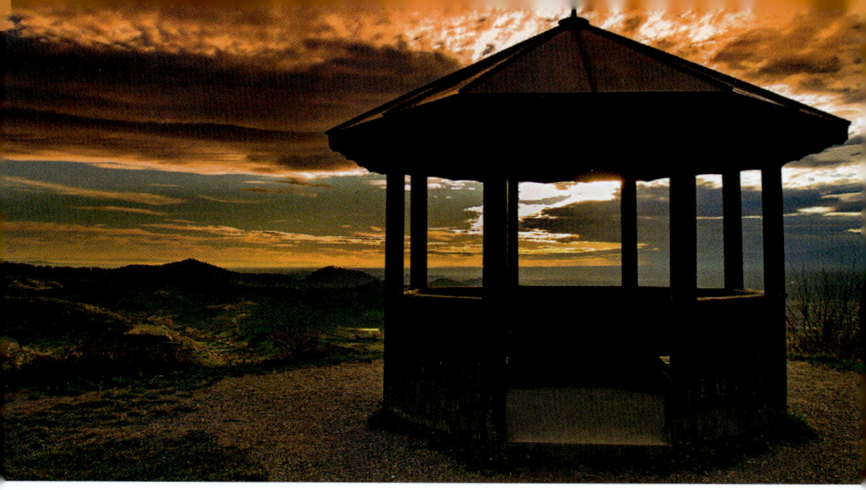

Der Pavillon auf der Mondhalde ist ein beliebter Aussichtspunkt.

In Richtung Südwesten überqueren wir nach 600 Metern den Vogelsangpass und steigen durch Reben hoch zu einer Mehrfachkreuzung. Wir halten uns an den Weg, der geradeaus auf den **Neunlindenturm** 6 (5:10 Std.) auf dem Totenkopf hinaufführt. Der Neunlindenturm mit Aussicht über den Kaiserstuhl, Tuniberg und über das Rheintal entstand aus den Steinen eines Paulinerklosters, das von neun Linden umgeben war. Vom Neunlindenturm steigen wir steil hinab, zunächst Richtung Lenzenberg. An einer Mehrfachkreuzung wenden wir uns aber in spitzem Winkel nach rechts Richtung Rüttibuck und Oberrotweil, wobei wir immer auf dem Wanderweg mit der gelben Raute bleiben. Am Pavillon Rüttibuck gehen wir nach rechts die Straße hinunter. In Oberrotweil stoßen wir auf das Schwimmbad und schlendern nach links in den Ort hinein. Immer auf der Hauptstraße bleibend, sind wir in 20 Minuten am **Bahnhof Oberrotweil** E (7:00 Std.) zurück, wenn uns unterwegs nicht das gute Gasthaus Neun Linden oder die nur zeitweise geöffnete Hexenstrauße in der Weinstraße 2 aufhält.

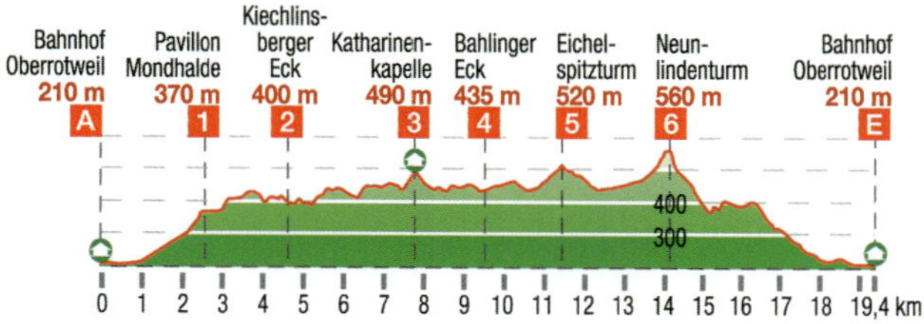

10 | 2:15 Std. | ↑ 230 Hm ↓ 230 Hm | ↔ 5,8 km

Panoramaweg um Schelingen

Die Panoramawanderung rund um das Weindorf Schelingen streift den Schelinger Kleinterrassenpfad mit seinen vielfältigen Lebensräumen und die Halbtrockenrasen des Naturschutzgebietes Badberg. Die Ausblicke reichen über Schelingen und Oberbergen hinweg bis in den Vogesenhauptkamm.

Der Wegverlauf

Vom **Wanderparkplatz** A in der Almendgasse starten wir in Richtung Sonnenuhr. Hier gehen wir nach links auf den Kirchbergrundweg. An einem steinernen Feldkreuz steigen wir an der Gabelung rechts hoch. In

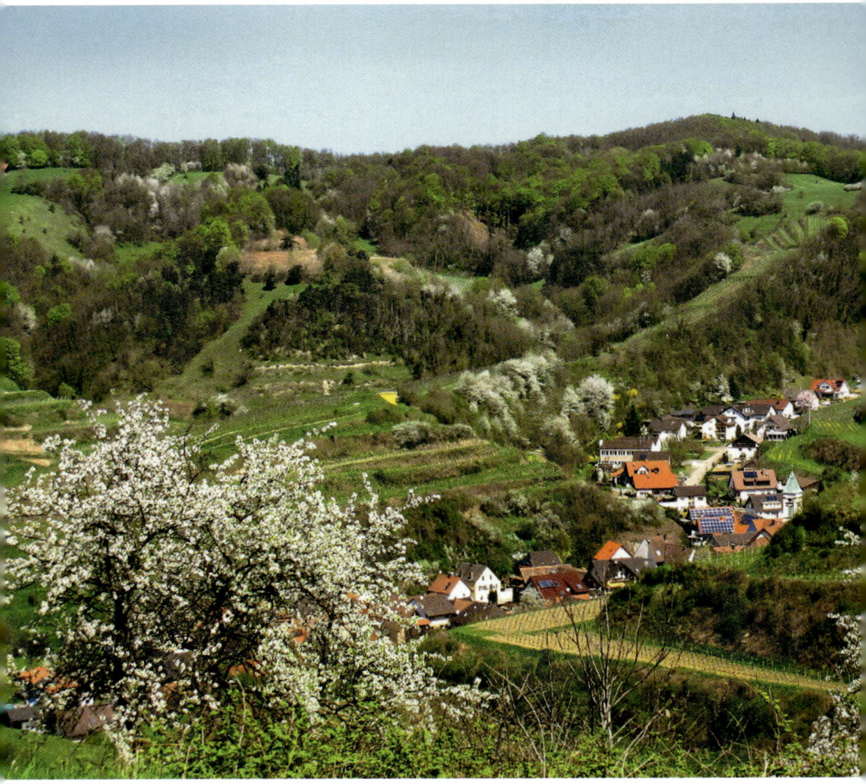

Blick vom Schelinger Kreuz auf Schelingen

den nun folgenden Bereichen finden sich in der Steilheit des Geländes kleine Terrassen mit vielfältigen Lebensräumen für Insekten, Eidechsen und Vögel. An der oberen Gabelung der Asphaltwege wenden wir uns nach rechts auf den Weg, der mit Betonrasensteinen gepflastert ist. Am **Natur- & Weingenuss-Platz** 1 (0:20 Std.) genießen wir auf der Ruhebank den Ausblick auf den Badberg, Eichelspitzturm, Totenkopf, Vogesenhauptkamm und vielleicht auch den mitgebrachten Wein. Nach diesem Genuss gehen wir geradeaus weiter auf dem Weg, der gleich wieder nach unten abfällt. Drunten durchschreiten wir geleitet von der Markierung gelbe Raute ein kleines bewaldetes Seitental und geradeaus den Gegenhang wieder nach oben. Am **Wasserhochbehälter** 2 (0:45 Std.) locken schon wieder Ruhebänke zur Rast und Aussicht auf die Dächer von Schelingen. Nun steigen wir weiter abwärts in einem Bogen auf die Kirche zu. Nach dem **Gasthaus Sonne** 3 (0:55 Std.) biegen wir nach links in die Kinzigstraße. Vor dem Friedhof gehen

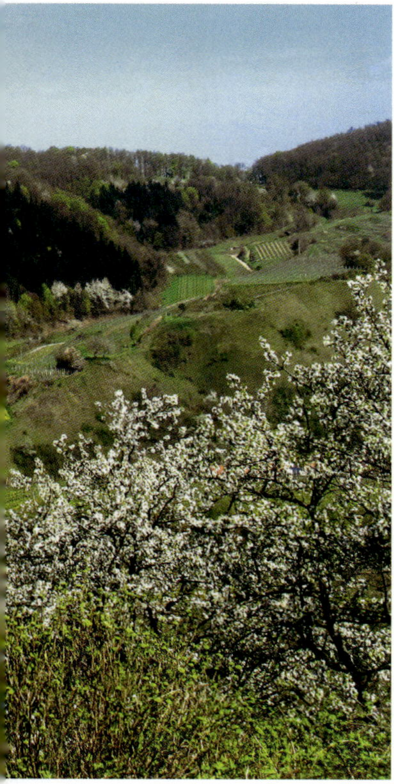

Tourencharakter
Einige leichte Auf- und Abstiege, überwiegend genussreiche Panoramawege in den Weinbergen

Ausgangspunkt
Wanderparkplatz in der Almendgasse in Schelingen (GPS: N48°06‘10.2“ E07°40‘48.5“)

Anfahrt
Auto: Über die A5 Ausfahrt Riegel, dann nach Westen über Bahlingen nach Schelingen. Bus: Linie 104 von Breisach

Einkehr
Gasthof Neun Linden, 79235 Vogtsburg im Kaiserstuhl, Hauptstraße 65, Tel: 07662/802 02, www.neun-linden.de
Gaststätte Bären, 79235 Vogtsburg im Kaiserstuhl, Hauptstraße 4, Tel: 07662/289, www.baeren-oberrotweil.de

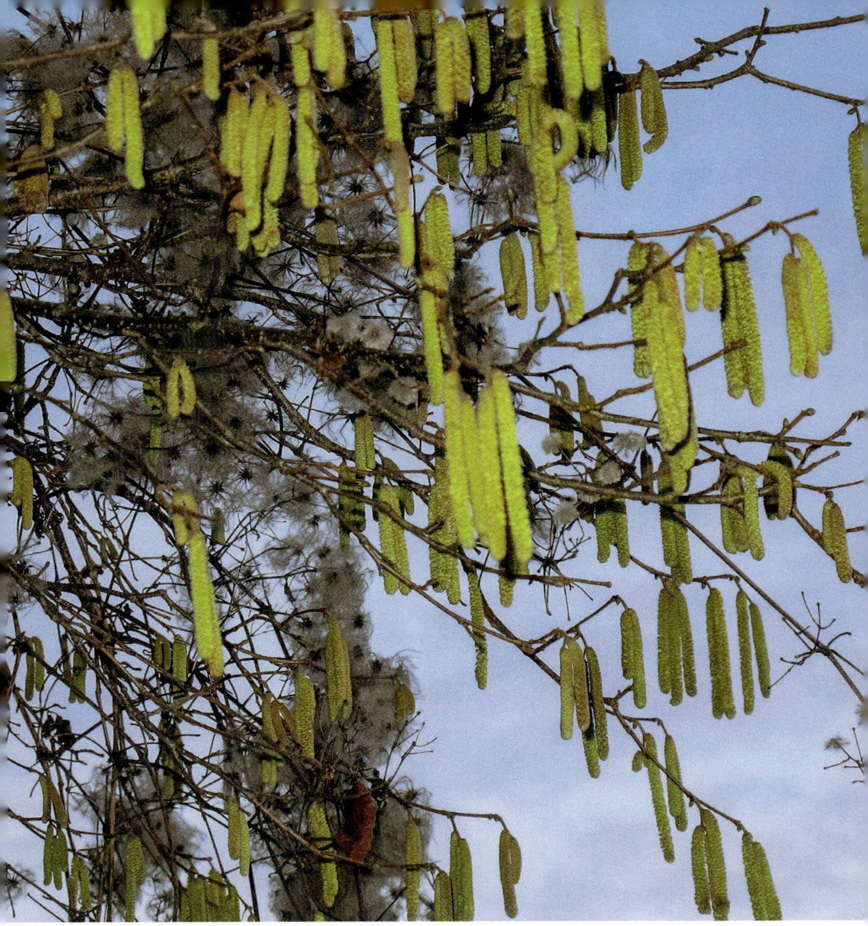

Haselblüte

wir links und gleich wieder rechts. Nach dem Friedhof schickt uns die gelbe Raute nach rechts durch Rebflächen bis an die Straße nach Bahlingen. Neben der wenig befahrenen Straße wandern wir ein Stück nach oben und am alten **Steinbruch 4 (1:10 Std.)** rechts auf den Weinbergweg. Hier gibt es keine Markierung, aber wir bleiben in der Folge immer nur aufwärts. Nach 40 Metern halten wir uns an der Gabelung links aufwärts. An der zweiten Gabelung gehen wir links hinauf und an der dritten Gabelung rechts hinauf. Ein Blick zurück zeigt die Halbtrockenrasen des Naturschutzgebiets Ohrberg.
An der vierten Gabelung gehen wir nach links von der Hangkante weg mit Blick auf den Badberg und auf den Aussichtspavillon am Schelinger

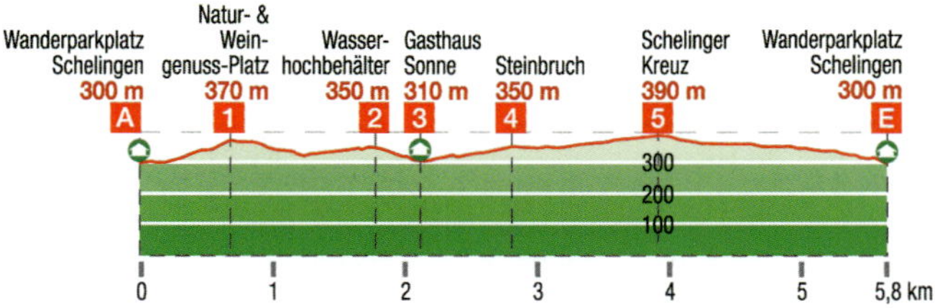

Kreuz, der unser Zwischenziel ist. Nach 30 Metern ist aber nochmal eine Gabelung, an der wir nach links aufwärts gehen. An der letzten Gabelung gehen wir vor dem Hang rechts auf den Aussichtspavillon zu. Am **Schelinger Kreuz** 5 (1:40 Std.) zeigen sich auf der anderen Seite tief unten einige Häuser von Altvogtsburg. Ein besonders angenehmer Platz ist das hier oben, wie geschaffen für eine Pause und ein Picknick. Es ist auch Zeit für einen Blick auf die Pflanzen und Insekten der interessanten Halbtrockenrasen des Badbergs. Vielleicht lässt sich ja die Gottesanbeterin entdecken.

Weiter wandern wir dann mit der gelben Raute hinunter zum **Wanderparkplatz** E (2:15 Std.) in der Almendgasse.

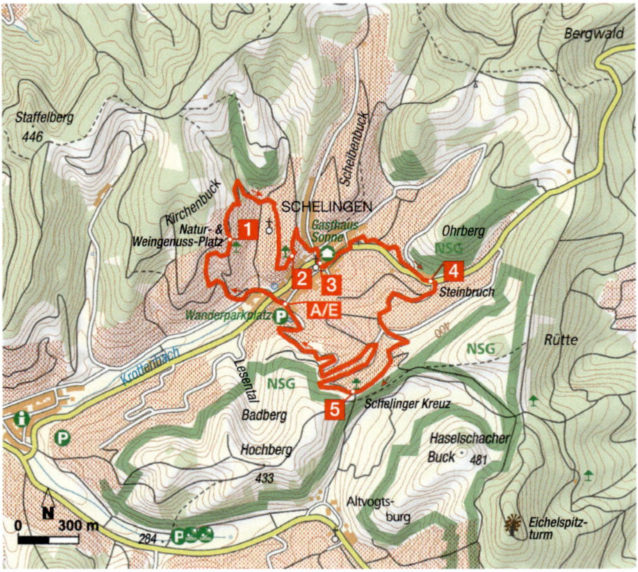

11 3:50 Std. 270 Hm 270 Hm 10 km

Schattige Wege zum Bahlinger Eck

Vom Weinort Bahlingen steigt diese Tour entlang des Wein- und Waldlehrpfades bis zum Bahlinger Eck auf 450 Meter hoch. Ausgedehnte kühle Wälder in den oberen Bereichen, schattige Rastplätze und tief eingeschnittene Lösshohlwege in den Weinbergen empfehlen diese Wanderung für den Sommer.

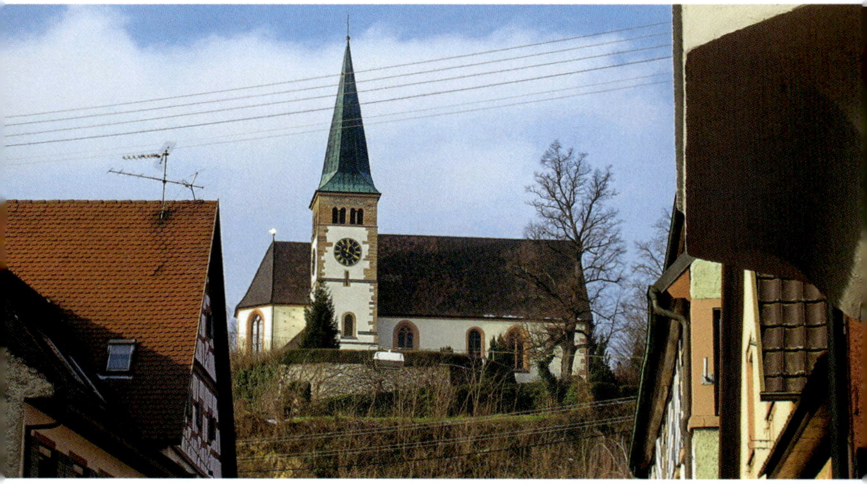

Die Bergkirche in Bahlingen

Der Wegverlauf

Die Wanderung durch sonnige Weinberge und erfrischende Wälder beginnt am Parkplatz vor dem **Bahnhof Bahlingen** A nach Westen in die Bahnhofstraße. An der belebten Hauptstraße gehen wir nach links und dann nach rechts in die Bachstraße, die sich weiter oben in einen stillen Fußweg verjüngt und sich Saargässle nennt. An einer Kreuzung biegen wir nach links in die Saarstraße und gleich an der T-Kreuzung nach rechts in die Bühlstraße, die weiter oben über die Silberbergstraße auf das Bahlinger Eck hinauf- und nach Schelingen hinüberführt. Nach dem Haus Bühlstraße 63 wandern wir aber nach links den Lösshohlweg in Richtung Wasserreservoir hoch. Vom Aussichtsplatz auf dem **Wasserreservoir** 1 (0:40 Std.) schauen wir über

Bahlingen auf großer Breite in den Schwarzwald hinein. Hier oben sind auch einige Skulpturen wirkungsvoll in Szene gesetzt. Besonders schön ist es auf dem Wasserreservoir bei Sonnenaufgang oder -untergang.

Nach der »Kunstpause« laufen wir gerade am Wasserreservoir vorbei in Richtung Süden und Eichstetten. Auf jeden Fall bleiben wir in den ausgedehnten Rebflächen oben an der Hangkante. Ab dem Wegweiser »Krummenacker« führt der Weg auf einem Asphaltsträßchen leicht abwärts. An einer T-Kreuzung gehen wir rechts und nach 20 Metern links in Richtung Bahlinger Eck und Wanderparkplatz Käferholz. Dabei achten wir immer auf die gelbe Raute und vorerst auch auf die rote Raute des Fernwanderwegs Schwarzwald-Kaiserstuhl-Rhein. Oben am Waldrand ist schon eine lang gestreckte Hütte zu sehen, die das nächste Ziel am Waldparkplatz Käferholz ist. An der Gabelung »Nägeler« bleiben wir geradeaus und kommen schließlich zur Hütte am **Käferholz** **2** **(1:50 Std.)** mit angenehmem Rastplatz, Spielplatz und guter Aussicht.

Ab der Hütte am Käferholz verlassen wir die Weinberge und steigen in schattigem Buchen-Traubeneichenwald steil hinauf in Richtung Bahlinger Eck. Am Wegrand erweckt ein alter Grenzstein aus dem Jahr 1772 unsere Aufmerksamkeit. Hier sind wir auf dem historischen und heutigen Grenzweg zwischen der Gemarkung Bahlingen und Eichstetten. Kurz vor der schon sichtbaren Passhöhe quert der Wanderweg die Straße nach Schelingen. Durch den Spitzahornjungwald ist der markierte Weg nach der Straße nur noch ein kleiner Steig, der weiter oben auf einer Forststraße endet. Gleich links ist der Waldparkplatz **Bahlinger Eck** **3** **(2:10 Std.)**, aber wir gehen rechts auf der ebenen Forststraße weiter. Später fällt der Weg immer steiler abwärts und steigt ab einem Abzweig oberhalb der engen Kehre der Passstraße wieder hoch. Nach nur 100 Metern gehen wir rechts wieder auf einem Grenzweg, dies-

Tourencharakter

Anfangs sanfter Aufstieg in ausgedehnten Weinbergen, dann angenehme, schattige Waldwege und Pfade

Ausgangspunkt

Parkplatz vor dem Bahnhof Bahlingen (GPS: N48°07'29.3" E07°44'29.2")

Anfahrt

Auto: Über die A5 Ausfahrt Teningen, dann nach Westen nach Bahlingen.
Bahn: Von Riegel oder von Breisach.
Bus: Linien 101 und 105 von Riegel und von Breisach

Einkehr

Landgasthof Zum Lamm, 79353 Bahlingen am Kaiserstuhl, Hauptstraße 49, Tel: 07663/938 70, www.lamm-bahlingen.de
Landgasthaus Zum Hecht, 79353 Bahlingen am Kaiserstuhl, Hauptstraße 59, Tel: 07663/16 33, www.zum-hecht.de

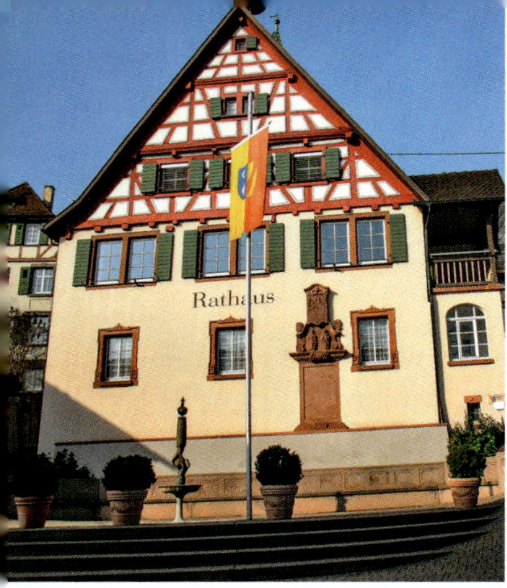

Am Rathaus im historischen Bahlingen

mal zwischen der Gemarkung Bahlingen und Teningen. Hier belegt dies ein ansehnlicher Grenzstein mit eingemeißelten Wappen der Gemeinden aus dem Jahr 1758. In den Wald sind hier einige Douglasien, Hainbuchen und Linden eingesprenkelt. Wir bleiben an der gelben Markierung und auf der Route des Waldlehrpfades genau auf dem Rücken bis zum Summberg. Vor dem grünen Schild »Bestattungswald Kaiserstuhl« steigen wir rechts auf einem kleinen Pfad weiter abwärts und gehen am unteren, gleichlautenden Schild auf der Forststraße nach rechts weiter. Nach gut 100 Metern steigen wir nach links auf einem Pfad und Treppen zur **Habstalhütte** 4 (2:50 Std.) hinab. An dieser Stelle ist ein wunderschöner Picknickplatz mit Spielplatz und Aussicht in den Schwarzwald. Rechts am Schild »Grillplatzordnung« schlendern wir wieder durch Weinberge hinunter Richtung Bahlingen. An einer Kreuzung gehen wir

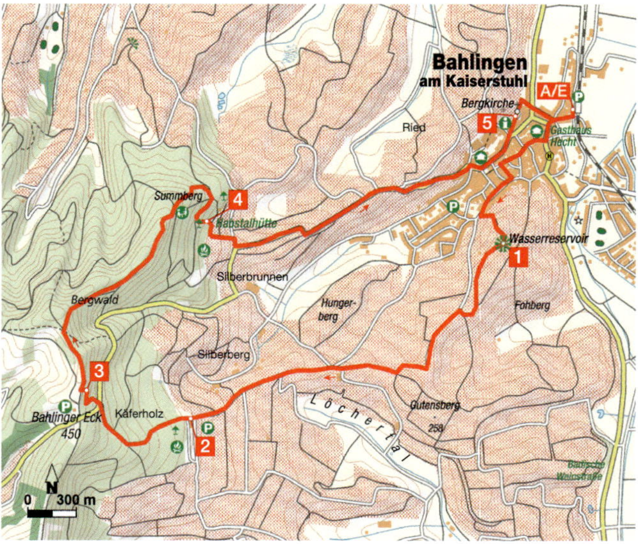

rechts, nach zehn Metern gleich wieder links und richten uns jetzt auch nach den gelben Radwegschildern. Schon lange in den Reben begleitet uns aus dem Wald der lang gezogene, klagende Ruf des Schwarzspechtes. Sein langer Trommelwirbel von bis zu 50 Schlägen dient nicht nur der Nahrungssuche, sondern auch der Revierabgrenzung.
Automatisch kommen wir nach den gelben Radwegschildern in den teils über zehn Meter tiefen Hohlweg Leimen hinunter. In den steilen von Brombeeren geschützten Böschungen hüpft der winzige Zaunkönig nervös umher und grenzt mit lautem Ruf sein Revier ab. In Bahlingen laufen wir an der tiefsten Stelle des Lösshohlwegs Leimen auf dem Endinger Weg ein, der sich als Kappellenstraße mit hübschen Fachwerkhäusern fortsetzt. Vor dem schmucken Rathaus gehen wir noch links das Webergässle zur Kirche hoch. Bergauf kommen wir an der Silberbergschule vorbei, biegen am nächsten Abzweig nach rechts und laufen am Friedhof vorbei. Die **Bergkirche** 5 (3:35 Std.) mit dem romanischen Turm steht an bevorzugter Stelle über Bahlingen. Es ist geradezu ein Genius Loci, wie er sonst fast nur Tempeln, Burgen und eben Kirchen vorbehalten ist.
Von der Ostseite der Kirche läuft ein Gehweg in die Kirchstraße hinunter. Am Rathaus wandern wir links in die Kapellenstraße und an der Hauptstraße rechts am empfehlenswerten Gasthaus Hecht vorbei. Dann gehen wir die nächste Straße links und sind gleich am **Bahnhof Bahlingen** E (3:50 Std.) zurück.

Die Bahlinger Bergkirche

Die Bergkirche ist eine der ältesten Kirchen der Gegend. Im Jahr 1275 wurde sie erstmals urkundlich erwähnt. Der älteste Teil der jetzigen Kirche ist der Turm mit seinen romanischen Fenstern. Eine Inschrift datiert den Baubeginn auf 1408. Das Kirchenschiff ist gotisch. Die Ummauerung, das Tor mit Gitterschlitzen und die Schießschlitze im Turm weisen die Kirche als Wehrkirche aus. Durch den Landesherren Karl von Baden-Durlach wurden Bahlingen und die Bergkirche evangelisch.

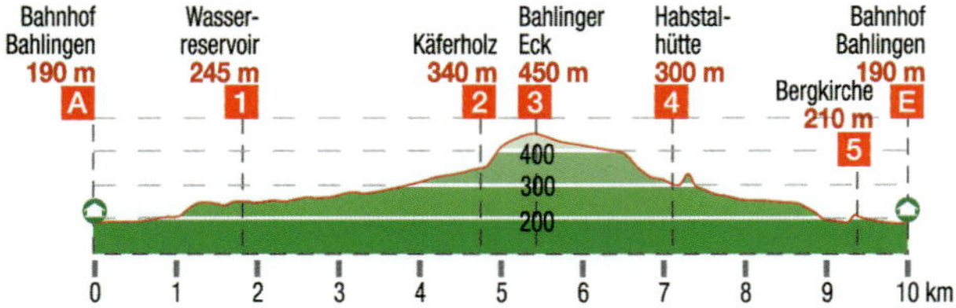

12 4:00 Std. ⬆ 350 Hm ⬇ 350 Hm ⟷ 9,0 km

Auf den Achkarrener Schlossberg

Der steile Anstieg auf den Schlossberg erfordert Kondition. Auf dem Weg liegt St. Michael, die älteste Kirche im Kaiserstuhl mit dem wunderbaren Schnitzaltar und die Wallfahrtskirche St. Pantaleon. Ein Höhepunkt ist das seltene Flaumeichenvorkommen im Naturschutzgebiet Büchsenberg.

Der Wegverlauf

Die Wanderung beginnt vom **Bahnhof Oberrotweil** **A** nach rechts und Süden über den großen Parkplatz. An den Containern am Ende des Parkplatzes beginnt ein Fußweg über ein Gleis hinauf auf die Geländekante. Entlang der Schienen geht es auf zwei Kirchen zu. Die

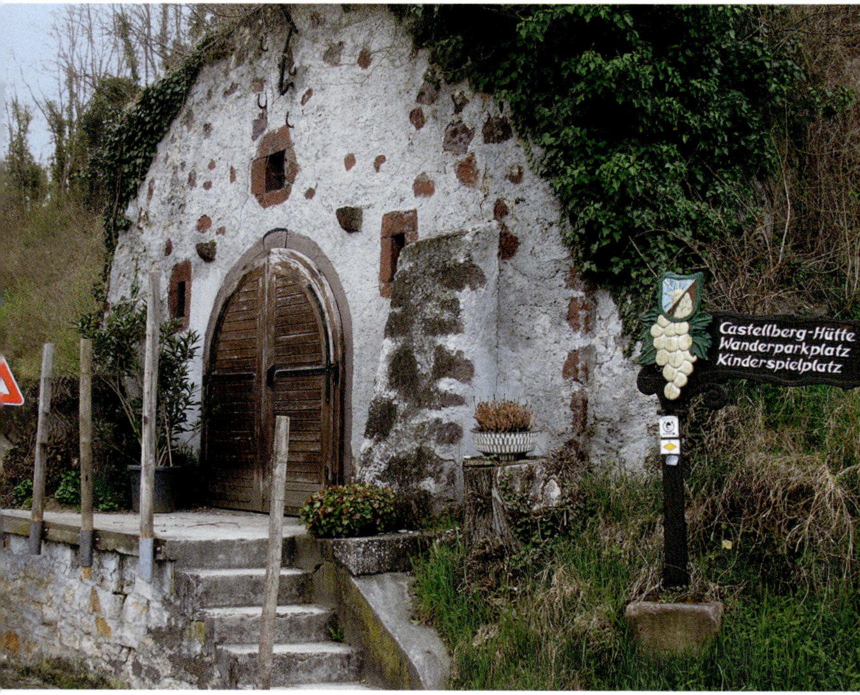

Alter Erdkeller in Achkarren

rechte Kirche St. Michael mit dem Kreuzgiebelturm ist unser nächstes Ziel. Auf dem Kirchweg laufen wir in Niederrotweil ein, überqueren die Bahnlinie und wandern auf der Hauptstraße nach links am Gasthaus Zum Kaiserstuhl vorbei zum mutmaßlich aus dem 8. Jahrhundert stammenden romanischen Gotteshaus hinab. Noch vor der Kirche zeigt rechts ein Wegweiser zur alten Wehrkirche hinauf. Die **Kirche St. Michael** 1 (0:20 Std.) ist berühmt für den spätgotischen Schnitzaltar von 1520, die Fresken von 1350 und die älteste Orgel des Breisgaus. Ein Besichtigungswunsch ist in Niederrotweil unter Tel. 07662/8333 oder 07662/1650 anzumelden.

Auf der anderen Seite des Friedhofs verlassen wir über eine Treppe den ummauerten Kirchenbereich und queren unten die Hauptstraße. Genau gegenüber steigt nach rechts eine asphaltierte Straße hoch, die nach 150 Metern die Schienen kreuzt. An der Kreuzung nach den Gleisen bleiben wir geradeaus leicht aufwärts. Nach 180 Metern wählen wir den rechten, flachen Weg, der sich den Reben entlangzieht. An einem Bildstein mit Aussicht auf Breisach und auf die Rheinebene wandern wir auf dem rechten, leicht abwärtsführenden Weg weiter, der dann auf dem asphaltierten Weinbergweg geradeaus weitergeht. An der gleich folgenden T-Kreuzung halten wir uns links und an der Kreuzung danach links. Nach 25 Metern gehen wir auf dem Abzweig mit dem Wegweiser »Kulinarischer Weinwanderweg« nach rechts weiter aufwärts. An einer Gabelung in den ausgedehnten Rebflächen halten wir uns links aufwärts und streben der kleinen bewaldeten Passhöhe zu. Oben am Waldrand stoßen wir auf ein Schild vom **Waldlehrpfad Büchsenberg** 2 (1:10 Std.) und wandern auf dem Waldlehrpfad nach rechts. An der nächsten Kreuzung gehen wir rechts in Richtung Flaumeichenwald. An einer Gabelung im Wald bleiben wir rechts und streifen durch das Naturschutzgebiet Büchsenberg. Die

Tourencharakter

Sonnige Weinbergwege und schattige Waldwege wechseln sich ab. Steiler Anstieg auf den Schlossberg

Ausgangspunkt

Parkplatz vor dem Bahnhof der Kaiserstuhlbahn in Oberrotweil (GPS: N48°05'20.7" E07°37'14.5")

Anfahrt

Auto: A5 Ausfahrt Riegel, nach Oberrotweil. Bahn: Von Endingen und Breisach. Bus: Linien 102, 104, 295 von Freiburg und Riegel

Einkehr

Landhaus Trautwein, 79235 Vogtsburg-Oberrotweil, Bahnhofstraße 37-39, Tel: 07662/94 94 84, www.landhaustrautwein.de

Gaststätte Bären, 79235 Vogtsburg im Kaiserstuhl, Hauptstraße 4, Tel: 07662/289, www.baeren-oberrotweil.de

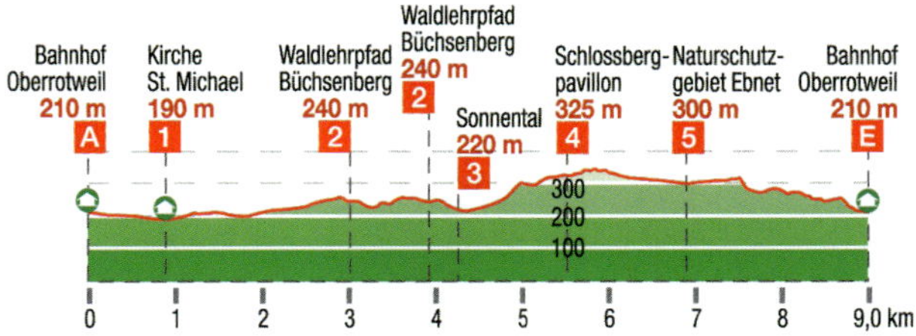

Flaumeichen haben ihr eigentliches Verbreitungsgebiet im Mittelmeerraum und sind hier ein Beleg für das außerordentlich günstige Klima. Kennzeichen der trockenresistenten Bäume ist die dicht anliegende, graufilzige Behaarung an den Blattunterseiten, an kleinen Zweigen und an den Knospen, die als Verdunstungsschutz dienen.

Nach dem Flaumeichenwald laufen wir auf gleicher Höhe wieder durch Weinberge, in einem Kreisbogen um den Büchsenberg herum, und tauchen wieder in den Wald ein. Bald haben wir fast den Kreis am Schild vom **Waldlehrpfad Büchsenberg** 2 (2:10 Std.) geschlossen, gehen aber kurz vorher rechts in Richtung Schlossberg Achkarren abwärts. Nach 30 Metern schlendern wir noch im Wald nach links und in der Folge immer am linken Waldrand entlang. An einer T-Kreuzung mit dem Standort des Wegweisers **Sonnental** 3 (2:20 Std.) gehen wir links und nach 150 Metern rechts Richtung Schlossberggipfel. Dann achten wir auf dem steilen Anstieg an mehreren Abzweigen immer auf das Ziel »Schlossberggipfel«. Am Ritterfelsensteinbruch, in dem der Tephrit-Tuff für die Burg Höhingen und die Steine zur Renovierung des Breisacher Münsters gebrochen wurden, wandern wir auf erholsamem, ebenem Weg nach rechts und haben gleich einen wunderbaren Blick auf Achkarren. Das historische Winzerdorf ge-

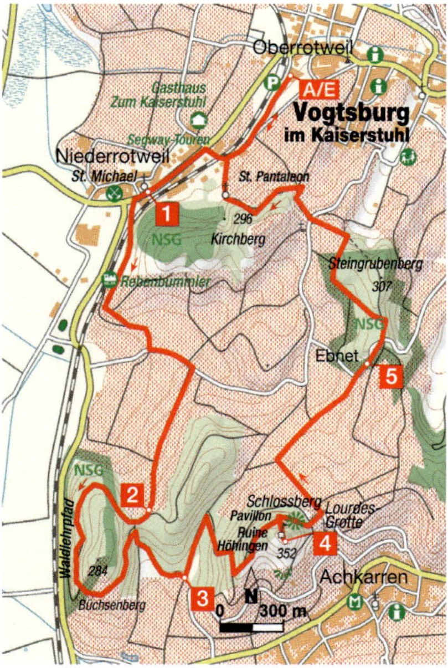

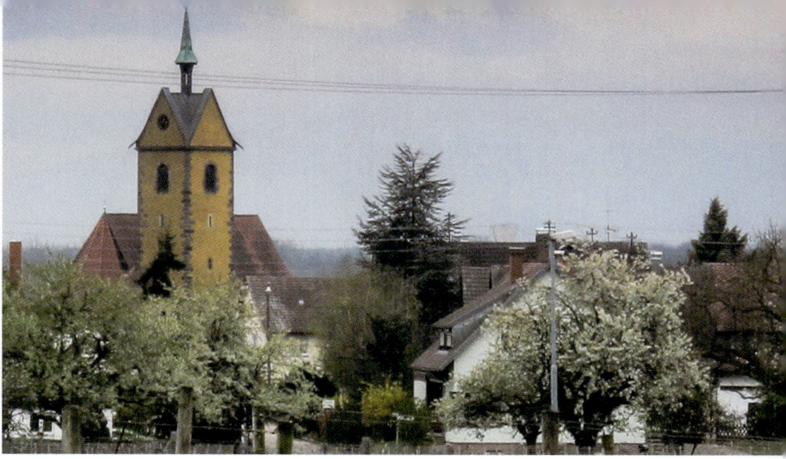

Die Michaelskirche in Niederrotweil

hörte einst zu Breisach, war aber in seiner wechselvollen Geschichte auch zwei Mal in französischem Besitz.

Von diesem Aussichtspunkt müssen wir jetzt nach links sehr steil den Rittersprungrundweg hinauf. Auf dem Schlossberggipfel ist schon der Pavillon zu sehen. Der **Schlossbergpavillon** 4 (2:45 Std.) bietet einen verdienten Rastplatz mit ausgezeichneter Aussicht. Hier oben stand ab dem 13. Jahrhundert die Burg Höhingen des Geschlechts der Üsenberger, die das erste Mal in den Bauernkriegen 1525 zerstört wurde. Nach dem Wiederaufbau verwendete der französische Festungsbaumeister Vauban die Burgruine ab 1671 als Steinbruch zum Festungsbau in Breisach.

Nach der Rast steigen wir zur Lourdes-Grotte hinab und nehmen dort den steilen Weg mit der Markierung gelbe Raute links hinunter. Im Zickzack steigen wir immer nur abwärts und gehen ab dem Waldrand geradeaus durch die Rebflächen weiter Richtung Bahnhof Oberrotweil. Nach 100 Metern schwenken wir links auf den Talweg durch große Weinberge abwärts. An einer Kreuzung bewegen wir uns jetzt nicht mehr abwärts, sondern rechts, erst eben, dann aufwärts auf ein Wäldchen zu. An der Kreuzung im Gehölz **Naturschutzgebiet Ebnet** 5 (3:15 Std.) orientieren wir uns nach links mit Ziel Niederrotweil und St. Pantaleon. In der Folge ist immer auf dieses Ziel und auf die gelbe Raute zu achten. Auf der Höhe bietet sich zuerst der Blick über Oberrotweil im Krottenbachtal und dann über Niederrotweil mit St. Michael. Der Weg zieht sich entlang des Waldrands direkt hinunter zur Kirche St. Pantaleon, zu der es seit 1735 eine Wallfahrt gibt. Der Kreuzweg führt zur Bahnlinie hinab, vor der wir nach rechts zum schon sichtbaren **Bahnhof Oberrotweil** E (4:00 Std.) zurückgehen.

13 3:00 Std. | ↑ 380 Hm ↓ 380 Hm | ↔ 7,2 km

Die Lösshohlgassen um Bickensohl

Die landschaftlichen Höhepunkte um Bickensohl sind zweifellos die tiefen Lösshohlgassen, die allesamt bei dieser Wanderung durchschritten werden. Obwohl die Tour nicht sehr lang ist, erfordert sie doch Ausdauer, denn die Wege laufen durch viele Täler und über viele Höhen hinweg.

Der Wegverlauf

Die schönsten Wege um Bickensohl sind die einzigartigen Lösshohlgassen, die vom gut ausgeschilderten Lösshohlwegepfad erschlossen werden. Unsere Tour folgt diesen Markierungen und muss deshalb nicht an allen Stellen genau beschrieben werden. Vom Parkplatz vor der **Winzergenossenschaft Bickensohl** A beginnen wir die Rundwanderung in westliche Richtung, am Hotel Rebstock vorbei, geradeaus in Richtung Eichgasse. Dann gehen wir am Briefkasten nach links die Straße hoch und biegen am letzten Haus links in die berühmte **Eichgasse** 1 (0:10 Std.) ein. In der Folge halten wir uns strikt an die Beschilderung des Lösshohlwegepfads und

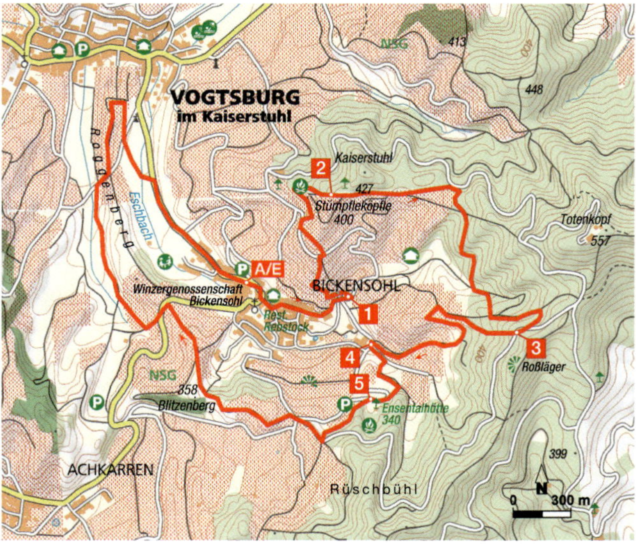

erleben dabei die Aussicht auf den Totenkopf, Achkarren und Burkheim. Die Grillhütte auf dem **Stümpfleköpfle** 2 (0:40 Std.) ist ein guter Picknickplatz mit schöner Sicht. Das nächste Zwischenziel ist der Dachsbuck, an dem wir nach rechts nach Bickensohl hinuntergehen. Aber an einem Jagdansitz mit Tarnnetz geht es nach links wieder steil aufwärts. Am Wegpunkt mit dem Namen **Roßläger** 3 (1:20 Std.) steigen wir nach rechts durch Wald und durch Reben wieder steil hinunter. Wir achten wieder genau auf die Wegweisung des Lösshohlwegepfads. Am Schild **»Obermatten«** 4 (1:45 Std.) wandern wir in spitzem Winkel nach links und steigen nach 100 Metern den steilen Pfad mit Geländer zur **Ensentalhütte** 5 (2:05 Std.) hinauf. Wieder durch eine Lösshohlgasse kommen wir auf den Aussichtsplatz Rischbühl hoch, dann geht es hinunter auf die historische Blachengasse, wo wir die Straße nach Achkarren überqueren. Zuerst an einer Terrassenkante entlang und dann einen kleinen Pfad hinunter, und wir sind wieder in Bickensohl. Auf der Hauptstraße biegen wir nach rechts ab, und erreichen bald wieder den Parkplatz vor der **Winzergenossenschaft Bickensohl** E (3:00 Std.), in der es gute Weine gibt. Berühmt sind die Bickensohler Weinbauern für den hervorragenden Ausbau der milden, frischen Grauburgunder mit feiner Säure – ein Tropfen, der immer wieder gut schmeckt.

Tourencharakter
Mehrere steile Auf- und Abstiege, teils in schattigem Wald, teils sonnige Weinbergwege

Ausgangspunkt
Bickensohl, Parkplatz vor der Winzergenossenschaft Bickensohl (GPS: N48°04'43.2" E07°38'44.2")

Anfahrt
Auto: A5 Ausfahrt Riegel, dann über Endingen nach Bickensohl. Bus: Linie 104 von Breisach

Einkehr
Hotel Restaurant Rebstock, 79235 Bickensohl, Neunlindenstraße 23, Tel: 07662/599 99 30, www.rebstock-bickensohl.com

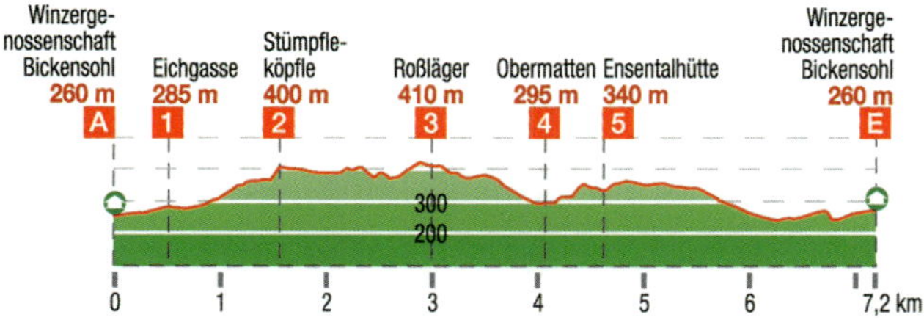

14 | 4:00 Std. | ↑ 380 Hm ↓ 380 Hm | ↔ 12,2 km

Über Vogelsang und Eichelspitze

Von Bötzingen zieht sich der Weinlehrpfad die Rebenhänge hoch. Die oberen Bereiche sind von schattigem Wald bestanden. Immer wieder gibt es schönste Aussichten auf Bötzingen, den Schwarzwald und in den Kaiserstuhl. Die Fernsicht vom Eichelspitzturm entschädigt für den langen Aufstieg.

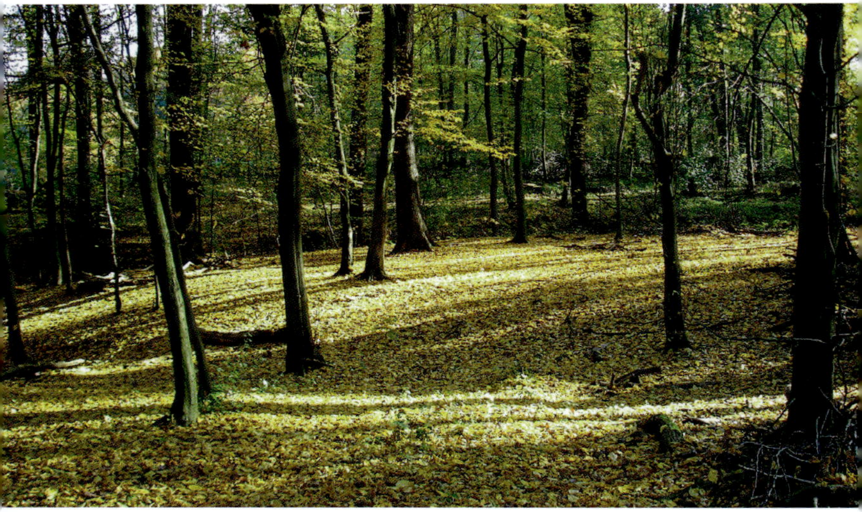

Herbstlicher Mischwald am Vogelsangpass

Der Wegverlauf

Am **Bahnhof Mühle** A in Bötzingen startet die Wanderung zum Eichelspitzturm. Wer mit dem Auto kommt, parkt an der Brücke der Straße K4977 von Bötzingen nach March, geht dann über diese Brücke und links in die Straße Am Dreschschopf zum nahen Bahnhof. Am Bahnhof Mühle nehmen wir den Fußweg entlang der Schienen in südliche Richtung bis zum Bahnhof Bötzingen, wo wir rechts die Rathausstraße hochgehen. Ein Wanderwegweiser zeigt mit gelber Raute den Weg zum Vogelsangpass und Eichelspitzturm. Am Rathaus, in dem auch die Tourist-Info ist, laufen wir an der Hauptstraße links und an der Ampelkreuzung rechts die Bergstraße hinauf. Nach

70 Metern wandern wir links vor dem Haus Nummer 13 a in die enge Gasse. Danach steigen wir die Seelenbergstraße nach rechts und in der Verlängerung den Fußweg Richtung Vogelsangpass hoch. An der gleich folgenden Gabelung verlassen wir die Markierung des Brunnenpfads und gehen wegen der schönen Aussicht auf Bötzingen den linken Weg in die Weinberge hoch. In den Reben auf dem Seelenberg finden sich nur noch kleine Pfade zwischen den Weinstöcken, auf denen wir uns eher rechts halten. Es folgt noch ein zehn Meter hoher Abstieg, und wir stehen vor einem kleinen **Wasserhochbehälter 1 (0:35 Std.)**.

Vor dem Wasserhochbehälter steigen wir rechts das Asphaltsträßchen hinab und bewegen uns dann parallel zu Oberschaffhausen durch Obstbäume und Reben. Vor den ersten Häusern gehen wir 20 Meter rechts hinunter und sind dann, links abbiegend, wieder auf dem Brunnenpfad und in der Hofstraße. Den Brunnenpfad verlassen wir aber schon wieder an der nächsten Kreuzung nach links in die Rankstraße mit der gelben Raute Richtung Vogelsangpass und Eichelspitzturm. An einer Gabelung im Wald steigen wir links in der tiefen Lösshohlgasse weiter hoch. Nach dem Ortsteil Oberschaffhausen liegt rechts am Gegenhang der Phonolithsteinbruch. In den nun folgenden aufsteigenden, großen Weinbergterrassen gilt es, an vielen Kreuzungen und Abzweigen den richtigen Weg zu finden. Aber es ist ganz einfach, wenn wir uns stets nur aufwärts an der Markierung gelbe Raute und an dem hochgestellten Quadrat mit der Weintraube des Weinlehrpfades orientieren. An der Grenze von Reben und Wald steht die **Hohrainbuckhütte 2 (1:45 Std.)** mit einem großen Picknickplatz und guter Aussicht. Von hier oben zeigen sich die gewaltigen Umwälzungen zum Terrassenbau im Rahmen der Flurbereinigung, die in den 1970er-Jahren überall im Kaiserstuhl durchgeführt wurden.

Nach einer Zwischenrast nimmt uns der Wald freundlich auf, wenn

Tourencharakter
Langer Auf- und Abstieg, meist auf Naturwegen durch besonnte Reben und durch erfrischende Wälder

Ausgangspunkt
Bahnhof Mühle in Bötzingen oder Parkplatz an der Brücke der Straße nach March (GPS: N48°04'36.4" E07°43'48.0")

Anfahrt
Auto: A5 Ausfahrt Riegel, über Eichstetten nach Bötzingen. Bahn: Von Riegel und Breisach. Bus: Linien 101, 295 von Riegel und Freiburg

Einkehr
Bistro Café Vita Biomarkt, 79356 Eichstetten, Bruckmatten 12, Tel: 07663/939 47 00, www.vita-biomarkt.de
Straußé Löwenstrausse, 79268 Bötzingen, Hauptstraße 82, Tel: 07663/44 17, www.weingut-schaffner.de

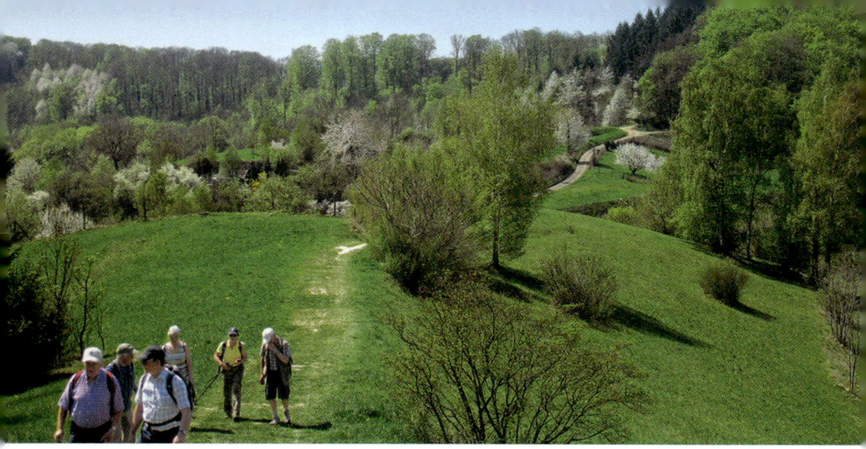

Der Kammweg am Vogelsangpass

wir in Richtung Vogelsangpass weitergehen. An einer Gabelung fehlt wohl die Markierung, aber wir nehmen den ebenen Weg nach links, der dann leicht ansteigend am Häfelebuck einmündet. Hier gehen wir rechts hinunter zum Panorama Vogelsang und genießen die wunderbare Aussicht. Ausgeprägt ist der seit der Eiszeit nahezu halbrund erodierte Talschluss, der heute mit den Weinbergterrassen stabilisiert ist. Ein Fußweg führt nun durch Reben zum **Vogelsangpass** 3 (2:00Std.) hinunter. Richtung Eichelspitzturm queren wir die Straße und wenden uns gleich nach links steil hinauf. An der Infotafel für das Naturschutzgebiet Badberg müssen wir den Weg rechts hinauf nehmen. Kurz darauf bekommen wir dann den Ausblick auf Altvogtsburg und auf den Badberg. Am Blassendobel gehen wir später rechts nach Bötzingen hinunter. Aber erst steigen wir noch den 500 Meter langen Abstecher zum **Eichelspitzturm** 4 (2:30 Std.) hinauf, denn vom Turm gibt es eine unvergleichliche Rundumsicht auf das Land.

Nun, nach der Turmbesteigung, also wieder hinunter bis zum Blassendobel und aus dieser Richtung gesehen jetzt links durch Douglasien- und Laubwald hinunter nach Bötzingen. An einer Gabelung mit Holzlagerplatz bleiben wir rechts und kommen an die Fuchsbuckhütte, an der wir nun wieder durch Reben geradeaus bleiben. Vorerst orientieren wir uns an den Wegweisern Richtung Bahnhof Bötzingen und Weinlehrpfad. Der Weg zieht links oben am Phonolithsteinbruch vorbei. An einer »verzwickten« Kreuzung in Form des griechischen Buchstabens Psi (Ψ) bleiben wir im Sinn der Hauptrichtung geradeaus. An der nächsten Kreuzung **Hohlgasse Kirchhahle** 5 (3:30 Std.) verlassen wir alle Wegweiser und gehen wieder – wegen der guten Aussicht – ohne Markierung geradeaus weiter.

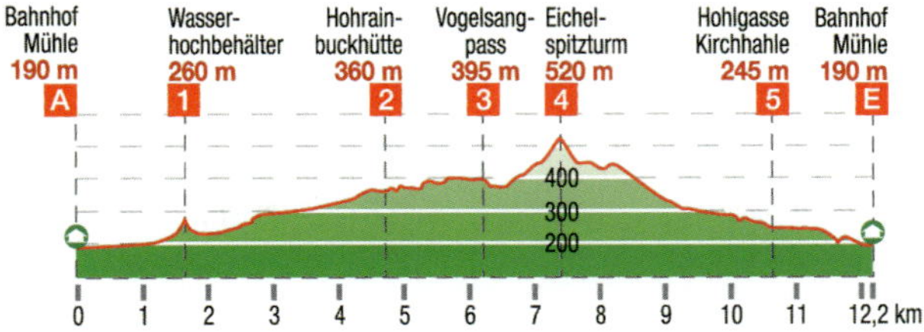

Fast am Ende des Geländeplateaus, das mit Wein bestockt ist, geht links an ein paar Kopfweiden eine schmale Erdtreppe hinab. Nach 70 Metern wenden wir uns rechts und nach einem Unterstelldach für Landwirtschaftsgeräte wieder rechts an Pferdekoppeln vorbei hinunter in das Schambachtal. Am Oberen Sieglebrunnen sind wir wieder auf dem Brunnenpfad und wandern rechts auf der Sieglestraße in Richtung Bahnhof Mühle bergab. An der schlichten St. Laurentius Kirche mit Storchennest auf dem Turm und am schönen Unteren Sieglebrunnen, ein Renaissancebrunnen von 1573, überqueren wir die Hauptstraße in die Neuershauser Straße hinein. In die Straße Am Dreschschopf rechts, kommen wir zum **Bahnhof Mühle** E (4:00 Std.) zurück – oder geradeaus über den Bahnübergang zum Parkplatz an der Brücke.

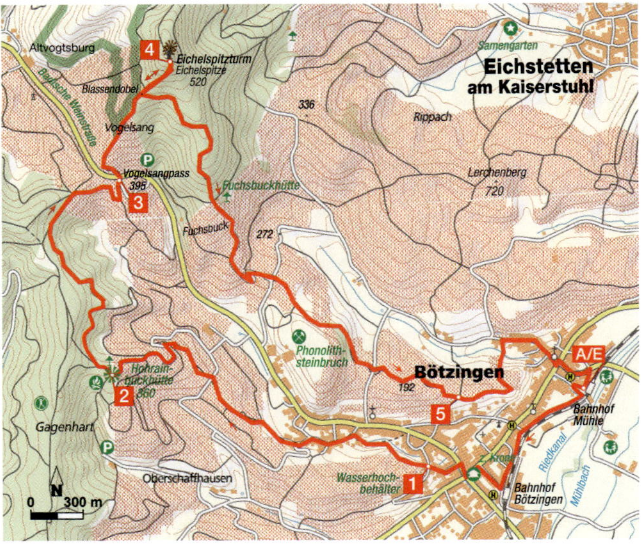

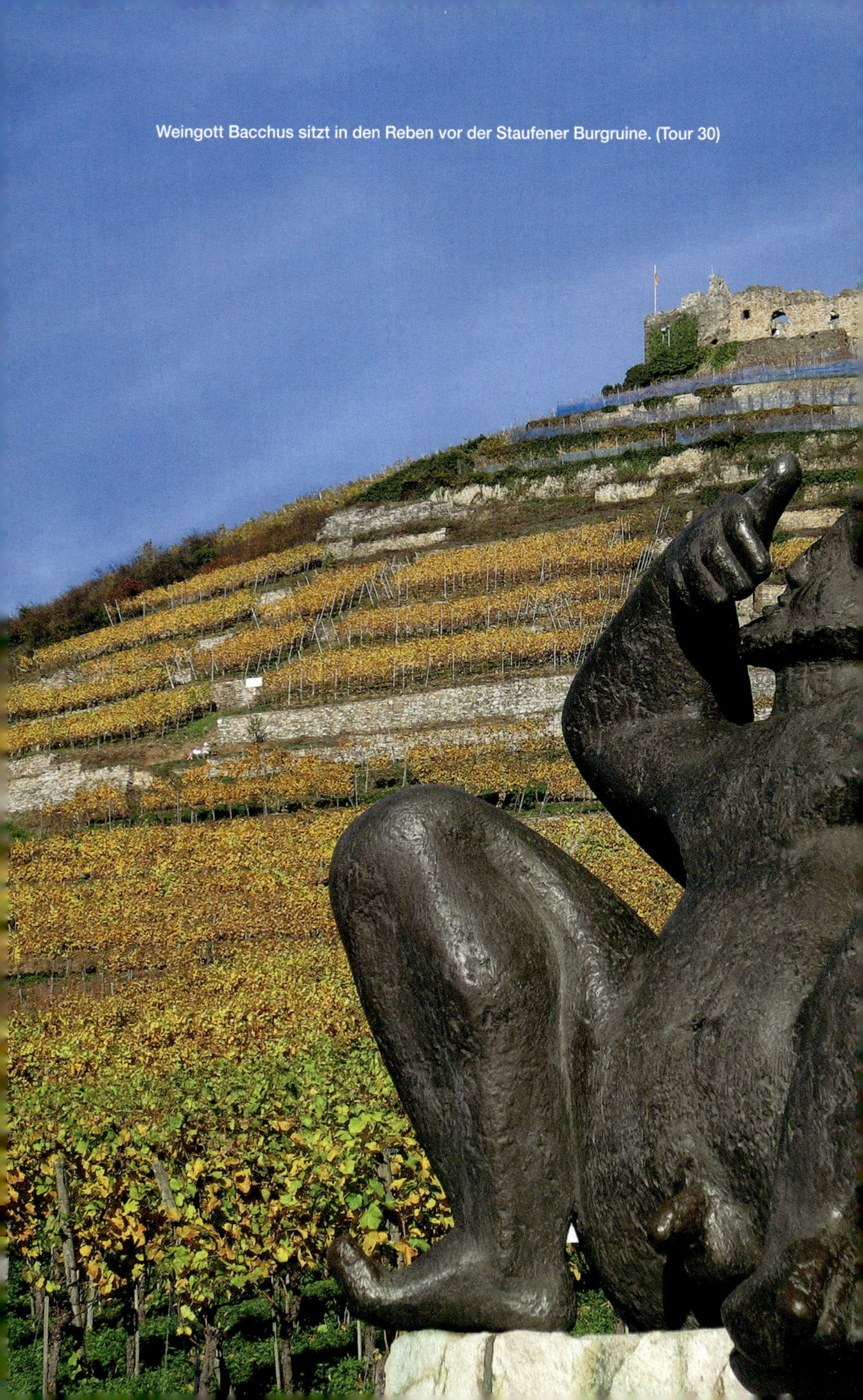

Weingott Bacchus sitzt in den Reben vor der Staufener Burgruine. (Tour 30)

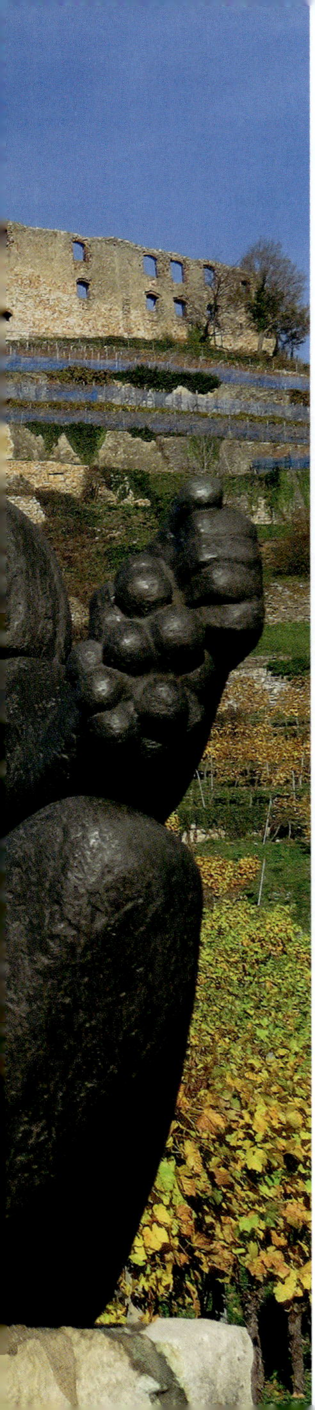

Top 5

Wenig Höhenmeter

Bötzinger Wasser und Wein

Wasserweg im Dreisamtal und Brunnenpfad in Bötzingen geben die Richtung vor. (Tour 16)

Batzenberg und Schneckental

Bei geringen Höhenmetern eine geniale Aussicht. (Tour 26)

Am Neumagen in Bad Krozingen

Die Wanderung steuert entlang des Schwarzwaldflüsschens Neumagen in das bezaubernde Staufen. (Tour 29)

Von Heitersheim nach Betberg

Die römische Villa Urbana und das Malteserschloss liegen am Wanderweg. (Tour 32)

Müllheim und die Auggener Reben

Mit Stadtrundgang im attraktiven, mit südlichem Flair gesegneten Müllheim. (Tour 34)

15 4:00 Std. 430 Hm 430 Hm 11,5 km

Jaspis und Käse bei Eichstetten

Durch Weinberge und schattigen Wald führt diese Wanderung auf einen der schönsten Aussichtspunkte des Kaiserstuhls, den Eichelspitzturm. Am Weg liegen die Sehenswürdigkeiten des Samengartens und des Geopfads. Einen kulinarischen Höhepunkt gibt es an der Hofkäserei des Breitenwegerhofs.

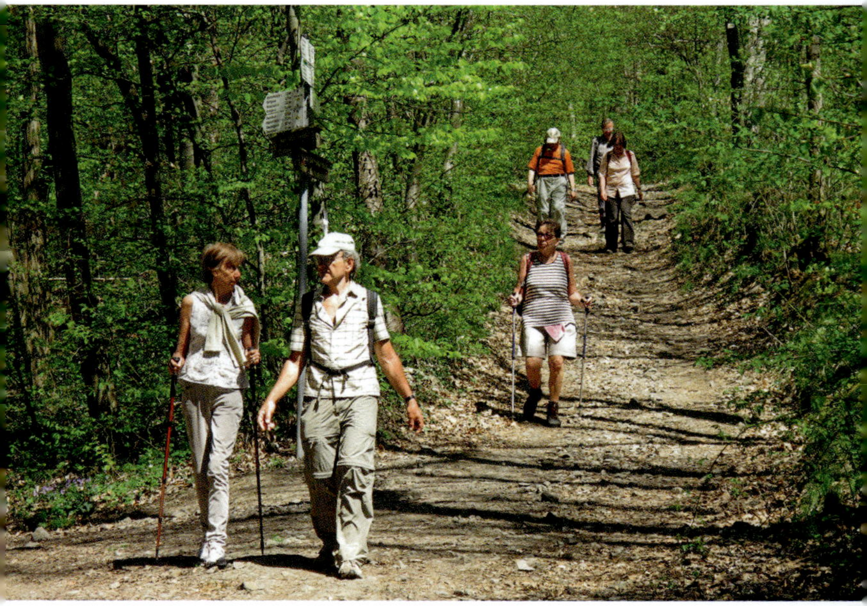

Wanderer am Eichelspitzturm

Der Wegverlauf

Am **Bahnhof Eichstetten** A starten wir in Richtung des schon sichtbaren Pumpenturms an der mittelalterlichen Brücke und gehen dort nach links die Hauptstraße hinauf. Nach 500 Metern biegen wir links in die Klarastraße und laufen den sich anschließenden Altweg weiter aufwärts bis zum **Samengarten** 1 (0:50 Std.). Hier lassen sich verschiedenste Kulturpflanzen sowie im gegenüberliegenden Obstmuseum unterschiedliche Obstbäume besichtigen.

An der nächsten Kreuzung wandern wir links hinauf Richtung Eichelspitzturm. An der gleich folgenden Wegverzweigung nehmen wir den mittleren Weg des Geopfads mit der Markierung Glockenblume. Nach der Linkskurve verlassen wir den Asphaltweg nach links in die Reben mit Blick auf den Schwarzwald. Auf diesem Weg kommen wir an dem beeindruckenden, einst 50 Meter langen Lössstollen vorbei. An einem Asphaltsträßchen geht es nach links in das Rippachtal hinunter und unten, erst rechts, dann nach links auf einen Kiesweg abknickend, wieder hinauf. Am Wegweiser »Rusenthal« inmitten von Obstgärten verlassen wir den Geopfad und steigen mit der Markierung gelbe Raute geradeaus in Richtung Eichelspitze durch Laubwald steil hinauf. Am Wegweiser »Rutzenhalde« gehen wir links nun sanfter aufwärts und an der kleinen Waldarbeiterhütte geradeaus aufwärts. Jetzt sind wir auch wieder auf dem Geopfad und kommen schließlich zur **Robert-Meier-Hütte** 2 (1:40 Std.) mit Picknickplatz, an der wir auf dem Kaiserstuhlhauptkamm stehen und auf den Badberg, das Halbrund des Hauptkamms und auf die Vogesen schauen.

Tourencharakter
Sonnige Weinbergwege und schattige Waldwege mit steilen Auf- und Abstiegen, zur Hälfte auf Naturwegen

Ausgangspunkt
Parkplatz vor dem Bahnhof Eichstetten (GPS: N48°05‘33.7“ E07°44‘50.6“)

Anfahrt
Auto: A5 Ausfahrt Teningen nach Eichstetten. Bahn: Von Riegel und Breisach. Bus: Linien 101, 105, 295 von Freiburg und Riegel

Einkehr
Bistro Café Vita Biomarkt, 79356 Eichstetten, Bruckmatten 12, Tel: 07663/939 47 00, www.vita-biomarkt.de
Café Mitnander, 79356 Eichstetten, Hauptstraße 32, Tel: 07663/942 58 67, www.mitnander.de

Vor der Hütte machen wir den Abstecher nach links und dann an der Gabelung links auf dem Eichelspitzrundweg zum Turm hinauf. Gut, dass dieser steile Weg durch schattigen Douglasienwald verläuft. Der **Eichelspitzturm** 3 (2:00 Std.) neben den Resten einer alten Einsiedelei muss natürlich bestiegen werden. Hier oben über den Wipfeln der Douglastannen ist eine herrliche Rundumsicht. Nach Westen schauen wir hinunter auf Altvogtsburg, auf den Badberg und in die Vogesen. Im Osten steht der Schwarzwald am Horizont. Am Turm vorbei gehen wir auf dem Eichelspitzrundweg wieder zur **Robert-Meier-Hütte** 2 (2:10 Std.) hinunter. An der Hütte spazieren wir nach rechts Richtung Eichstetten, aber schon nach zehn Metern links den verwachsenen, alten Weg steil abwärts. Auf einem breiten Forstweg

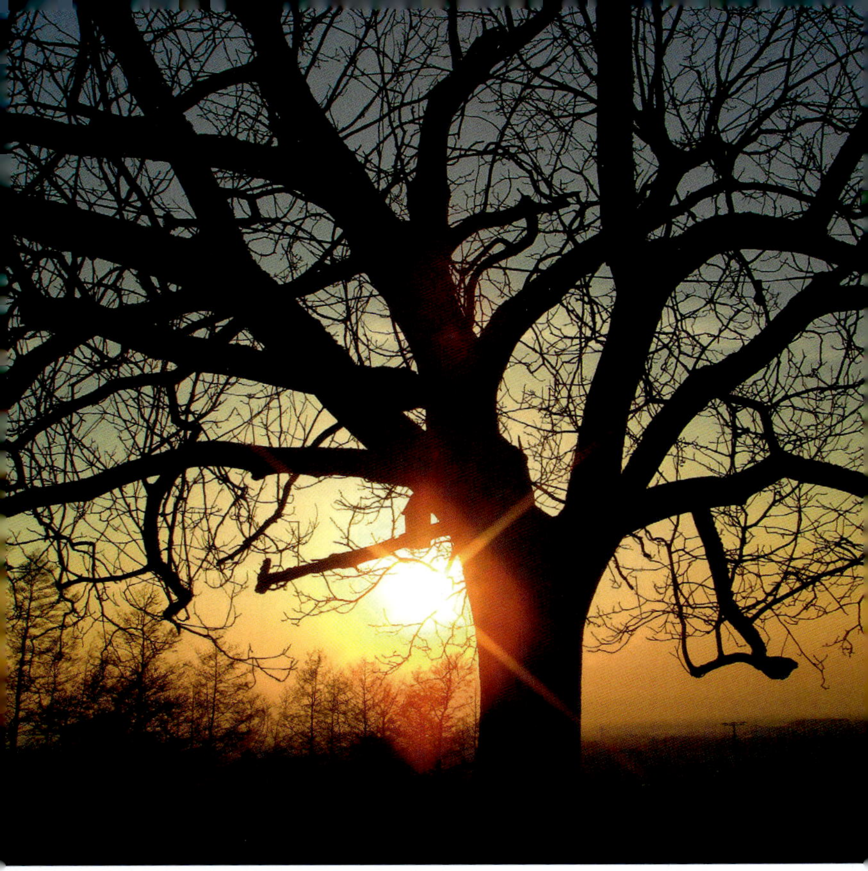

Sonnenuntergang an der Robert-Meier-Hütte

wandern wir nach links nun wieder auf dem Geopfad sanfter abwärts am Rüttefelsen, ein Bandjaspisgestein, vorbei.
An einer T-Kreuzung am Wegweiser »Rütte« gehen wir rechts hinunter Richtung Eichstetten. An der Wald-Weingrenze verlassen wir die Markierung gelbe Raute und gehen besser geradeaus. Auf einem Asphaltsträßchen schlendern wir links und nach nur fünf Metern rechts den schmalen Wiesenweg hinunter. Unten an der Kreuzung wandern wir geradeaus auf dem gesperrten Weg weiter an einer kleinen Weinberghütte mit rotem Ziegeldach vorbei. Genau geradeaus ist in der Ferne die Bergkirche auf dem Nimberg zu sehen. An der T-Kreuzung gehen wir links und an der nächsten T-Kreuzung rechts in das Locherntal hinunter. Nach 50 Metern wählen wir den linken Weg der Gabelung und gehen genau auf den noch halb versteckten Kirchturm von Eichstetten zu. An

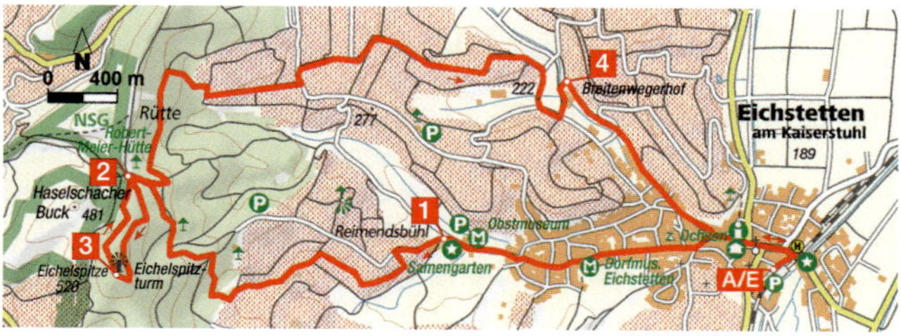

der T-Kreuzung, an der wir wieder auf die Bergkirche auf dem Nimburg schauen, wandern wir nach links abwärts. Links von uns liegt der fruchtbare Talboden, auf dem Gemüse angebaut wird. An der T-Kreuzung vor den entfernt stehenden, einzelnen Hofgebäuden schlendern wir nach rechts und dann nach links hinunter. Nach 100 Metern folgen wir dem Wegweiser nach links in die Demeter-Hofkäserei des **Breitenwegerhofs** 4 (3:30 Std.). Hier gibt es leckeren Käse im Direktverkauf.
Wir gehen durch den Hof, biegen nach dem Kuhstall rechts ab und kommen durch ein Obstbaumtal dann die Endinger Straße hinunter. Die Hauptstraße weiter sind wir nach 30 Minuten am **Bahnhof Eichstetten** E (4:00 Std.) zurück.

Bruderhäusl St. Erhard

Auf dem Gipfel der Eichelspitze stand im Spätmittelalter eine Einsiedelei mit angrenzender St. Erhardskapelle. Im Jahr 1491 wurde sie erstmals in einem Besitzrechtsverzeichnis der Eichstetter Pfarrei aufgeführt. Die Eremitage gehörte zum St. Peterskloster des Paulinerordens auf dem Neunlindenbuck, dort, wo heute der Neunlindenturm steht. Der Paulinerorden geht auf eine ungarische Eremitenbewegung im 13. Jahrhundert zurück. Beim Bau des Eichelspitzturms gab es 2006 einige Funde. Archäologische Entdeckungen sind Ofenkacheln, Keramikbruchstücke und Maultrommeln aus dem 14. bis 16. Jahrhundert.

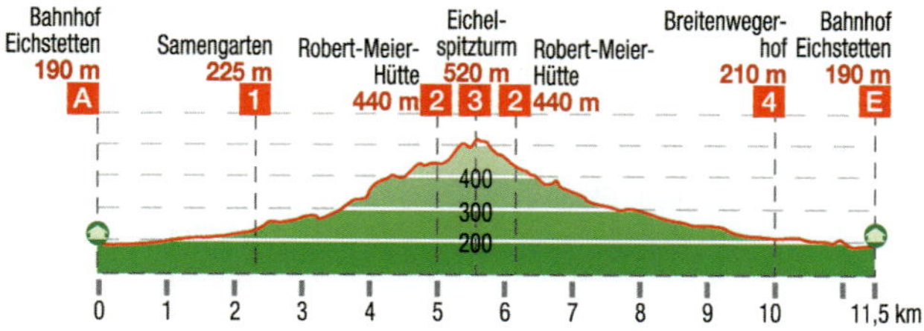

Bötzinger Wasser und Wein

Von der mittelalterlichen Brücke in Eichstetten mit Pumpenturm führt diese Tour auf dem Wasserweg im Dreisamtal nach Bötzingen. Der Weinort Bötzingen bietet einen Brunnen- und einen Erlebnispfad, die ebenfalls auf der Strecke liegen. Zurück geht es über die Weinberge des Lerchenbergs.

Der Wegverlauf

Die mittelalterliche Brücke über die Alte Dreisam und der Pumpenturm aus den 1920er-Jahren liegen in Sichtweite vom **Bahnhof Eichstetten** A. An der alten Steinbrücke, die auch heute noch dem Schwerlastverkehr standhält, erkennen wir den Zusammenfluss von Mühlbach, Nägelgraben und Herremühlebach zur Alten Dreisam. Die

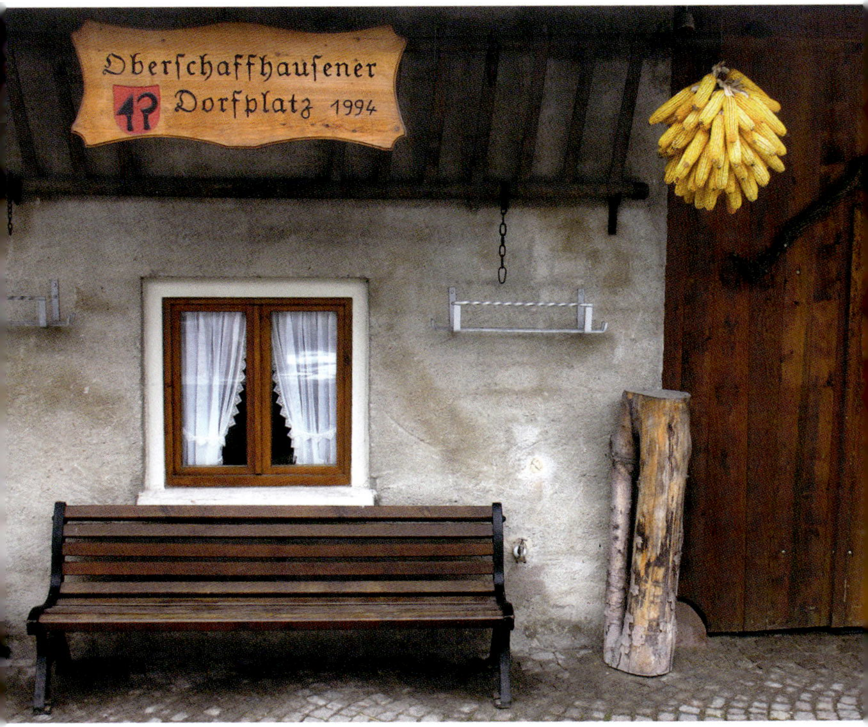

Am schmucken Oberschaffhausener Dorfplatz

Fünfbogenbrücke in Eichstetten gehört zu den besonderen Brückenbauten der Region und wurde im Jahr 1745 errichtet, was auch in einem der Scheitelsteine eingemeißelt ist. Die Fundamente stammen aus dem 16. Jahrhundert, die Bögen haben eine Spannweite von fünf Metern. Die verwendeten Sand- und Gneissteine stammen aus früheren Gebäuden – es wird angenommen, dass das Baumaterial aus dem abgebrochenen Kloster Tennenbach stammt. Der Pumpenturm wurde im Frühjahr zur Wiesenwässerung in der Dreisammiederung genutzt, von der man sich wegen der im Wasser mitgeführten Nährstoffe einen Düngeeffekt erhoffte.

Auf der hölzernen Bogenbrücke überqueren wir den Mühlbach und kommen, diesen entlang, an die historische **Aumühle** 1 (0:10 Std.), in der fast 700 Jahre Mehl gemahlen, Hanf gestampft und Öl gepresst wurde. Wasseramsel und Eisvogel haben an den vielen Wasserläufen der Ebene ihren Lebensraum. Neben dem Mühlbach laufen wir flach bis zur **Brücke in Bötzingen** 2 (0:55 Std.) und dort geradeaus in die Straße Im Grün. Nach 250 Metern folgen wir dem Wegweiser »Brunnenpfad« nach rechts an der alten Unteren Mühle und am Bahnhof Mühle vorbei. Wir sind auf dem reichlich beschilderten Bötzinger Brunnenpfad. Allein zwölf verschiedene Brunnen zeugen vom Wasserreichtum Bötzingens. Am Ende der Mühlgasse wenden wir uns links auf die Hauptstraße und gehen am Friedhof links in die Steinstraße. Vor den Schienen schlendern wir rechts auf dem Fußweg und dann auf der Bahnhofstraße weiter. Am Bahnhof Bötzingen gehen wir rechts die Rathausstraße hoch. An der Hauptstraße steht vor dem Rathaus, in dem die Tourist-Info ist, der Rathausbrunnen. Zwischen Winzergenossenschaft Bötzingen und der alten Schule gehen wir links in der Gartenstraße zur Realschule hoch. Vor dieser führen links ein Fußweg und eine Treppe weiter. Auf der Bergstraße steigen wir bis zur Handwerksgasse hoch und biegen am bronzenen Biggiträgerbrunnen

Tourencharakter
Anfangs ebene asphaltierte Talwege und Ortsstraßen, dann meist sonnige Weinbergwege

Ausgangspunkt
Parkplatz vor dem Bahnhof Eichstetten (GPS: N48°05‘33.7“ E07°44‘50.6“)

Anfahrt
Auto: A5 Ausfahrt Riegel, nach Eichstetten. Bahn: Von Endingen und Breisach. Bus: Linien 101, 105, 295 von Freiburg und Riegel

Einkehr
Bistro Café Vita Biomarkt, 79356 Eichstetten, Bruckmatten 12, Tel: 07663/939 47 00, www.vita-biomarkt.de
Café Mitnander, 79356 Eichstetten, Hauptstraße 32, Tel: 07663/942 58 67, www.mitnander.de

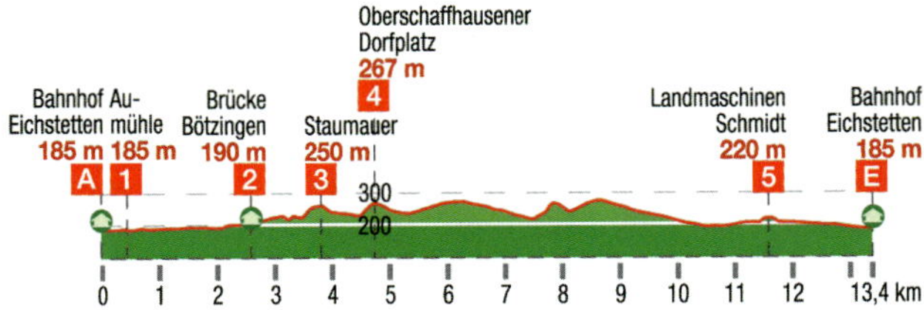

nach links ein. Dieser Brunnen diente einst zur Versorgung der in der Handwerksgasse ansässigen Betriebe.

Nach 80 Metern halten wir uns links in den Laireweg und bleiben an der Seelenbergstraße geradeaus. Bald laufen wir auf einem aussichtsreichen Weinbergweg in einen Taleinschnitt hinein. Nach der **Staumauer** 3 (1:20 Std.) des Regenwasserrückhaltebeckens nehmen wir die erste Straße nach rechts, die Kirschbäume entlang. Die Lösshohlgasse, die wir nun steil hochsteigen, ist die Buntehalegasse. Nach dem höchsten Punkt halten wir uns geradeaus, die Rankstraße rechts vom Schuppen abwärts. Am Sandsteinbrunnen müssen wir rechts die Bergstraße hinunter am schön gestalteten **Oberschaffhausener Dorfplatz** 4 (1:40 Std.) vorbei. Links zwischen den Häusern sind die

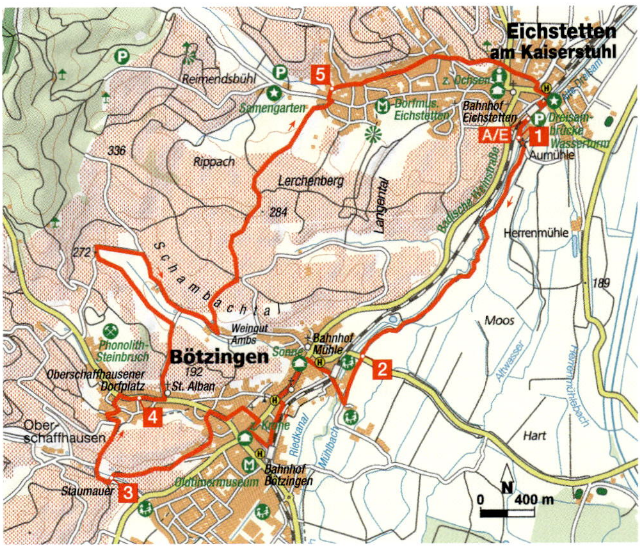

Wände des alten Basaltsteinbruchs zu sehen.
Vor der Kapelle St. Alban aus dem 15. Jahrhundert mit ihren bedeutenden Wandmalereien wandern wir links einen asphaltierten Hohlweg in die Weinberge hoch. An einer Wegverzweigung wählen wir den mittleren Weg, der hinunter in das liebliche Schambachtal läuft. Das Schambachtal ist eine wasserreiche, fruchtbare Senke mit Obstbäumen, Gemüseanbauflächen und Wein, aber auch ein hervorragender Lebensraum für seltene Pflanzen und Tiere. Kurz vor dem Talgrund und 50 Meter vor dem Wasserspielplatz schwenken wir links auf den Schambachtal-Erlebnispfad, der weiter oben gut ausgeschildert in einem Bogen das Tal wieder hinunterführt. Am Lehrpfad werden Lebensräume für Schmetterlinge, Wildbienen, Eidechsen und andere Tiere vorgestellt. Wir kommen dann auf der anderen Seite des Wasserspielplatzes am Schambachbrunnen vorbei wieder auf den Brunnenpfad. Mit Kindern müssen wir hier bestimmt eine Zeit verweilen.

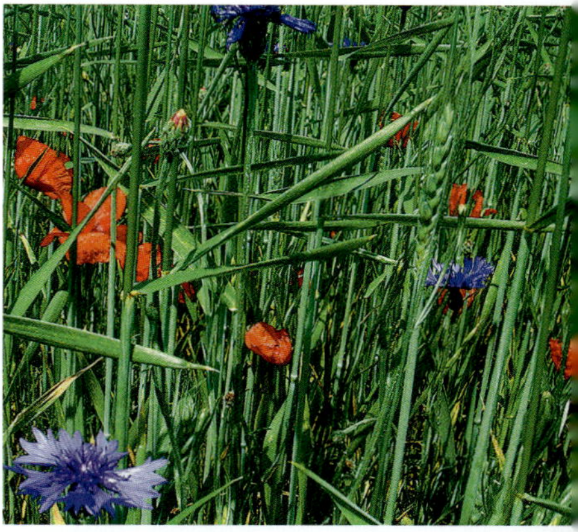
Farbtupfer am Wanderweg

Am Weingartenbrunnen vor dem Weingut Ambs verlassen wir den Brunnenpfad und wandern links mit der Markierung gelbe Raute Richtung Eichstetten Oberdorf über den 284 Meter hohen Lerchenberg. Die ersten Häuser von Eichstetten erreichen wir in der Geizbachtalstraße. Die gelbe Raute schickt uns links in den Altweg und gleich wieder rechts in die Hauptstraße bei der Firma **Landmaschinen Schmidt** 5 (4:00 Std.). Die Hauptstraße bringt uns geradeaus hinunter zum **Bahnhof Eichstetten** E (4:30 Std.) zurück.

Die Pestkapelle St. Alban

In Oberschaffhausen steht die Kapelle St. Alban von 1481. In der Gegend wütete die Pest, was zu einem Gelübde für den Bau der Kapelle führte. Von außen gefällt das Relief über dem Eingang mit zwei Engeln und dem heiligen Alban sowie die schönen Steinrahmenfenster. Die eigentliche Sensation zeigte sich aber 1962, als ein ganzer Zyklus sehr gut erhaltener 450 Jahre alter Wandmalereien freigelegt wurde. Samstag und Sonntag geöffnet.

17 4:15 Std. | 460 Hm ↑ 460 Hm ↓ | 11,7 km

Zum Vulkanfelsgarten

Die südwestliche Ecke des Kaiserstuhls bietet mit seinen offenliegenden Eruptivgesteinen Einblick in die vulkanische Entstehungsgeschichte. Auf einfachen, aber manchmal steilen Wegen erschließt diese Wanderung Geologie und Weinbaugeschichte im kleinen Weindorf Achkarren.

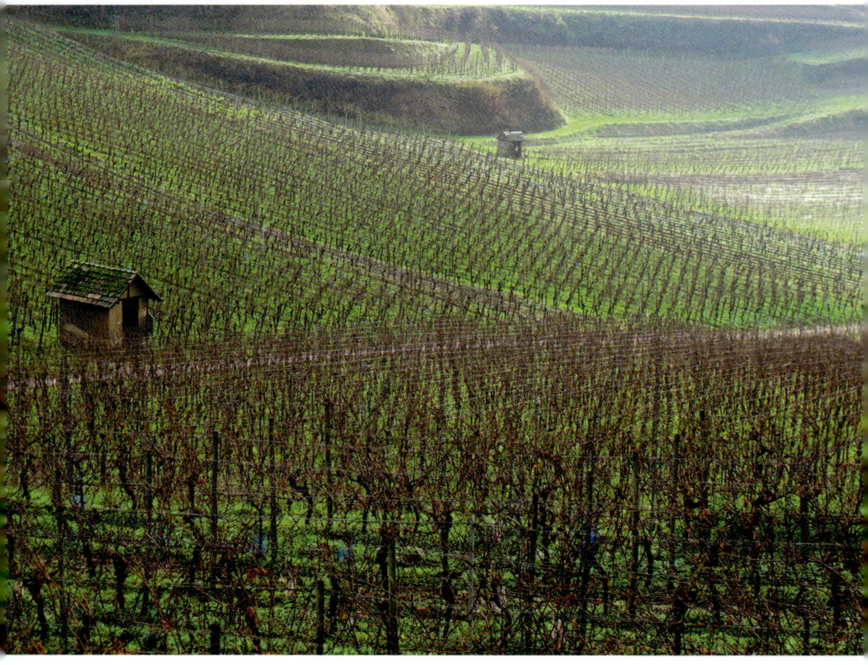

Rebenmeer am Staatsweingut Blankenhornsberg

Der Wegverlauf

Vom **Bahnhof Achkarren** **A** starten wir nach links, nordöstlich Richtung Achkarren und halten uns an der Straßenkreuzung an die rote und gelbe Raute nach rechts. Nicht ganz ernst gemeint ist wohl die Geschichte über die Herkunft des Ortsnamens. Demnach gab es ein Unglück beim Bau der Burg Höhingen auf dem Schlossberg hoch über Achkarren. Ein Wagen mit Baumaterial machte sich auf dem sehr steilen Hang selbstständig und donnerte zu Tal. Dem Burgherrn entfuhr angeblich der Ausruf: »Ach Karren!«. Wahrscheinlicher ist die Bezugnahme auf einen Mann namens »Haducharl«, der sich um 600 hier niedergelassen haben soll. Durch Abschleifung der Sprache kam es schließlich zum heutigen Achkarren.

An der nächsten Kreuzung gehen wir auf dem Themenweg Wiedehopfpfad rechts an einem Steinkreuz vorbei aufwärts Richtung Böhmischberg. Oben schwenken wir links ab und biegen am **Böhmischbergkreuz** 1 (0:30 Std.) nach rechts ab. Hier zeigt sich, wie schön doch Achkarren in Weinberge eingebettet ist. An einer T-Kreuzung in schattigem Wald folgen wir der gelben Raute nach rechts. Bald öffnet sich die Aussicht nach Südosten auf Ihringen und auf den Tuniberg. Nun wandern wir auf dem Wiedehopfpfad und auf dem Knabenkrautpfad nach rechts Richtung Blankenhornsberg. Am Staatsweingut **Blankenhornsberg** 2 (1:10 Std.) bleiben wir geradeaus Richtung Wanne. Nach 100 Metern erschließt sich oberhalb der Hüglinsbergkapelle eine schöne Sicht nach Westen bis Breisach und bis in die Vogesen.

An der Weggabelung müssen wir rechts aufwärts, bis sich an der **Littensbühlhütte** 3 (1:20 Std.) die großartige Aussicht wiederholt. Hier ist auch ein vulkanischer Monolith aufgestellt. Nun geht es auf dem Asphaltsträßchen in Kurven abwärts bis zur Wegkreuzung mit dem Namen „Wanne". In spitzem Winkel rechts und nach 20 Metern links wandern wir weiter, den nun sehr steilen Betonweg abwärts der gelben Raute nach. Nach fast 100 Metern setzt sich der Weg nach links fort, nun eben in der Steillage Winklerberg an den Vulkanfelsen entlang. Bekannt ist der Winklerberg vor allem für seine exzellenten Weine. Das Vulkangestein prägt aber auch den Lebensraum für eine ganz besondere Tier- und Pflanzenwelt. In den porösen, oft rötlichen Eruptivgesteinen wachsen langstachelige Opuntien (Wildkakteen), und in den von der Sonne aufgeheizten Wänden sind Smaragdeidechsen und Ödlandschrecken zu sehen. Gehäuseschnecken schützen sich vor der

Tourencharakter
Leicht, aber auch einige steile Weinbergwege, einige schattige Abschnitte durch Wald

Ausgangspunkt
Parkplatz vor dem Bahnhof Achkarren (GPS: N48°03'35.3" E07°36'31.1")

Anfahrt
Auto: A5 Ausfahrt Teningen bis Bad Krozingen, dann nach Achkarren.
Bahn: Von Riegel und Breisach. Bus: Linien 102, 104 von Riegel/Breisach

Einkehr
Hotel Vulkanstüble, 79235 Vogtsburg-Achkarren, Schloßbergstraße 10, Tel: 07662/207, www.vulkanstueble.de
Straußе Weingut Michel, 79235 Vogtsburg-Achkarren, Winzerweg 24, Tel: 07662/429, www.weingutmichel.com

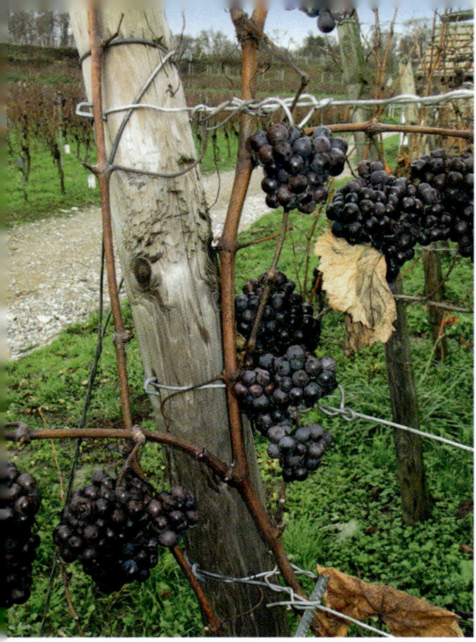

Diese Trauben unterhalb der Wilden Steige warten auf die Spätlese.

Hitze der Felsen, indem sie an Gräsern und Pflanzen hochkriechen.

Oberhalb einem alten Weinberghäuschen mit Walmdach führt links ein steiler Weg mit Geländer und dann über Treppen durch die Steillagen hoch. Oben halten wir uns vor der Mauer rechts und gehen nach zehn Metern an einer Weggabelung links auf ein winziges, mit Brettern verschlagenes und mit Ziegeln gedecktes **Brunnenhäuschen** 4 (1:40 Std.) zu. Hier bleiben wir geradeaus und folgen wieder der gelben Raute, bald abwärts Richtung Ihringen. An einer T-Kreuzung bleiben wir nicht auf dem Hauptweg, sondern schlendern geradeaus, nun leicht aufwärts, zwischen hohem Hang und Reben in das Tiefental hinein. In einer Rechtskurve fällt hinter einer Bank mit Tisch ein schmaler Pfad fast zehn Meter auf ein Asphaltsträßchen hinunter, auf dem wir nach links weiterwandern. Nach dem plätschernden Oberbrünnele mit Ruhebank sehen wir dann links oben wieder das Staatliche Weingut Blankenhornsberg.

Der Weg führt weiter flach in das Tiefental hinein. An einer Weggabelung nehmen wir die linke Möglichkeit und bleiben in der Ebene. Am Talschluss biegen wir nach rechts auf einen aufwärts führenden Kiesweg ab, der an einem kleinen Weinberghäuschen immer steiler wird. An der höchsten Stelle liegt die **Wilde Steige** 5 (3:00 Std.), von der es durch erfrischenden Hochwald nach Achkarren hinunterläuft. Unten in der Ebene zeigt ein Wegweiser nach links Richtung Bahnhof Achkarren, nach der Kastellberghütte mit Spielplatz am Waldrand steigen wir aber zuerst zur Kirche von Achkarren hinab. Vor dem schmucken Hotel und Restaurant Krone gehen wir links zum sehenswerten Kaiserstühler **Weinbaumuseum** 6 (3:30 Std.). Das Weinbaumuseum in Achkarren ist in der ehemaligen Zehntscheuer des Ortes untergebracht. Es zeigt die Entwicklung des Weinbaus, der Traubenverarbeitung, des Genossenschaftswesens und der Kellereiwirtschaft am Kaiserstuhl. Verschiedene Gerätschaften, Flaschenetiketten, Urkunden, Dokumente, unterschiedliche Bodenprofile und weitere interessante Materialien

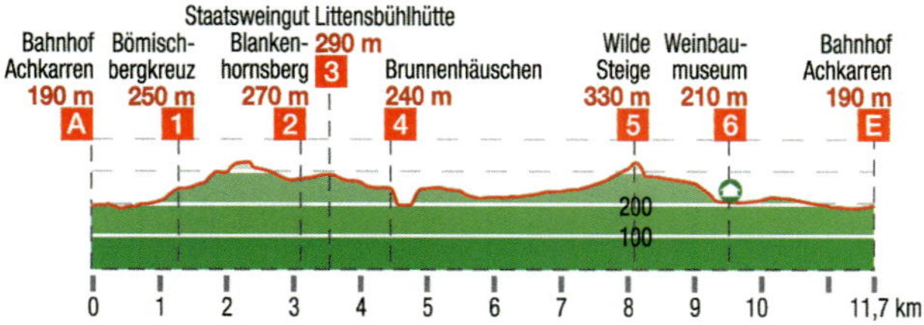

können besichtigt werden. Die Ausstellung informiert darüber hinaus über die Geologie der typischen Kaiserstühler Landschaft und die bedeutendsten Rebsorten. (geöffnet von Palmsonntag bis Allerheiligen, Di–Fr 14–17 Uhr, Sa–So 11–17 Uhr).

Weiter in westlicher Richtung auf der Hauptstraße biegen wir, nach der Winzergenossenschaft Achkarren mit ihren ausgezeichneten Weinen, links in den Kapellenmattenweg ein. Am Friedhof rechts, am Weingut Michel sofort wieder links und nochmal gleich rechts, und wir sind auf dem Weg zur Straßenkreuzung in der Nähe des Bahnhofs. Die rote und die gelbe Raute helfen uns, den richtigen Weg zu finden. An der Kreuzung müssen wir nach links und sind dann gleich am **Bahnhof Achkarren** E (4:15 Std.) angelangt.

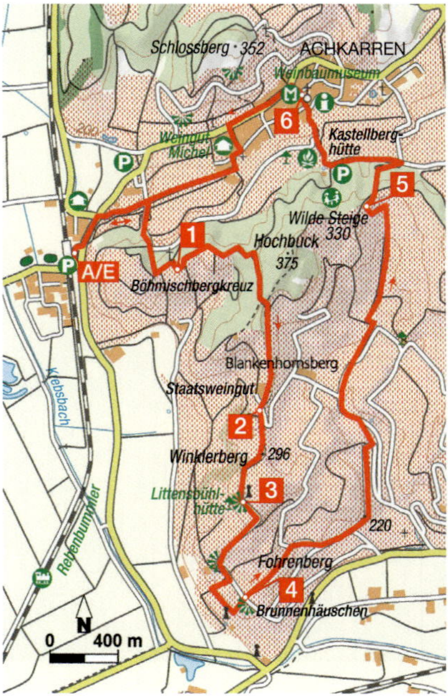

Lavaströme und Mineralien

Vor 15–23 Millionen Jahren entstand das kleine Massiv des Kaiserstuhls. Das Vulkangebirge war zu jener Zeit um einige Hundert Meter höher als heute. Die Erosion lies eine Vulkanruine zurück. Die Lössauflagen wurden durch Staubanwehungen gebildet. Nur vereinzelt treten wie am Winklerberg poröse Tuffe zu Tage. Glänzender Augit, weiße Calcite und rostrot verwitternde Olivine sind zu unterscheiden. Auch Lavabomben sind im Gestein zu finden.

18 4:30 Std. ↑ 430 Hm ↓ 430 Hm ↔ 13,0 km

Liliental und Totenkopf

Vom Weindorf Ihringen steigen wir durch das Welzental hinauf zum Liliental mit seinem artenreichen Arboretum. Über den Aussichtsturm Neunlinden auf dem Totenkopf mit 557 Metern, dann abwärts über die Berggaststätte Lenzenberg und durch Lösshohlwege kommen wir zurück nach Ihringen.

Der Wegverlauf

Die Wanderung beginnt am **Bahnhof Ihringen** A nördlich in die Winzerstraße, an der Weingenossenschaft Ihringen vorbei. An der Kreuzung gehen wir geradeaus in die Scherkhofenstraße. Vor dem Parkplatz der Kaiserstuhlhalle zeigt ein Wegweiser mit gelber Raute geradeaus Richtung Liliental. Am Ende der Straße setzt sich der Weg rechts in die Maienbrunnenstraße Richtung Friedhof fort. Wir bleiben aber geradeaus und kommen am Maienbrunnenstüble und am Schild zum Ortsteil Mar-

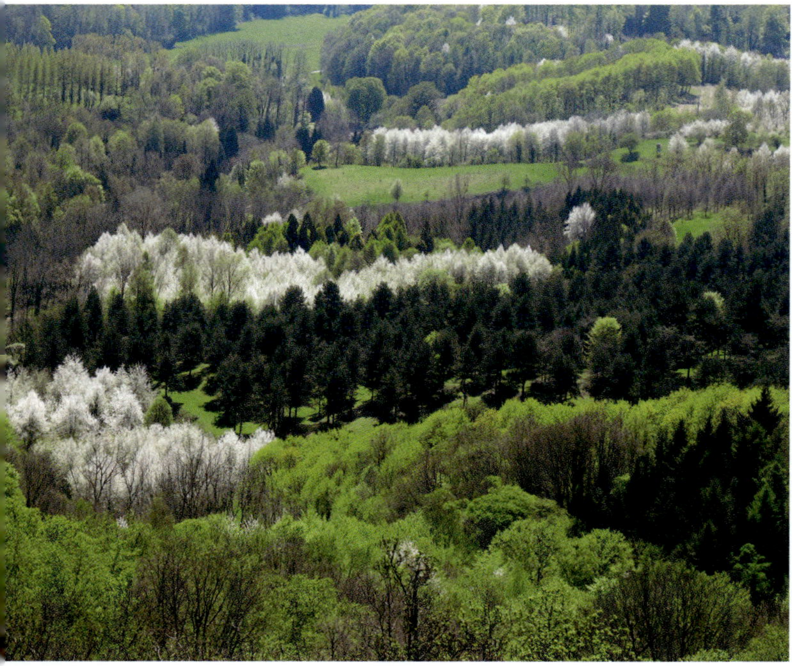

Blick vom Neunlindenturm auf das Arboretum im Liliental

tinshöfe vorbei. Kurz danach plätschert links der Maienbrunnen. Am Ortsschild Martinshöfe liegt die **Martins-Hofschenke** 1 (0:45 Std.). Weiter geradeaus, jetzt auf einem Erdweg, weist ein oranger Punkt die Richtung am Putenstall vorbei. Geradeaus ist schon der Sendemast auf dem Totenkopf zu sehen. Zehn Meter nach einem zweiten großen Zaun mit aufgeregt schnatternden Gänsen gehen wir rechts den Pfad durch schönen Laubwald aus mit Efeu umflochtenen Buchen, Eichen, Wildkirschen und Robinien den Hang hoch. Oben ist eine aussichtsreiche **Wegkreuzung** 2 (1:00 Std.), an der es auf der dritten Sandstraße links Richtung Lilienhof geht. Am Hofgut Lilienhof vorbei spazieren wir jetzt wieder auf Asphaltstraße weiter abwärts. Schließlich stoßen wir auf den Lilientalweg. Links ist das **Gasthaus Zur Lilie** 3 (1:20 Std.) und davor ein erfrischender Brunnen. Hier laden viele Wege zum längeren Aufenthalt in dem überaus artenreichen Arboretum ein. Auch eine beträchtliche Anzahl Orchideen sind hier ab Ende März zu finden.

Links am Gasthaus vorbei kommen wir durch die meist geöffnete Schranke, der gelben Raute und den Schildern Weg Nr. 1 und 3 folgend, an einem Kinderspielplatz vorbei. An einer Wegkreuzung bleiben wir weiter geradeaus. Eine Eibenallee säumt den Sandweg, dann wird der Fernsehturm auf dem Totenkopf wieder sichtbar. An einer weiteren Kreuzung halten wir uns rechts auf den Sautalweg Weg Nr. 1 und 3 mit der gelben Raute. Am eindrucksvollen **Mammutbaumwald** 4 (1:45 Std.) zweigt links ein kleiner Pfad mit dem Schild zum Vogelsangpass ab. Romantisch zieht diese Lösshohlgasse durch Wald nach oben. In den Lösswänden zeugen unzählige runde Löcher von den Bruthöhlen der Solitärbienen, Wespen und anderer Insekten. Bald treten wir aus dem Hohl- auf einen ebenen Kiesweg, den Hundskehlenweg, dem wir nach rechts gut einen Kilometer Richtung Vogelsang folgen. Zehn Meter vor einer Verzweigung mehrerer Wege, an dem sich eine weite

Tourencharakter
Rundtour mit einigen An-und Abstiegen. Teils schattige Wege auf Asphalt, meist aber Kieswege durch Wald und Weinberge

Ausgangspunkt
Ihringen, Parkplatz am Bahnhof in der Bahnhofstraße (GPS: N48°02'26.3" E07°38'59.3")

Anfahrt
Auto: A5 Ausfahrt Freiburg Mitte, dann nach Ihringen. Bahn: Von Freiburg und Breisach. Bus: Linie 729 von Freiburg

Einkehr
Gasthaus Zur Lilie, 79241 Ihringen, Lilienhof 5, Tel: 07668/995 63 93, www.lilie-liliental.de
Berggaststätte Lenzenberg, 79241 Ihringen, Auf dem Lenzenberg, Tel: 07668/284, www.lenzenberg.de

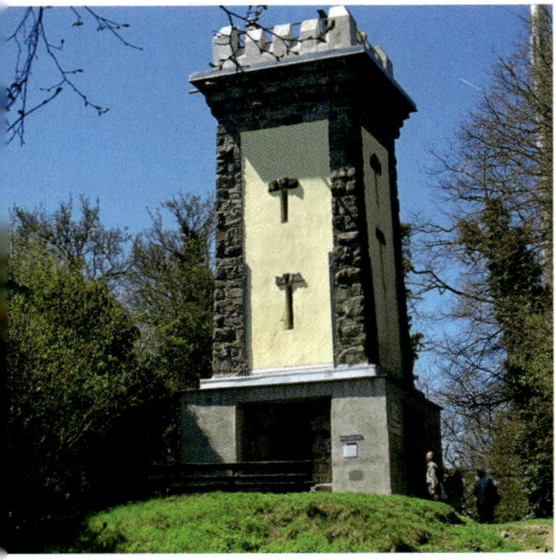
Am Neunlindenturm auf dem Totenkopf

Aussicht auf den Ort Bahlingen öffnet, lenkt in spitzem Winkel nach links oben ein kleiner Steig mit der gelben Raute und dem **Wegweiser Neunlindenturm** 5 (2:15 Std.). Bei dem Weg hinauf handelt es sich nun um den Neunlindenpfad und zugleich um einen alten Grenzweg, und schon bald stoßen wir auch auf Grenzsteine aus dem Jahr 1773, auf deren Seiten unterschiedliche Wappen der Landesherren eingemeißelt sind. An einer Wegverzweigung nehmen wir die rechte Möglichkeit mit der Zielangabe Neunlindenturm, der dann auch bald zwischen den Ästen der Bäume auftaucht. Der **Neunlindenturm** 6 (3:00 Std.), einst von neun Linden umgeben, entstand aus den Steinen eines Paulinerklosters, das hier oben stand.

Nach der Aussicht über den Kaiserstuhl, Tuniberg und das Rheintal lenkt ein Kiesweg abwärts. Noch steiler wird es nach dem Wegweiser »Lenzenberg« links durch jungen Wald. Später in höherem Wald wandern wir auf eine Sechswegekreuzung zu. Geradeaus der kleine mittlere Weg, der leicht aufwärts geleitet, zeigt mit dem Wegweiser nach Lenzenberg. Nun wandern wir auf einem Kammweg in ständigem Auf und Ab auf den Gierstein (472 m). Danach spazieren wir nur noch abwärts an einem Fernsehsender vorbei und kommen an eine Aussicht über Ihringen. Schnell ist der Weg vor dem gut besuchten **Gasthaus Lenzenberg** 7 (3:45 Std.) mit seiner grandiosen Aussicht – im Süden der Tuniberg, im Westen Breisach mit dem Münster und der Rhein – zu Ende.

Vor dem Gasthaus Lenzenberg schwenkt der Neunlindenpfad mit gelber Raute nach links in Richtung Bahnhof Ihringen und in weitem Bogen um das eingezäunte Grundstück der Gaststätte herum. Auf der Asphaltstraße halten wir uns rechts und an dem unteren Tor der Gaststätte nach links, mit orangem Punkt die alte Lenzenberggasse abwärts. Der Kiesweg geht in eine Hohlgasse über und führt dann weiter über eine Treppe nach unten. An einer gelben Raute führt ein kleiner Lössholweg weiter. Noch zweimal ist der Einstieg einer steilen Treppe zu finden. Schließlich steigen wir auf die Lenzenberg-Fahrstraße hinab, der wir nach rechts zur schon sichtbaren Kirche von Ihringen folgen. An einer T-Kreuzung beginnt das Wohngebiet, und unser Weg biegt nach links ab in die Lenzenbergstraße. An der nächsten T-Kreuzung treffen wir wieder die Maienbrunnenstraße, in die wir rechts einbiegen. Am Kirchplatz schwenkt links nach der Kirche eine kleine Straße ab. Am Ende dieser Straße lockt rechts das gute Café Rebstock. Weiter auf der Hauptstraße ist rechts am Rathausplatz die Tourist-Info und dahinter das Naturzentrum Kaiserstuhl. An der Straßenkreuzung wandern wir geradeaus in die Eisenbahnstraße hinein, an der netten Winzerschenke Zum Küfer vorbei. Vor den Schienen biegen wir nach links in die Bahnhofstraße und stehen wieder am **Bahnhof Ihringen** E (4:30 Std.).

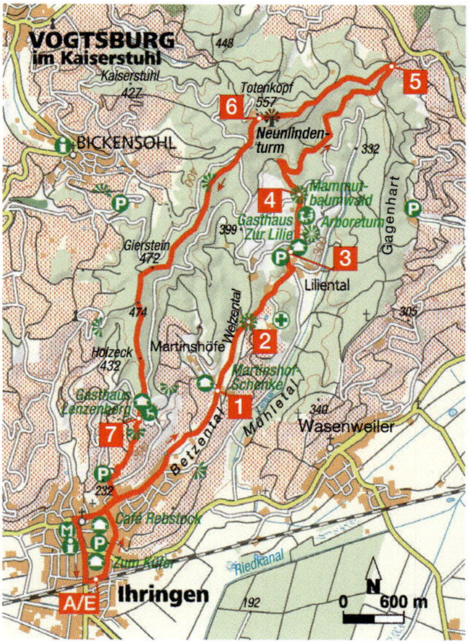

Das Arboretum im Lilienttal

Das landwirtschaftliche Gut Lilienttal wurde vor über 50 Jahren von der Forstlichen Versuchsanstalt Baden-Württemberg erworben. Auf 70 Hektar wachsen Versuchspflanzungen für die Forschung und Samengewinnung in die Höhe. Zugleich wurde ein Arboretum heimischer und fremder Baum- und Straucharten in großer Anzahl gepflanzt. So entstand unter anderem der oft bestaunte Mammutbaumwald. Auf den Wiesen haben sich auch 22 heimische Orchideenarten eingestellt.

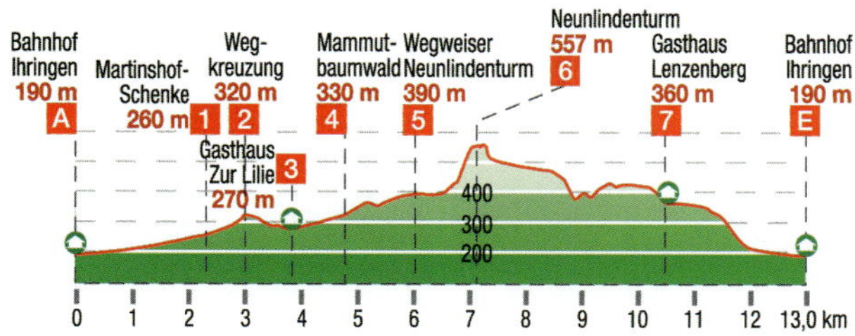

19 3:50 Std. 350 Hm 350 Hm 11,0 km

Der Wasenweiler-Panoramaweg

Diese Wanderung verläuft in weiten Teilen auf herrlichen Panoramawegen, die den Blick auf eine lange Schwarzwaldkette, Tuniberg und Freiburg erlauben. Durch das Mühletal wird das Arboretum im Liliental zugänglich. Botanisch interessierte Wanderer werden sich dort länger aufhalten.

Der Wegverlauf

Vom **Bahnhof Wasenweiler** A startet diese Wanderung in Richtung Liliental auf Schachenweg und Merdinger Straße bis zur Unteren Dorfstraße. Dort wenden wir uns links zum **Dorfbrunnen** 1 (0:15 Std.). Der

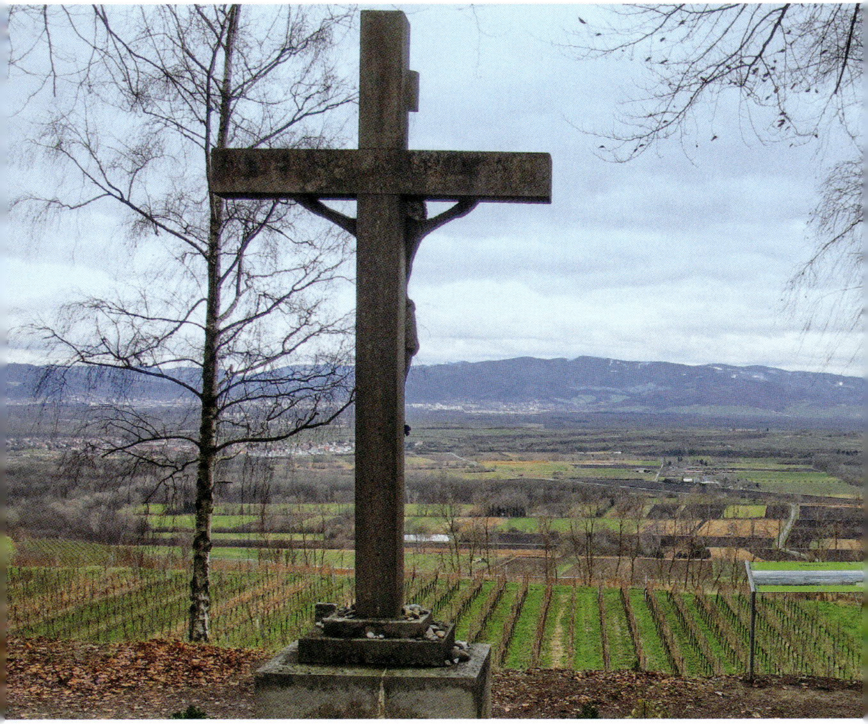

Blick von Gagenhart auf den Schwarzwald

Kaiserstuhlweg vom Brunnen aus links hinauf und der Burgunderweg bringen uns auf den Panoramaweg hoch. An einer T-Kreuzung folgen wir dem Wegweiser zur Vituskapelle nach links, steigen dann den kleinen Pfad hinunter und auf dem Weinbergweg nach rechts hinauf. An der höchsten Stelle des Weges, aber noch einige Hundert Meter vor dem Böselsbergs steht der **Wegweiser Wasenweiler** 2 (0:55 Std.). Fünf Meter vorher gehen wir links den Wiesenweg hinunter, der dann gleich in eine Treppe übergeht. Unten im Mühletal nehmen wir den Weg vor dem Schießstand nach rechts. Nach 1,8 Kilometern steigen wir nach links ein paar Meter hinunter zum **Unteren Fischweiher** 3 (1:45 Std.) mit Picknickplatz. Wer Durst hat, kann einen 250 Meter langen Abstecher hinauf zum Gasthof Lilie machen.

Nach dem Fischweiher setzen wir unseren Weg nach rechts fort, entlang der zum Arboretum Liliental gehörigen Baum- und Straucharten mit Hinweistafeln. Nach dem Oberen Fischweiher wandern wir nach rechts auf dem Gagenhardweg durch Wald immer steiler aufwärts. An einer T-Kreuzung bleiben wir auf ebenem Weg geradeaus und genießen gleich rechts die Aus-

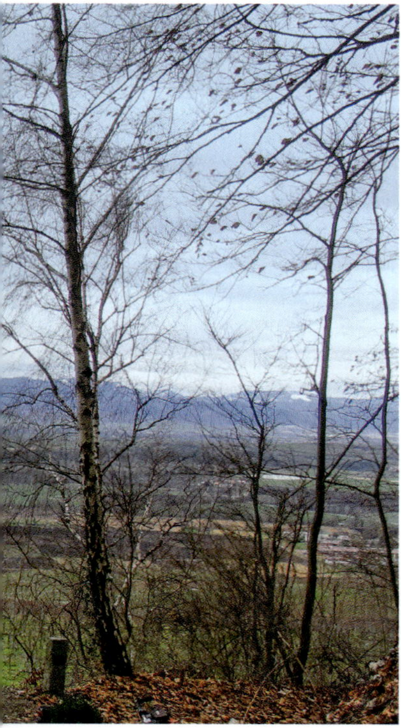

Tourencharakter
Sonnige und schattige Wege und Pfade auf Kies und Asphalt. Wegen der Lössschlucht nur bei Trockenheit empfohlen

Ausgangspunkt
Parkplatz vor dem Bahnhof Wasenweiler (GPS: N48°02‘48.3“ E07°41‘12.8“)

Anfahrt
Auto: A5 Ausfahrt Freiburg Mitte, dann nach Wasenweiler. Bahn: Von Riegel und Breisach. Bus: Linie 729 von Freiburg

Einkehr
Gasthaus Zur Sonne, 79241 Wasenweiler, Hauptstraße 21, Tel: 07668/229, www.sonne-wasenweiler.de

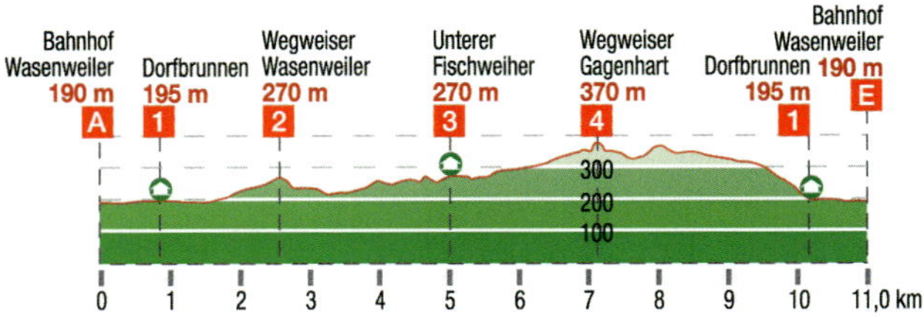

sicht auf den Totenkopf. Der gut ausgebaute Forstweg endet abrupt an einer Wendestelle, aber links gibt es einen kleinen Pfad den Hang durch Buchenwald hinunter auf einen kleinen Seitentalweg, dem wir nach links hoch folgen. Am **Wegweiser Gagenhart** 4 (2:30 Std.) biegen wir nach rechts ab. Bestimmt verweilen wir am herrlichen Aussichtspunkt Schwarzwaldblick. Tuniberg, Freiburg und der Schwarzwald liegen vor uns.

Der schöne Panoramaweg mündet auf ein Asphaltsträßchen, dem wir zwischen Wald und Reben weiter geradeaus folgen. An einer T-Kreuzung vor einer Ruhebank zeigt uns die Markierung gelbe Raute die Richtung über einen Wiesenstreifen zu einer Treppe. Der blaue Wegweiser »Panoramaweg« bringt uns über eine weitere Treppe und einen sehr schmalen Pfad durch eine erstaunliche Lössschlucht hinunter. Schließlich kommen wir an der Gedenkkapelle in Wasenweiler heraus und gehen auf der Hauptstraße weiter. Nach 50 Metern wandern wir links vor dem Geländer in die Untere Dorfstraße. Kurz vor dem Gasthaus Sonne am **Dorfbrunnen** 1 (3:35 Std.) biegen wir nach links in die Merdinger Straße und sind dann in 15 Minuten am **Bahnhof Wasenweiler** E (3:50 Std.) zurück.

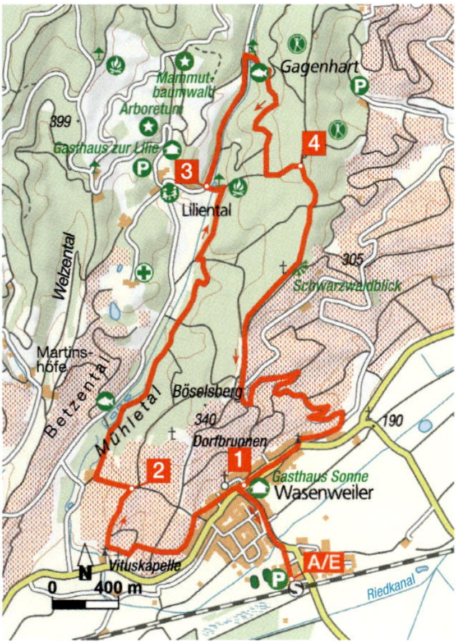

Die St. Vituskapelle

Auf der Landstraße nach Ihringen ist man schnell an der unschein-

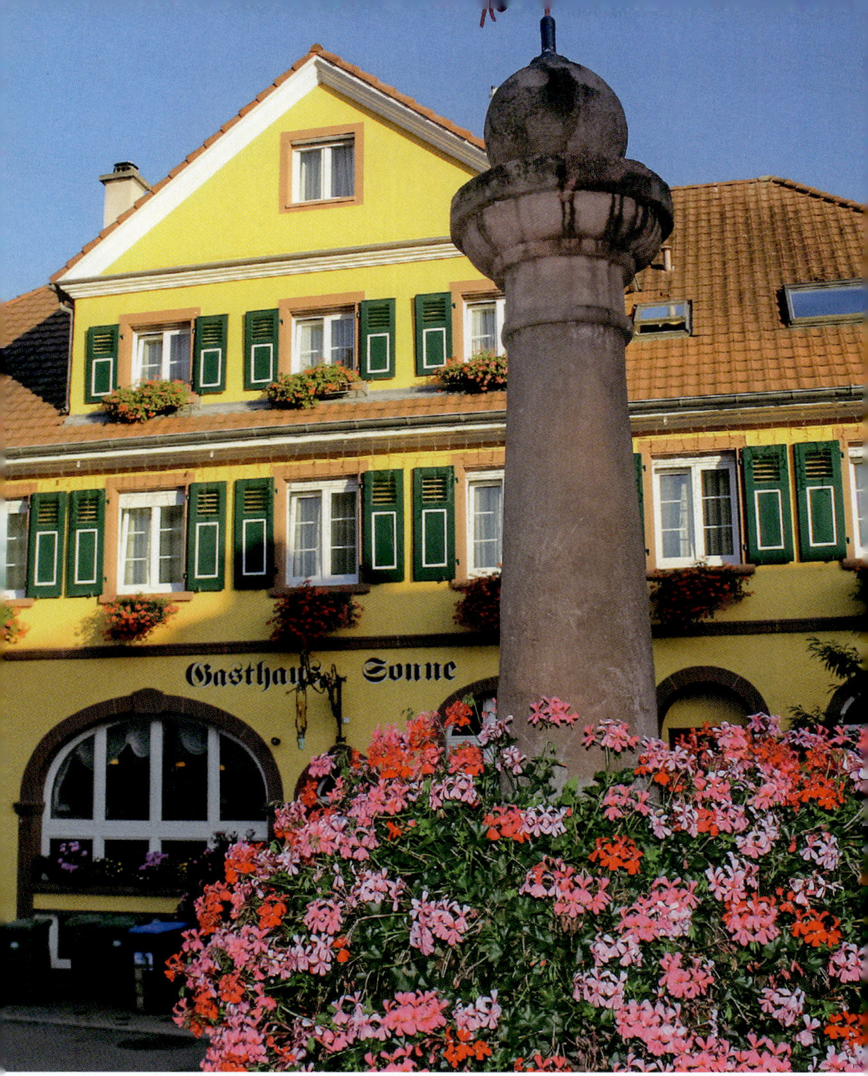

Am Brunnen vor dem Gasthaus Sonne in Wasenweiler

baren St. Vituskapelle aus dem Hochmittelalter vorbeigefahren. Aber in ihrem Innern verbirgt sich ein echter Kunstschatz. Die Fresken aus dem 15. Jahrhundert zeigen neben den Aposteln das Leben und das Martyrium des heiligen Vitus auf. Weiteres Interesse findet der mittelalterliche Altar und das Sakramentshäuschen aus dem Jahr 1507. Besichtigungswunsch unter Tel. Nr.: 07668/50 58 anmelden.

20 3:30 Std. ↑ 50 Hm ↓ 50 Hm ↔ 10,2 km

Der Rheinauewald bei Breisach

Nach einem Rundumblick vom Eckartsberg führt die Wanderung auf einfachen Wegen ohne nennenswerte Steigungen entlang des Rheins. Der Rückweg leitet durch den artenreichen, urwaldähnlichen Rheinauewald. Geheimnisvolle, schillernde Altwasserarme des Rheins begleiten die Exkursion.

Der Wegverlauf

Am **Bahnhof Breisach** A beginnen wir die Wanderung nach links und am Kreisverkehr nach rechts auf den Neutorplatz. Nach dem grünen Haus Nummer 10 biegen wir links in den Eckartsbergweg und an dem schönen Mauerecktürmchen rechts hoch in den Arthur-Uhl-Weg. Oben auf dem **Eckartsberg** 1 (0:15 Std.) brennt auf dem Fahnenmast das Europalicht. In einer Volksbefragung bekannten sich die Breisacher 1950 als Erste zu einem Bundesstaat Europa. Ein wunderschöner Rundumblick lässt uns hier verweilen. Der Münsterberg ist im Norden gegenüber. Orientierungstafeln erklären Kaiserstuhl, Tuniberg, Schwarzwald, Rheinauewald, Rhein, Elsass und Vogesen.

Wir gehen 50 Meter den nach Süden laufenden Asphaltweg leicht aufwärts und finden an einem Zaun rechts einen Treppenweg zum Rhein hinunter. Unten überqueren wir einen Parkplatz und spazieren auf dem Gehweg nach rechts neben der Jahnstraße entlang. Der Weg schwenkt nach links direkt zur **Schiffsanlegestelle** 2 (0:30 Std.) hinunter. Interessant ist die Schleusenfahrt oder noch besser die Kanalfahrt nach Colmar, die hier angeboten wird. Nun wandern wir nach links flussaufwärts immer den Rhein entlang. Bootsverkehr und Wasservögel vertreiben uns die Zeit. Hier finden wir auch wieder die rote Raute.

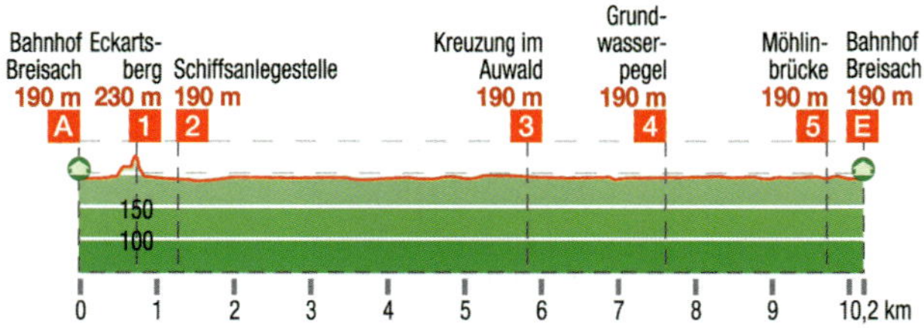

Etwa 500 Meter nach Flusskilometer 222 verlassen wir den linken Rheinuferweg und treten in den Auwald ein. Eine Raute mit blauem Wellensymbol kennzeichnet den Weg. An einer **Kreuzung im Auwald** 3 (2:00 Std.) folgen wir dem Wegweiser nach links Richtung Breisach und orientieren uns in der Folge an der Raute mit dem Wellensymbol. Der urwaldähnliche Auwald besteht überwiegend aus mächtigen Pappeln, Ahorn, Eschen und Ulmen. Die Kraut- und Strauchschicht ist sehr üppig und artenreich, was auf gute Nährstoffverhältnisse hinweist. Alles ist überwuchert mit Waldrebe und Efeu – ein Paradies für Vögel.

An einer Kreuzung, an der ein Messgerät für den **Grundwasserpegel** 4 (2:40 Std.) steht, gehen wir rechts. Es ist jetzt wieder der Rundweg Kulturwehr Breisach. Nach 300 Metern wandern wir an einem großen Hochwasserpegel nach links. Die Raute mit der blauen Welle begleitet den Weg immer noch. An dem großen Wehr der Möhlin verlässt der Weg den Auwald und quert geradeaus einen Hochwasserdamm. Nach dem Schwimmbad gehen wir an der **Möhlinbrücke** 5 (3:00 Std.) über die Fußgängerbrücke Richtung Bahnhof. Hier finden wir auch wieder die rote Raute. Der Geh- und Radweg unterquert die B31, und leitet zu dem Kreisverkehr, an dem wir rechts den **Bahnhof Breisach** E (3:30 Std.) sehen.

Tourencharakter
Anfangs leichter, kurzer Aufstieg, dann ebene Ufer- und Waldwege, überwiegend im Schatten

Ausgangspunkt
Parkplatz vor dem Bahnhof Breisach (GPS: N48°01‘41.0“ E07°35‘27.6“)

Anfahrt
Auto: A5 Ausfahrt Riegel, dann nach Breisach. Bahn: Von Riegel und Freiburg. Bus: Linien 102, 104, 729 von Freiburg und Riegel

Einkehr
Café Restaurant Ihringer, 79206 Breisach, Marktplatz 1, Tel: 07667/310
Restaurant Kaiserstühler Hof, 79206 Breisach, Richard-Müller-Straße 2, Tel: 07667/830 60, www.kaiserstuehlerhof.com

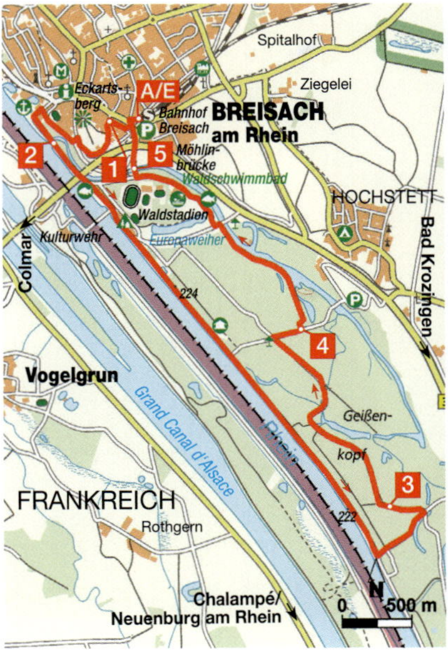

Auf dem Aussichtsplateau Nimberg

Vom alten Nimburg aus erstreckt sich diese Wanderung über die gesamte Hochfläche des Nimbergs mit ungeahnten Aussichten. Unterwegs liegt das Dorf Bottingen, das Kulturdenkmal Bergkirche, ein Überrest des verschwundenen Antoniterklosters und das sagenumwobene Kinderbrünnelie.

Der Wegverlauf

Vom **Bahnhof Nimburg** A führt ein Gehweg entlang der Breisacher Straße einen Kilometer in den 977 erstmals erwähnten Ort hinüber. Am Rathaus gehen wir rechts Richtung Nimbergpfad die Langstraße hoch. Im Hof des Rathauses sind eine ganze Reihe alter Grenzsteine aufgestellt, die von den historischen Gemarkungen zeugen. In der Langstraße ist das erste Zwischenziel, das Denkmal auf dem ehemaligen Burgberg, deutlich zu sehen. Vor dem Haus Langstraße 35 gehen wir links den sich schneckenförmig hinaufwindenden Weg hoch zum Aussichtspunkt **Beckenbürgle** 1 (0:45 Std.), ein Kriegerdenkmal. Hier oben stand vom 10. bis zum 14. Jahrhundert die Burg der Grafen von Nimburg. Die Rundumsicht ist wirklich unerwartet gut, sind wir doch nur 60 Meter über der Ebene. Im Osten steht der Schwarzwald, nach Süden schauen wir über den Nimberg mit der Bergkirche und im Westen erhebt sich der Kaiserstuhl mit der Michaelskappelle bei Riegel.

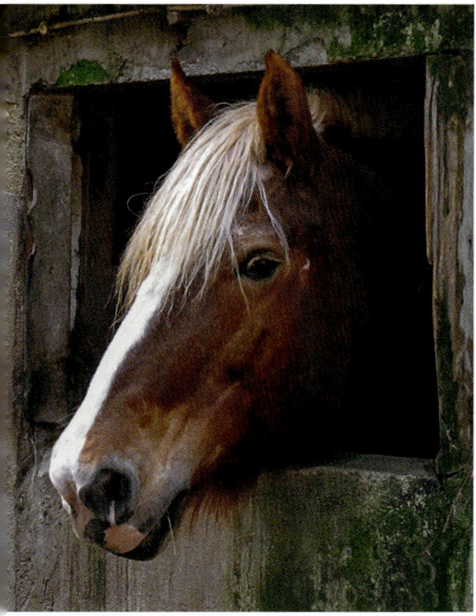

Tierische Begegnung

Nun müssen wir wieder hinunter bis zur Langstraße, steigen diesmal nach dem Haus Langstraße 35 wieder links hoch und folgen der Markierung gelbe Raute. An der Gabelung im Hohlweg halten wir uns rechts auf das Nimbergplateau hinauf. An einer T-Kreuzung, an der ein großer alter Kirschbaum steht, bietet sich 50 Meter nach links am Wasserhochbehälter ein Aussichtsplatz mit Ruhebank an. An einer weiteren T-Kreuzung in den Hohlwegen ist die Lössauflage des Nimbergs zu erkennen. Die geologische Entstehung ist ähnlich wie beim größeren Bruder Kaiserstuhl, nur ist das Grundgestein des Nimbergs wesentlich älter. Ein historischer Handelsweg von Nimburg nach Freiburg hat hier die Hohlwege erodiert. Am Wegweiser **Ziegelbreite** 2 (1:25 Std.) wandern wir nach links nach Bottingen hinunter, wo wir auf die Weinbergstraße stoßen. Diese laufen wir links abwärts und in der Dorfstraße weiter bis zum alten **Schulhaus** 3 (1:40 Std.) mit Glockenturm und Storchennest. Das Dorf Bottingen wurde das erste Mal im Jahr 751 urkundlich erwähnt und ist damit über 200 Jahre älter als Nimburg. Nach dem Schulhaus führt der Wanderweg nach rechts auf der Holzhauser Straße in Richtung March fort. Nach 350 Metern steigen wir rechts den Hohlweg, markiert mit der gelben Raute, hoch. Am Wegweiser »Hirtenbuch« bei der Starkstromleitung öffnet sich die Aussicht auf den Schwarzwald vom Kandel bis zum Schauinsland. Nach links setzt sich der Nimbergpfad fort. In der Folge beobachten wir genau den Wegverlauf, wie er von der gelben Raute vorgegeben ist. Am **Feldkreuz Hohkinzig** 4 (2:10 Std.) wandern wir rechts in spitzem Winkel in Richtung Bergkirche an der Bammert-Hütte vorbei. An einer T-Kreuzung, an der wir rechts weiter müssen, tut sich ein toller Blick über den Kaiserstuhl auf. In der Folge beachten wir wieder genau den Verlauf des Weges gemäß der gelben Raute und kommen schließlich nach dem Wegweiser »Klappbrunnen«, an dem wir links gegangen sind, an die **Bergkirche Nimburg** 5 (3:05 Std.). Die Bergkirche mit den wertvollen Fresken ist das heutige Gotteshaus von Nimburg, aber auch die ehemalige Kirche des Antoniterklosters. Es gab neben der Kirche auch das Dorf Obernimburg, das mit dem Kloster und dem Spital verschwunden ist. Allerdings wurden hier oben

Tourencharakter
Sonnige Weinbergwege und Pfade auf Kies und Asphalt mit einigen geringen Steigungen

Ausgangspunkt
Parkplatz vor dem Bahnhof Nimburg, 1 km von Nimburg entfernt (GPS: N48°06'21.8" E07°45'37.1")

Anfahrt
Auto: A5 Ausfahrt Teningen, dann nach Nimburg. Bahn: Von Riegel und Breisach. Bus: Linien 101, 105, 8 von Riegel und Emmendingen

Einkehr
Gasthaus Kaiserstuhl, 79331 Nimburg, Breisacher Straße 17, Tel: 07663/22 61, www.guldenfels.de
Landgasthof Rebstock, 79331 Bottingen, Wirtstraße 2, Tel: 07663/93 500, www.rebstock-bottingen.de

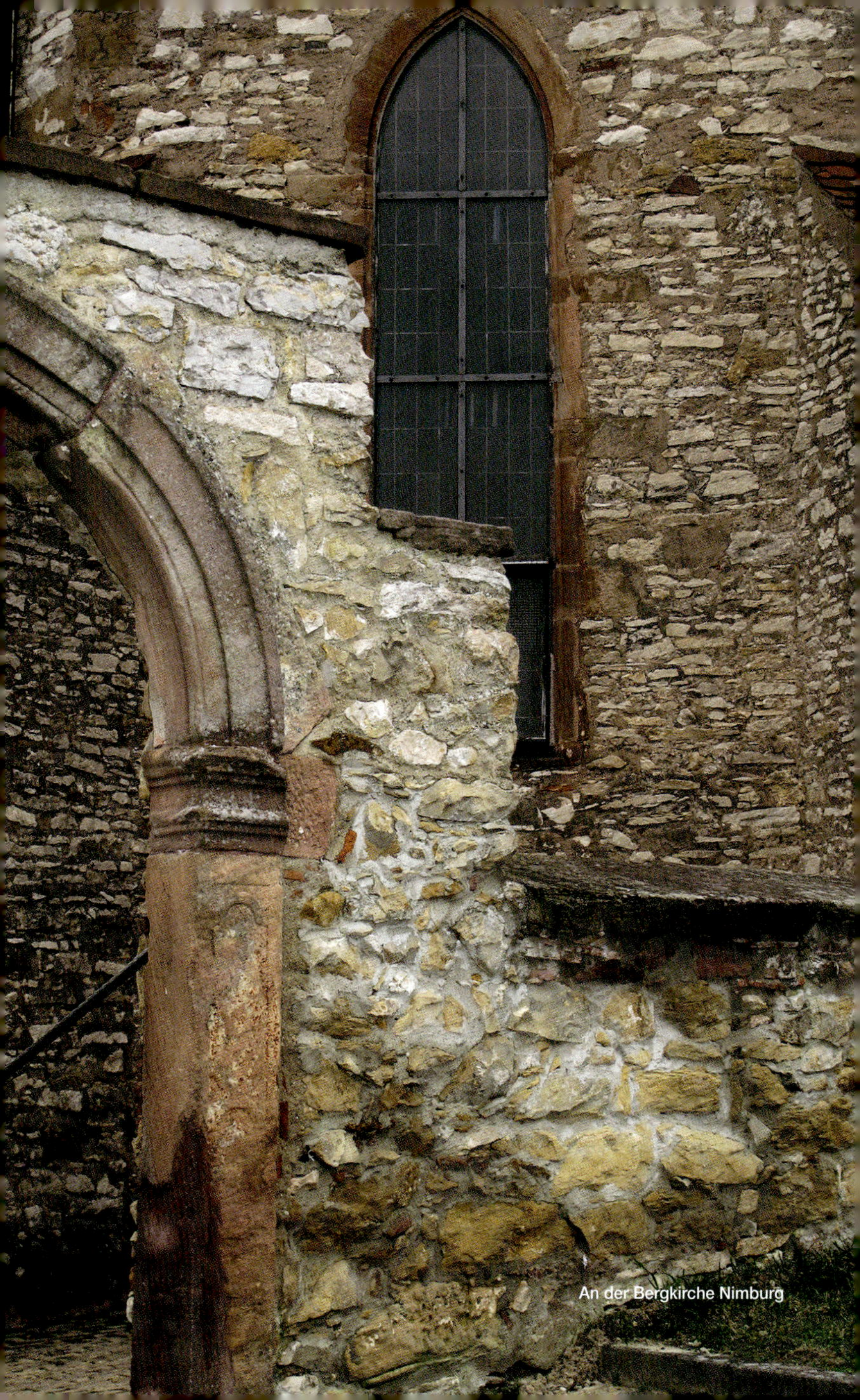

An der Bergkirche Nimburg

auch Funde aus der römischen Zeit und Artefakte aus der Steinzeit zu Tage gefördert.

Etwa 200 Meter unterhalb der Bergkirche findet sich an der Kreuzung das Kinderbrünnele, eine immer sprudelnde Quelle, um die sich diverse Sagen ranken. Hier wandern wir geradeaus auf den alten Kirchenpfad, von dem sich schöne Rückblicke auf die Bergkirche zeigen. In Nimburg gehen wir die Straße Im Klettenacker ganz hinunter und achten dabei nicht mehr auf die Markierung gelbe Raute. Die Verlängerung ist die Kaiserstuhlstraße, die wir bis zum Ende durchgehen. Dort laufen wir links auf der Breisacher Straße die 900 Meter zum **Bahnhof Nimburg** E (3:30 Std.) zurück.

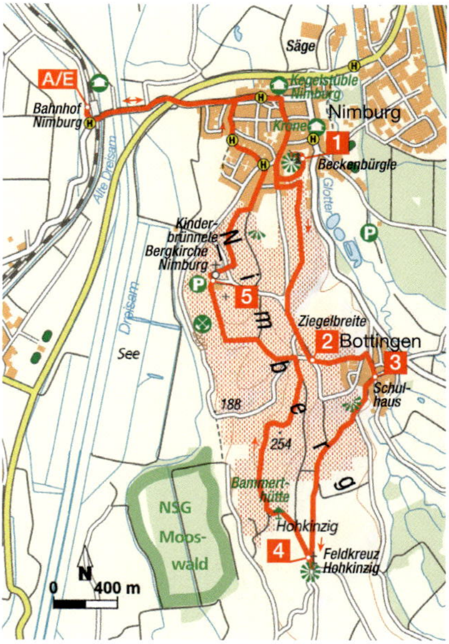

Kleinräumige Biotope auf dem Nimberg

Liegen auch auf dem Nimbergplateau großflächige Rebflächen, so blieben insgesamt doch mehr kleinräumige Lebensbereiche erhalten als im Kaiserstuhl. Am Nimberg wurde nie eine Flurbereinigung wie im Kaiserstuhl und am Tuniberg durchgeführt. So blieben alte Hecken und Raine in ihren Kleinbiotopen erhalten. Am Nimberg sind auch noch viele alte, solitäre Obstbäume mit ihrem Lebensraum für Hohlenbrüter erhalten. Der Nimberg hat die größte Feldhasenpopulation im Breisgau. Der Feldhase, der Dachs und das Rebhuhn sind eben auf diese kleinräumigen Biotope mit vernetzten Rückzugsmöglichkeiten angewiesen.

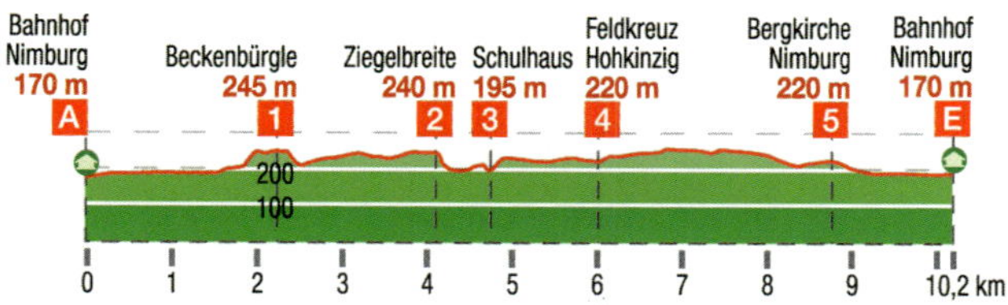

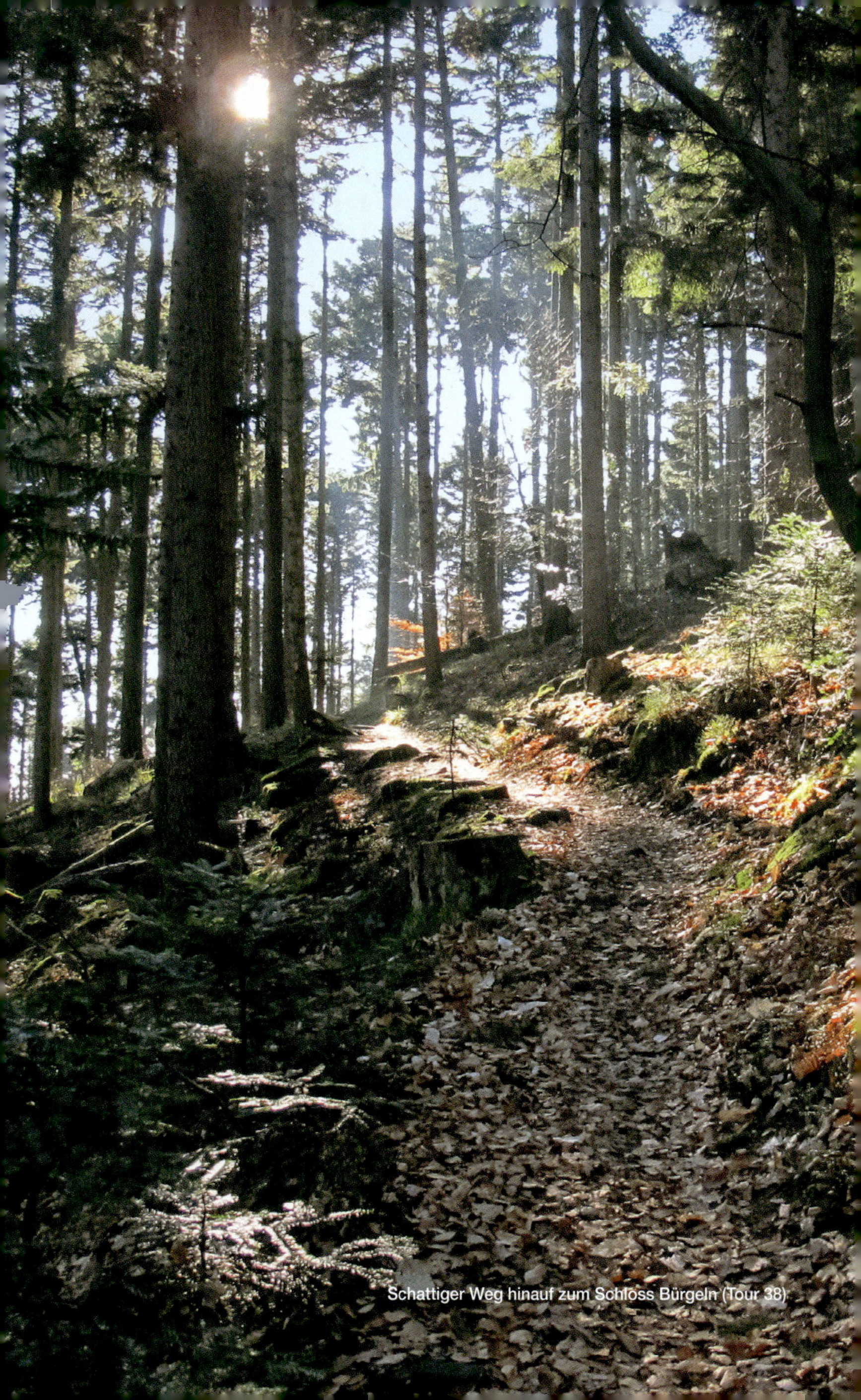
Schattiger Weg hinauf zum Schloss Bürgeln (Tour 38)

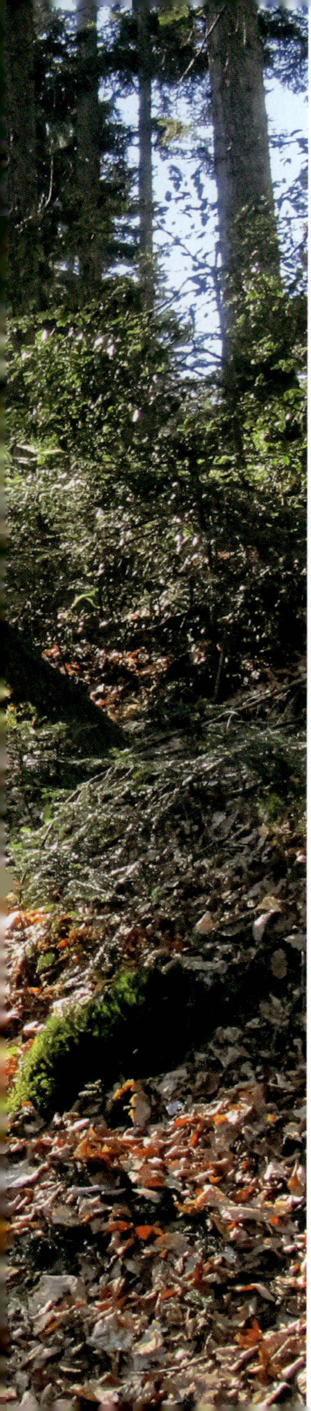

Top 5

Abseits des Trubels

Durch den Rheinauewald bei Wyhl

Geheimnisvolle, glitzernde Altwasserarme des Rheins und eine interessante Vogelwelt (Tour 1)

Panoramaweg um Bischoffingen

Wenige Wanderer genießen diese schönen Panoramen. (Tour 7)

Vom Hexental auf den Schönberg

Mit wunderbarer Aussicht auf das Hexental und Freiburg (Tour 25)

Zur Burg Neuenfels

Schauerliche Sagen ranken sich um die in schattigen Wäldern versteckte Burgruine Neuenfels. (Tour 35)

Hinauf zum Schloss Bürgeln

Die Wanderung verläuft durch Obstbaumflächen und schattigen Hochwald. (Tour 38)

22 3:30 Std. ↑ 190 Hm ↓ 190 Hm ↔ 10,2 km

Von Gottenheim über den Tuniberg

Vom Weinort Gottenheim, dem nördlichen Eintrittstor des Tunibergs, steigt die Wanderung durch Hohlwege hinauf in die Weinberge und setzt sich auf dem netten Rebhisliweg fort, der an eher kleinräumigen Rebflächen vorbeiführt. Auf dem Rückweg liegen die Reste eines römischen Bades.

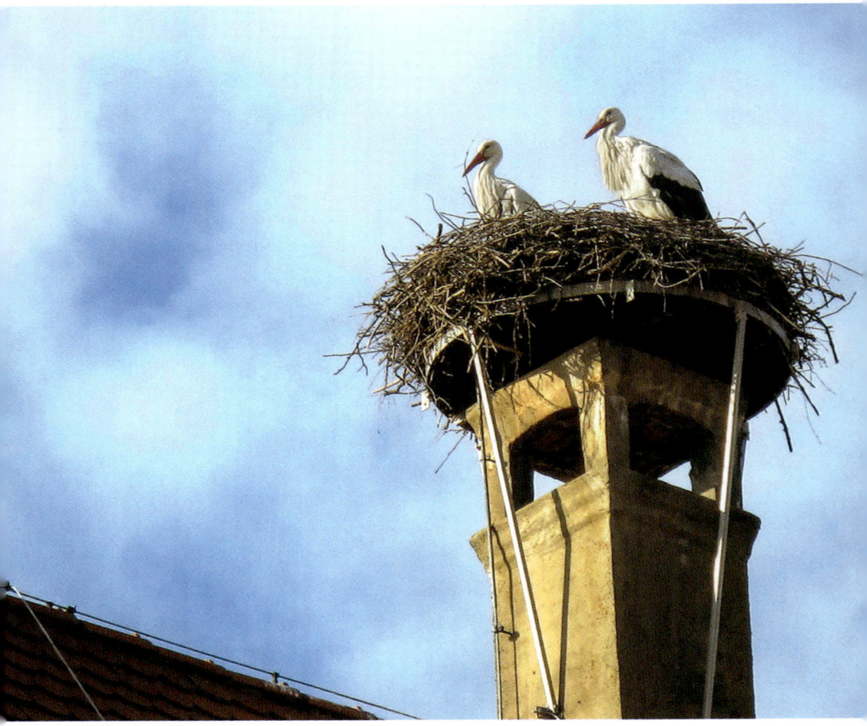

Störche brüten auch in Gottenheim.

Der Wegverlauf

Vom Parkplatz vor dem **Bahnhof Gottenheim** A starten wir in die Bahnhofstraße nach Süden und biegen links in die Hauptstraße. Am Weingut und Strauße Hess und am schönen Rathaus mit Treppengiebel

Tourencharakter
Anfangs leichter Aufstieg, dann sonnige Weinbergwege auf Asphalt- und Erdwegen

Ausgangspunkt
Parkplatz vor dem Bahnhof Gottenheim (GPS: N48°03'05.7" E07°43'35.1")

Anfahrt
Auto: A5 Ausfahrt Freiburg Mitte, dann nach Gottenheim. Bahn: Von Freiburg oder Breisach. Bus: Linien 33, 35 von Freiburg

Einkehr
Hunne-Strauße, 79288 Gottenheim, Rathausstraße 2, Tel: 07665/62 07, www.weingut-hunn.de
Restaurant Zur Krone 79288 Gottenheim, Hauptstraße 57, Tel: 07665/67 12, www.krone-gottenheim.de

biegen wir rechts in die Rathausstraße und laufen an der Hunne-Strauße vorbei. Da stehen schon zwei Straußenwirtschaften für die Einkehr nach der Wanderung zur Auswahl. Nach der Hunne-Strauße gehen wir links den gesperrten Weg zur **Kirche** **1** (0:10 Std.) hoch, nicht ohne die Störche auf dem Turm zu beobachten. Die katholische Kirche St. Stephan ist das Wahrzeichen von Gottenheim. Auf dem Seitenaltar ist ein bedeutendes Bildnis, das St. Gallus am Bodensee predigend zeigt. Das Bild ist aus dem Jahr 1892 und wurde von Johannes Cahn geschaffen.

Nach der Kirche folgen wir links der Rebhisli-Tour am Friedhof vorbei einen Hohlweg hinunter. Die Rebhisli-Tour führt durch interessante kleinräumige Wein- und Obstbaumflächen mit vielfältigen Lebensräumen. Auf der gesamten Rebhisli-Tour werden auch Heilkräuter vorgestellt. An einem größeren Hohlweg gehen wir aufwärts. An der Madonna im Weinberg bleiben wir geradeaus und sind auch ein Stück auf dem Burgunderpfad, der über den gesamten Tuniberg verläuft. Aber 100 Meter nach der Madonna verlassen wir den Burgunderpfad nach links und orientieren uns vorerst nur noch an der Rebhisli-Tour. Auf dem **Wasserbehälter** **2** (0:30 Std.) bietet sich eine gute Aussicht über Freiburg in den Schwarzwald und zurück über Gottenheim. Gottenheim hat eine leidvolle Geschichte: 1350, 1564 und 1633 kam die Pest nach Gottenheim und löschte ganze Familien aus. Im Dreißigjährigen Krieg überfielen die Breisacher die bei Gottenheim stehenden Schweden, dabei wurde das Dorf zerstört, von der Kirche blieb nur der Turm stehen.

Vom Wasserbehälter steigen wir die Treppe hinab und gehen links weiter und an der Hohlwegkreuzung wieder links. Schließlich stoßen wir an einer Kreuzung auf eine breitere Weinbergstraße, an dem ein Stein mit der Aufschrift **»Wölfle«** **3** (1:10 Std.) steht. Hier gehen wir rechts und dann links, dem Pfeil für die Rebhisli-Tour folgend, an einem Rebhisli vorbei, an dem eine große Fichte steht. An der

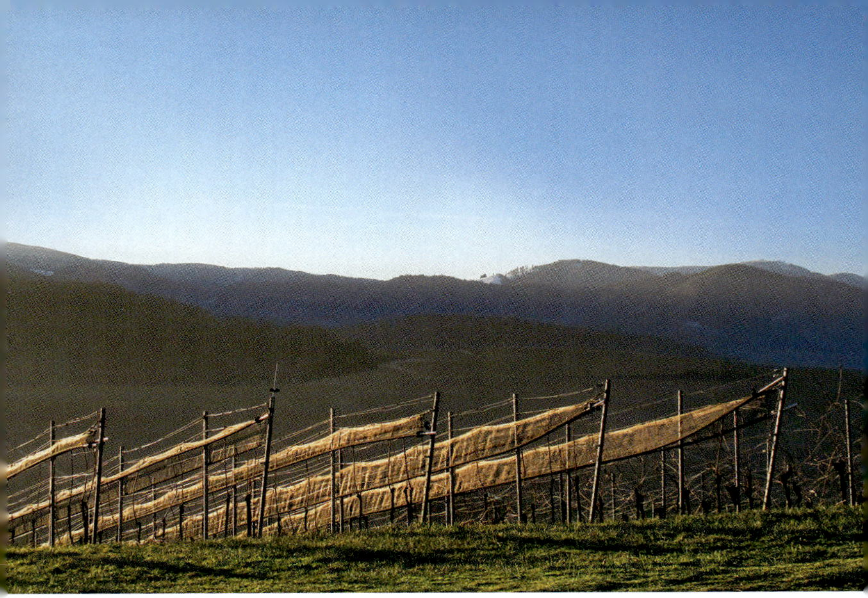

Abendbeleuchtung in den Reben auf dem Tuniberg

folgenden Y-Kreuzung laufen wir rechts und unten an der ersten Kreuzung links in einem Tal an Feldern vorbei. An der Kreuzung mit der Baumgruppe gehen wir rechts an einem hölzernen Wegkreuz vorbei auf den Tuniberghöhenweg hinauf. Zehn Meter nach einem steinernen Wegkreuz mit erhöht liegender Ruhebank wandern wir auf dem Wiesenweg zwischen Obstbäumen und Rebfläche abwärts. Am Ende der Obstbäume schlendern wir den fast zugewachsenen, romantischen Hohlweg hinunter. Am Schild »Kelten und Römer am Tuniberg« sehen wir unten in der Ebene ein Dach, das die Reste des römischen Bades schützt. Im 1. Jahrtausend v. Chr. bewohnten Kelten den Tuniberg, weil sie natürlich auch fruchtbare Lössgebiete und ein ausgesprochen mildes Klima für ihre Siedlungen bevorzugten. Der Name Tuniberg entstammt dem keltischen Wort »Tuni«, was Zaun bedeutet. Ab dem 1. Jahrhundert v. Chr. lebten hier Römer in Gutshöfen, die »Villa rustica« genannt werden, und betrieben Landwirtschaft, Wein- und Obstbau.
Hier an der Informationstafel wandern wir nach links und nach der kleinen Pferdekoppel und dem Gartenhaus nach rechts in die Ebene hinunter. Unten in den Feldern gehen wir rechts auf die drei Walnussbäume zu, deren Stämme auffällig weiß gekalkt sind. Am Jagdansitz am Waldrand spazieren wir links und im Wald noch einmal links zum **Römischen Bad** 4 (2:15 Std.) mit Informationstafeln.

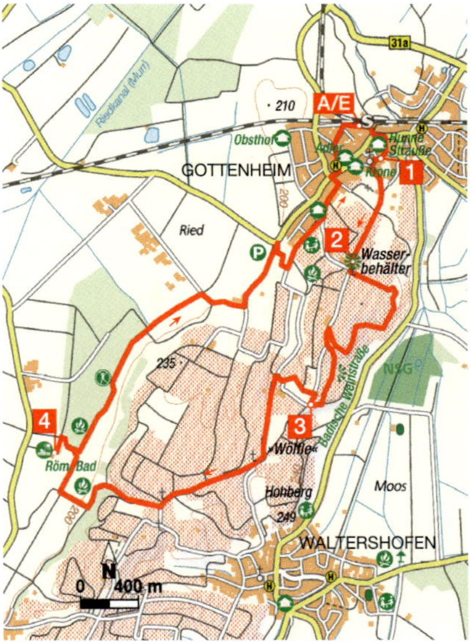

Nach der Besichtigung gehen wir zurück zu dem Jagdansitz und wandern nach diesem links den langen Waldrand entlang. Am Waldende gehen wir geradeaus an einer Schranke vorbei. An der Kreuzung mit einer Asphaltstraße gehen wir rechts auf die Straße Im Ried. An der Böschung wenden wir uns nach links und an einer weiteren Böschung wieder links. Kurz vor der stark befahrenen Straße zwischen Wasenweiler und Umkirch gehen wir in spitzem Winkel nach rechts hoch auf eine ruhigere Route. Oben halten wir uns links und an der Carl-Frey-Straße rechts hoch. An der T-Kreuzung wandern wir nach links in die Tunibergstraße. Am Gasthof Krone gehen wir rechts und am Gasthof Adler links in die Schulstraße. Vielleicht auch geradeaus, wer noch in den zu Anfang erwähnten Straußen einkehren möchte. Vor der Schule gehen wir rechts zum **Bahnhof Gottenheim** E (3:30 Std.) zurück.

Gottenheimer Rebhisli

In den Gottenheimer Weinbergen stehen noch mehr als 100 der sogenannten Rebhisli (Weinberghütten). Im Gottenheimer Gebiet wurde keine Flurbereinigung durchgeführt wie in vielen anderen Rebenlandschaften. Daher gibt es in den Gottenheimer Weinbergen auch noch viele typische Kleinterrassen, kleinräumige Wein- und Obstbaumflächen, schmale Feldwege und Böschungen mit wertvollen kleinen Lebensräumen für Pflanzen, Reptilien, Insekten und Vögel.

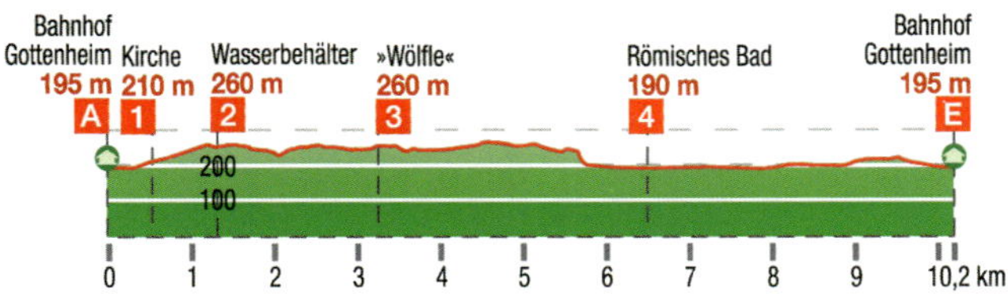

23 4:30 Std. ↑ 280 Hm ↓ 280 Hm ↔ 13,0 km

Von Munzingen über den Tuniberg

Vom Weinort Munzingen an der südlichen Spitze des Tunibergs führt diese Tour hinauf auf die Rebflächen zur Erentrudiskapelle, dem Wahrzeichen des Tunibergs. Weiter über den aussichtsreichen Attilafelsen und die Griestal-Strauße geht es in den Weinbergen zurück nach Munzingen.

Der Wegverlauf

Vom **P+R-Parkplatz** **A** laufen wir auf der Windhäuslegasse nach Nordwesten aufwärts. An der Y-Kreuzung nach den letzten Häusern wandern wir links am Sportplatz vorbei und kommen zum oberen Steingrüble. Dies ist eine Abbruchwand eines alten Kalksteinbruchs. In einer Höhle gab es frühsteinzeitliche Besiedelungsfunde. Am oberen Steingrüble geradeaus vorbei gehen wir auf dem Burgunderpfad aufwärts. Hier ist zu sehen, dass auf dem Kalksteinuntergrund eine Lössschicht aufliegt, die auch zu den Gesteinen gezählt wird. An der **Erentrudiskapelle** **1** (0:30 Std.), Ende des 17. Jahrhunderts auf dem Kapellenberg erbaut, ergibt sich eine großartige Aussicht vom Schwarzwald über

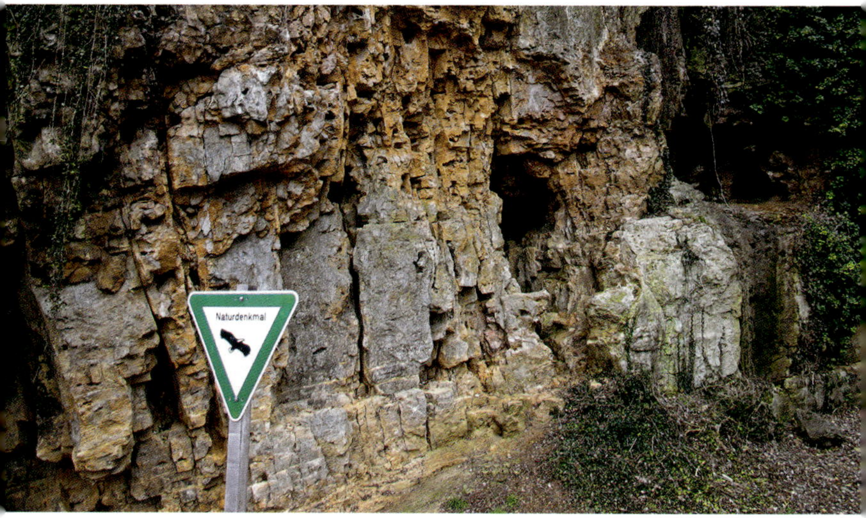

Sehenswerter Steinbruch oberhalb von Munzingen

Freiburg und bis zu den Vogesen. Hier oben auf dem Kapellenberg sind 6000 Jahre Siedlungsgeschichte nachweisbar.
Vom Eingang der Kapelle fällt ein kleiner Weg den Hang nach Westen hinab. Geradeaus gehen wir auf der asphaltierten Weinbergstraße weiter und orientieren uns an der Richtung Attilafelsen. An der Kreuzung mit dem Flurbereinigungsdenkmal wenden wir uns nach links auf den Panoramarundweg. An einer Y-Kreuzung gehen wir rechts hoch und kommen an eine T-Kreuzung am geologischen Aufschluss Hauptrogenstein. Die Entstehung dieser seltenen geologische Formation reicht in die Zeit der Saurier zurück. Vor 170 Millionen Jahren lagerte sich in einem Jurameer um Kristallisationskerne Kalk ab, die an Fischrogen erinnern.
An dieser Kreuzung vor der Felswand gehen wir links auf den 315 Meter hohen Berg. Dort oben breitet sich die Aussicht auf den Rhein, Breisach und den Kaiserstuhl aus. An der kleinen T-Kreuzung laufen wir rechts und nach 20 Metern an der großen Kreuzung links Richtung Attilafelsen, begleitet von der Muschel des Jakobswegs. An der T-Kreuzung mit Blick auf Ober- und Niederrimsingen verlassen wir rechts den Jakobsweg schon wieder und bleiben auf der Hangkante. An einer Y-Kreuzung gehen wir links Richtung Maiblumengasse und folgen nach 100 Metern der gelben Raute, links an einem gemauerten Rebhäuschen vorbei auf den Panoramaweg über Niederrimsingen. An einer Sechswegekreuzung mit einem **Holz-Wegkreuz** 2 (1:45 Std.) nehmen wir die zweite Straße rechts aufwärts Richtung Attilafelsen. Fast ganz oben an der Y-Kreuzung wandern wir nach links auf dem Naturweg weiter, bald mit Blick voraus auf Breisach mit dem markanten Münsterberg. An einer Rechtskurve schauen wir dann auf die Weinlage Attilafelsen vor dem Kaiserstuhl. Am Beginn des Asphaltbelags steigen wir links die Treppe hinunter und kommen unten auf der Straße zum Parkplatz mit Picknicktisch. An der Kreuzung unterhalb des **Atillafelsen** 3 (2:10 Std.) gehen

Tourencharakter
Überwiegend asphaltierte, sonnige Weinbergwege mit einigen geringen Auf- und Abstiegen

Ausgangspunkt
Park-and-Ride-Parkplatz an der Windhäuslegasse (Endhaltestelle der Buslinien) (GPS: N47°58‘02.6“ E07°41‘43.2“)

Anfahrt
Auto: A5 Ausfahrt Freiburg Süd, dann nach Munzingen. Bus: Linien 33, 35 von Freiburg

Einkehr
Griestal-Strauße, 79112 Opfingen, Griestal 2, Tel: 07664/40 06 75, www.griestal-strausse.de
Hotel Restaurant s'Badische Wirtshaus im Schloss Reinach, 79112 Munzingen, St.-Erentrudis-Straße 12, Tel: 07664/40 70, www.schlossreinach.de

23

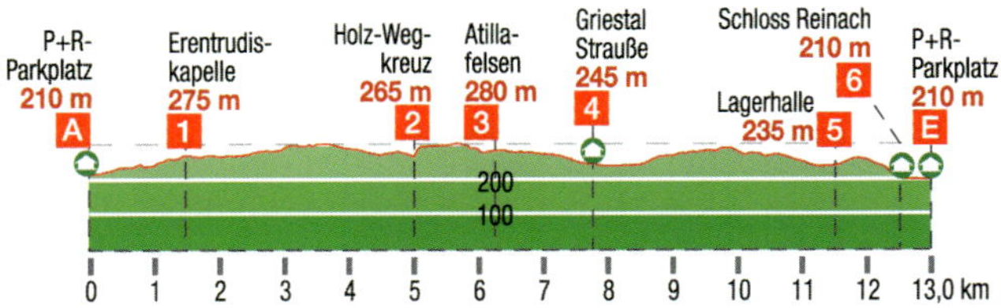

wir rechts und nach 100 Metern an der Y-Kreuzung ohne Markierung links. An der ersten T-Kreuzung an den niedrigen Lösswänden laufen wir rechts hinab. Das schmale Asphaltsträßchen macht an den drei Walnussbäumen eine Linkskurve um das Hennenschweiftal. An der T-Kreuzung unter der Stromleitung gehen wir rechts ein Stück auf dem Eidechsenpfad und schauen gleich hinunter in das Griestal, in dem einige Gehöfte stehen. Im Tal wandern wir an der T-Kreuzung rechts und werden von der gern besuchten **Griestal-Strauße** 4 (2:40 Std.) zur Einkehr verleitet.

An der Griestalstraße wandern wir dann, wieder erstarkt, links an den Parkplätzen vorbei aufwärts und oben auf dem Tunibergostweg nach rechts mit Ausblicken auf beide Seiten. An einer Kreuzung mit einem Grenzstein von 1748 laufen wir geradeaus Richtung Munzingen. Schon

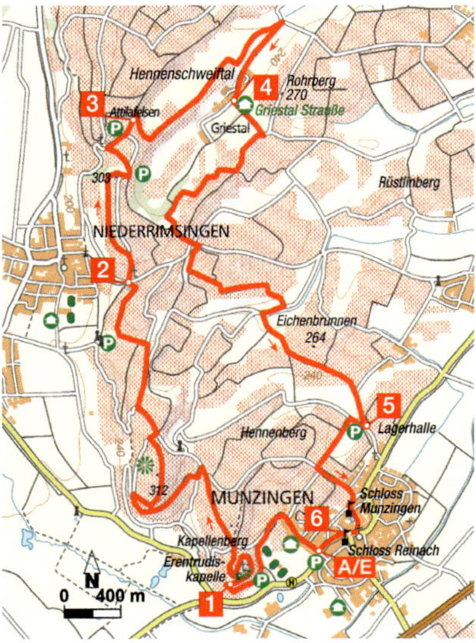

nach 30 Metern gehen wir in spitzem Winkel rechts auf dem Naturweg mit der gelben Raute weiter. An der T-Kreuzung kurz nach dem Beginn des Asphaltbelages bleiben wir geradeaus, an dem Weinberghäuschen vorbei. Unten im Wolkental laufen wir an der T-Kreuzung rechts und an der Kreuzung mit den zwei großen Birken inmitten von Feldern links hinauf. An der Y-Kreuzung weiter oben wandern wir links und dann geradeaus über die Kreuzung mit den zwei großen Spitzahornen. Vor der **Lagerhalle** 5 (4:00 Std.) des Winzervereins Munzingen schlendern wir rechts auf eine weitere Lagerhalle zu. An der T-Kreuzung nach der zweiten Lager-

halle gehen wir links den Lösshohlweg Kinziggasse hinunter. An der mächtigen Linde laufen wir rechts in den Dorfgraben und dann links den Schlossbuck am reich verzierten Renaissanceschloss vorbei. Das Schloss Munzingen wird immer noch von der Gräflichen Familie von Kageneck bewohnt. Ihr Vorfahr Johann Friedrich Reichsfreiherr von Kageneck ließ es 1672 erbauen. Im Jahr 1745 gefiel den Schlossherren dann der Rokokostil besser, und es wurde entsprechend umgebaut. Nach der Schlossmauer sehen wir auf der anderen Seite der Straße einen kleinen Rundturm, »Gigili« genannt. Es ist der Überrest eines Wasserschlosses, das im Dreißigjährigen Krieg zerstört wurde. An dem Platz vor der Schlossmauer gehen wir rechts den Fußweg zwischen den Häusern hinab direkt auf das Tor von **Schloss Reinach** 6 (4:20 Std.) zu. Auf der St.-Erentrudis-Straße weiter am Schloss Reinach rechts vorbei sind wir bald wieder zurück am **P+R-Parkplatz** E (4:30 Std.).

Munzinger Geschichte

Die Endung »-ingen« im Ortsnamen zeigt, dass Munzingen eine Gründung der Alemannen ist. Schriftlich wurde Munzingen das erste Mal 845 genannt. Im Mittelalter herrschten das Geschlecht der Üsenberger und die Herren von Staufen über den Ort. Die Habsburger hatten die Macht zur Zeit der vorderösterreichischen Führung, daher blieb der Ort katholisch. Es folgte die badische Markgrafenzeit. Heute ist Munzingen als Spargel- und Burgunderanbaugebiet bekannt.

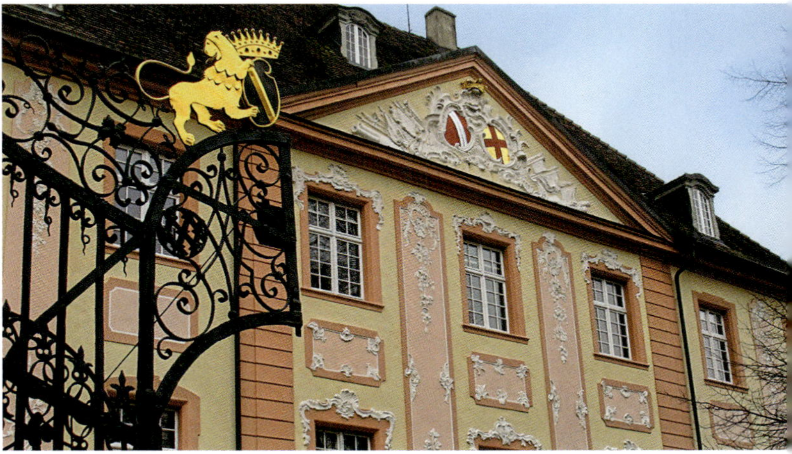

Das Schloss Munzingen

24 3:30 Std. ↑ 300 Hm ↓ 300 Hm ↔ 9,6 km

Von Ebringen zur Schneeburg

Die Wanderung beginnt in Ebringen, dem ältesten urkundlich erwähnten Weinbauort des Markgräflerlands. Auf dem bewaldeten Schönberg ist die Schneeburg das Ziel. Am aussichtsreichen Rückweg liegen das Schloss von Ebringen und Häuser aus dem 16. und 17. Jahrhundert.

Der Wegverlauf

Vom **Bahnhof Ebringen** A steigen wir hinauf zur Straßenbrücke und gehen nach links auf der Schönbergstraße nach Ebringen hinein. Immer geradeaus wird die Straße dann zur Friedhofstraße, zum Dammenweg und später zur Straße Im Tirol. An der T-Kreuzung gehen wir links und wieder an der Schönbergstraße rechts. An einer Y-Kreuzung halten wir uns rechts bis kurz vor dem **Parkplatz** 1 **(1:00 Std.)** an der Straße. Hier gehen wir links den Weg in Richtung Gasthaus Schönberghof hoch. An einer Y-Kreuzung nach dem Wald halten wir uns links. An der Kreuzung mit Aussicht auf Freiburg und Schneeburg wandern wir links an einem steinernen Wegkreuz

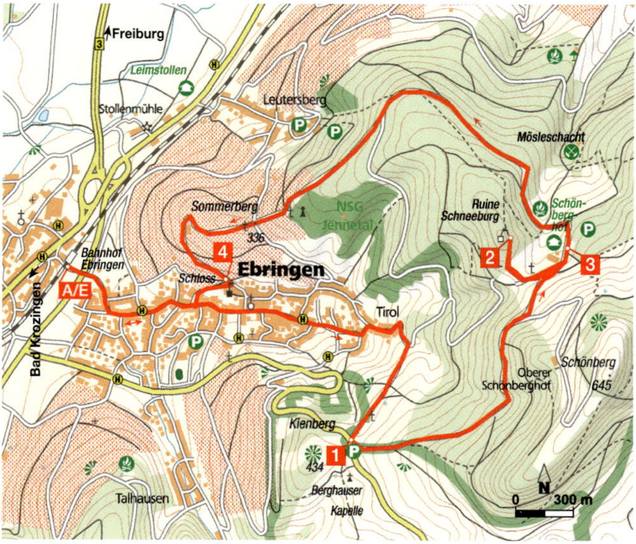

vorbei. Etwa 100 Meter nach der Kreuzung steigen wir nach rechts zur **Schneeburg** 2 (1:50 Std.) hoch. Die Ruine und die Aussicht sind den Aufstieg wert. Wer nicht einkehren möchte, kann von der Schneeburg aus direkt nach Ebringen hinabwandern.

Wir steigen wieder hinunter zur Kreuzung am steinernen Wegkreuz und gehen zum Gasthaus **Schönberghof** 3 (2:00 Std.) hinunter, das sich zur Einkehr anbietet. Am Gasthaus vorbei und an der T-Kreuzung links geht es nun abwärts. An einem kleinen Parkplatz am Beginn der Rebflächen wandern wir zum **Schloss** 4 (3:10 Std.) hinunter. Weiter unten steht die Kirche St. Gallus und Otmar, die zu den bedeutendsten Sakralbauten des Breisgaus zählt. Die Seitenaltäre sind eine Besonderheit der Kirche. Wir aber gehen vor dem Schloss den Sommerbergweg hinunter und stoßen auf die Schönbergstraße. Auf dieser kommen wir nach rechts zum **Bahnhof Ebringen** E (3:30 Std.) zurück.

Tourencharakter
Stetiger Aufstieg zum Teil auf schattigen Waldwegen, aber auch sonnige Panoramawege

Ausgangspunkt
Bahnhof in Ebringen, Autofahrer parken an der Winzergenossenschaft Wolfenweiler (GPS: N47°57'39.5" E07°46'02.2").

Anfahrt
Auto: A5 Ausfahrt Freiburg Süd, dann nach Ebringen. Bahn: Von Freiburg und Bad Krozingen. Bus: Linie 7240 von Freiburg

Einkehr
Gasthaus Schönberghof, 79285 Ebringen, Oberer Schönberghof 1, Tel: 07664/72 22, www.gasthaus-schoenberghof.de

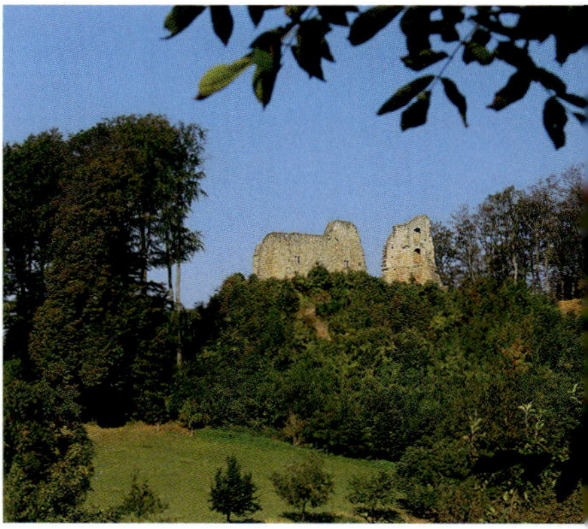

Die Ruine Schneeburg steht auf einem Nebengipfel des Schönbergs.

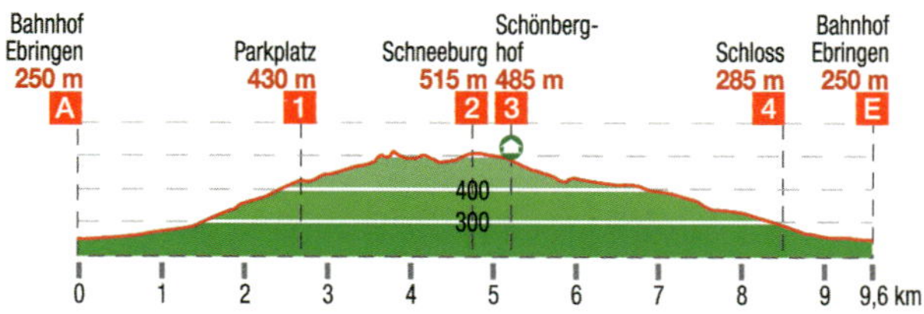

25 2:10 Std. ↑ 210 Hm ↓ 210 Hm ↔ 7,4 km

Abseits des Trubels

Vom Hexental auf den Schönberg

Die Wanderung beginnt im Freiburger Stadtteil Vauban und führt über das Jesuitenschloss und Stiftungsweingut Freiburg auf den Schönberg mit wunderbarer Aussicht auf das Hexental und Freiburg. Durch das liebliche Hexental geht der Weg entlang des Dorfbachs zurück zum Ausgangspunkt.

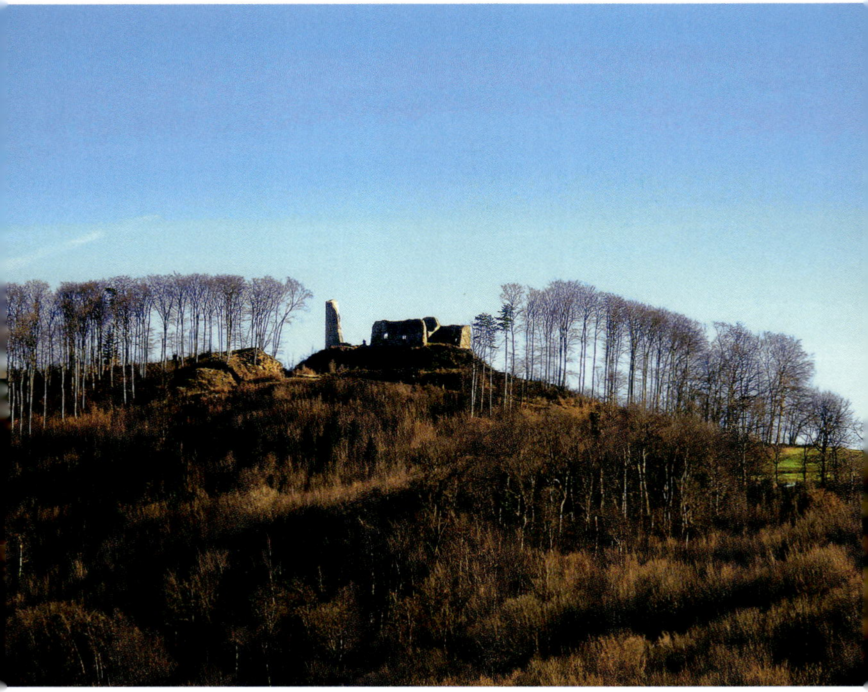

Die Schneeburg am Schönberg

Der Wegverlauf

Die Wanderung beginnt im Freiburger Stadtteil Vauban. Autofahrer parken an der Solargarage Vauban in der Merzhauser Straße. Von der Trambahnhaltestelle am **Paula-Modersohn-Platz** **A** gehen wir die Vaubanallee in östliche Richtung. Nach der Rahel-Varnhagel-Straße wandern wir links zwischen den Wohnblöcken hindurch und über den Dorfbach, dem wir nach links folgen. Danach stoßen wir auf die Straße Am Reichenbach und gehen geradeaus in die Straße Im Ried. Am Ende der Straße wenden wir uns nach rechts auf den Schlossweg, der dann später Im Grämeracker heißt. Etwa 20 Meter nach der Kreuzung mit dem Friedhofweg steigen an dem Steinkreuz rechts ein Fußweg und Treppen zwischen den Häusern hoch. Am Ende der Treppen gehen wir vor der Obstwiese links auf dem asphaltierten Schlangenweg in Serpentinen hoch. In den Weinbergen öffnet sich bereits der Blick über Vauban und das Hexental. In der zweiten Rechtskehre nehmen wir links den kleinen Fußweg durch die Reben. Am Weinbergweg gehen wir rechts und nach zehn Metern links zur **Kapelle** 1 (0:30 Std.) »Heiligtum der Berufung«. Wir wandern links an der Kapelle vorbei und rechts die Schlosssteige hinauf. An der Schlossmauer entlang kommen wir zum oberen Eingang zum **Jesuitenschloss** 2 (0:40 Std.). Wir durchqueren das Schloss und genießen am unteren Tor die Aussicht über Freiburg. Die Jesuiten erhielten das Gut 1635 von der Familie Schnewlin-Bernlapp als Schenkung, 1773 fiel es an Vorderösterreich. Heute ist das Weingut der Freiburger Heiliggeistspitalstiftung im Schloss ansässig. Der hervorragende Aussichtsplatz ist beliebter Ausflugsort der Freiburger. Die »Probierstube« und die »Zunftstube der Rebleute zur Sonne« laden zur Einkehr. Nach dem unteren Tor wandern wir nach links Richtung Schönberg über Wiesen weiter hinauf. Am ersten Abzweig steigen wir rechts nun steiler aufwärts. Aus der langen Schlehenhecke klingen verschiedenste Vogelstimmen im geschäftigen Brutgeschehen. Oben am Waldrand gehen wir jetzt auf fast ebenem Waldweg nach links für einige Zeit im schattigen Laubwald. An der Wiese bleiben wir geradeaus Richtung Dürrstein. Hier könnte am **Abzweig Schönberg** 3 (1:00 Std.) die Tour auf den Schönberg verlängert werden. Der 644 Meter hohe Schönberg ist gewissermaßen der Hausberg von Ebringen. Fundstücke von Mammut- und Wollnashornknochen

Tourencharakter
Anfangs ebener Weg, dann sonnige Wege durch Weinberge und Wiesen mit einigen Steigungen

Ausgangspunkt
Trambahnhaltestelle Paula-Modersohn-Platz, Solargarage Vauban (GPS: N47°58'23.2" E07°49'41.8")

Anfahrt
Auto: A5 bis Freiburg Süd, nach Freiburg Vauban oder B3. Straßenbahn: Linien 3, 12. Bus: Linie 12 von Freiburg, Linie 7208 von Freiburg/Bad Krozingen

Einkehr
Café-Restaurant ViKREGo, 79249 Merzhausen, Schlossweg, Tel: 0172/661 80 57, www.vikrego-cafe-freiburg.de

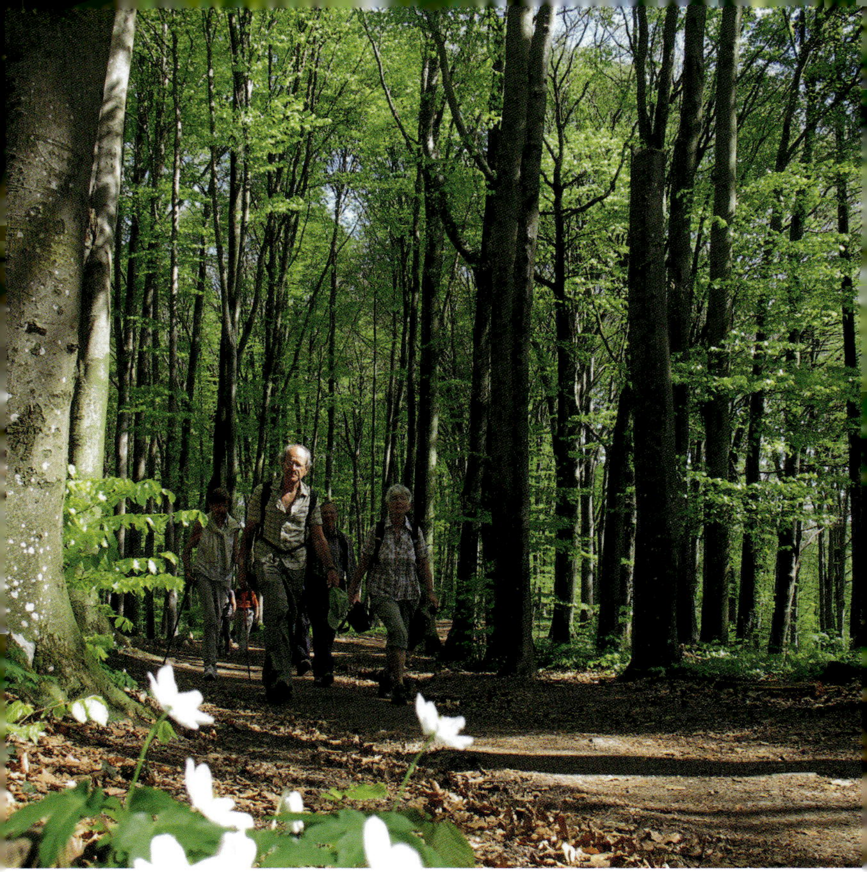

Wanderer oberhalb von Merzhausen

sowie Faustkeile und Speerspitzen zeigen die frühe Besiedelung des Schönbergs. Im Dreißigjährigen Krieg war der Schönberg Schauplatz der Schlacht bei Freiburg. Zwischen 1935 und 1942 betrieb man im Mösleschacht Erzabbau. Heute ist der Schönberg ein beliebtes Ausflugsziel für Naturliebhaber.

Herrlich ist der Blick hinunter in das schöne Hexental. An einer Y-Kreuzung wandern wir links hinunter und an der T-Kreuzung wieder links. Nach fast 200 Metern gehen wir an der T-Kreuzung rechts hinunter. Der Weg wird zur Straße Am Schönberg und führt am alten Gasthaus Adlerburg vorbei Richtung Rathaus und Kirche. Unten an der Dorfstraße gehen wir entlang des Dorfbachs nach links am Restaurant Zur Stube vorbei. An der ersten Brücke steigen wir über den Bach und gehen auf der anderen Seite weiter zum **Rathaus** **4** **(1:40 Std.)** der Gemeinde

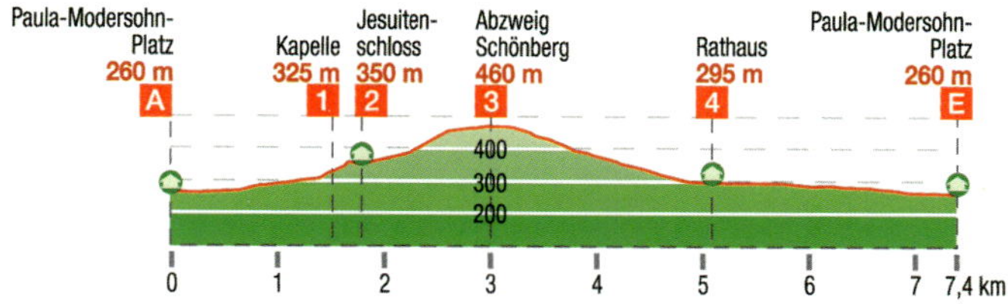

Au. Ab dem Rathaus führt nun der Elmar-Bitzenhofer-Weg entlang des plätschernden Dorfbachs weiter. Der Weg endet an einer Kreuzung mit rotem Steinkreuz und Brunnen. Hier schlendern wir geradeaus in die Alte Straße hinein, am Tennisclub Hexental vorbei. Meist begleitet uns die gelbe Raute. An einer Y-Kreuzung und dann an einer T-Kreuzung bleiben wir jeweils rechts auf der Alten Straße. Nach 40 Metern gehen wir links weiter auf der Alten Straße am Gasthaus Frohe Einkehr vorbei. An einer T-Kreuzung wandern wir links in die Alte Straße und an der Merzhausener Straße rechts an der Solargarage Vauban vorbei. Danach biegen wir links in die Vaubanallee und sind zurück am **Paula-Modersohn-Platz** E (2:10 Std.).

Geologie des Schönbergs

Das Schönbergmassiv ist ein Vorgebirge des Schwarzwalds. Im Süden liegt die Staufener Bucht und im Norden Freiburg. Im Westen erstreckt sich die Rheinebene. Der Schönberg ist als Scholle vom Schwarzwald abgetrennt und liegt in der Bruchzone des Oberrheingrabens. Verwerfungen, Grabenbrüche und Vulkanismus formten die Oberflächenstruktur. Es finden sich sogar zwei vulkanische Tuffschlote und ein Basaltgang. Desweiteren gibt es am Schönberg alte Tongruben. Im unteren Bereich ist das Massiv mit einer mächtigen Lössschicht bedeckt. Nur auf der Ostseite fällt der Schönberg steil in das Hexental ab.

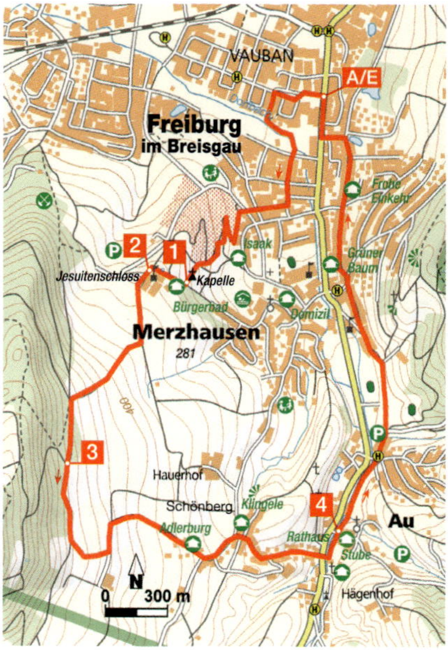

26 3:45 Std. 170 Hm 170 Hm 9,8 km

Batzenberg und Schneckental

Die Wanderung führt von Schallstadt über den solitären Batzenberg, der die Umgebung um fast 100 Meter überragt und damit großartige Aussichten in jede Richtung bietet. Zurück geht es über Kirchhofen mit einer interessanten Kirche und dem Wasserschloss sowie Pfaffenweiler im Schneckental.

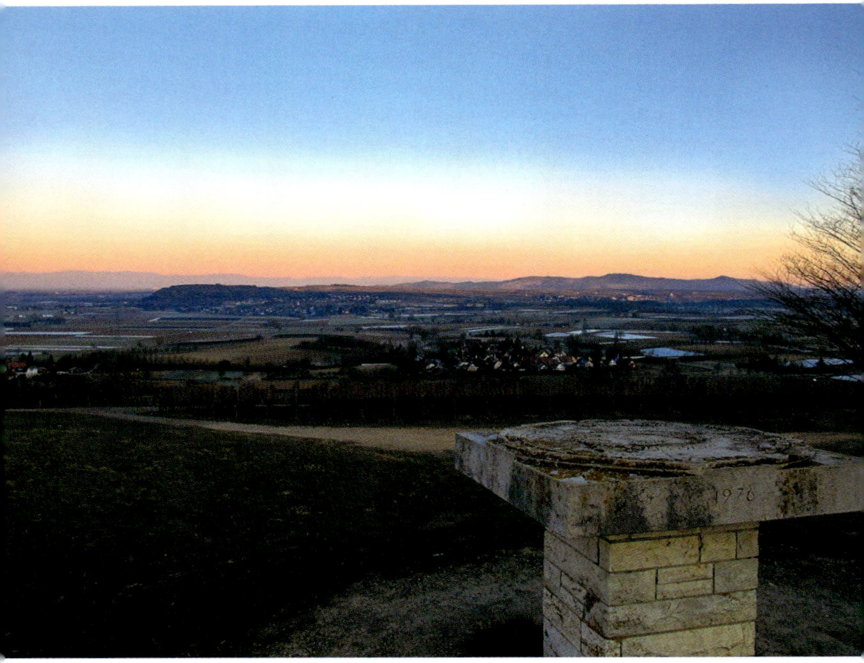

Abend auf dem Batzenberg mit Blick auf Kaiserstuhl und Vogesen

Der Wegverlauf

Vom Parkplatz am **Bahnhof Schallstadt** **A** gehen wir nach Süden, an der B3 links und gleich wieder rechts in die Reben hinauf. Wir bleiben immer auf dem breiteren Hauptweg, der nur aufwärtssteigt. Oben auf dem Rücken des Batzenbergs wenden wir uns nach rechts. Der Weg verläuft in leichten Wellen immer ganz oben auf dem Kamm und führt schließlich zum höchsten Punkt mit dem **Rebendenkmal** **1** (1:10 Std.). Der Batzenberg stellt eine einzige, riesige

Rebenfläche dar und bietet wegen seiner Alleinstellung als abgetrennte Scholle des Schwarzwalds eine überragende Aussichtsplattform. Eine steinerne Platte mit Richtungspfeilen erleichtert die Orientierung. Im Norden blicken wir bis Freiburg, im Osten liegt hinter dem Schneckental mit Pfaffenweiler und Kirchhofen-Ehrenkirchen die Kette der Schwarzwald-Randberge mit dem Schauinsland. Auch die Schneeburg ragt wie ein Scherenschnitt aus dem Schönberg heraus. Im Süden zeichnet sich die Ruine der Burg Staufen ab. Fast sieht der Burgberg wie ein spitzer Vulkan aus. Der Staufener Burgberg ist aber auch nur eine einzeln stehende Scholle in der Rheinebene. Wir müssen im Sinn behalten, dass die Bruchzone des Rheingrabens zwischen Vogesen und Schwarzwald einst 4000 Meter tief absank. Heute ist der Rheingraben mit gewaltigen Ablagerungen auf das jetzige Niveau verfüllt. Im Westen liegen vor der Kette der Vogesen der Tuniberg und der Kaiserstuhl.

Tourencharakter
Anfangs mittlerer Aufstieg, dann sonnige, überwiegend asphaltierte Weinbergwege

Ausgangspunkt
Park-and-Ride-Parkplatz vor dem Bahnhof Schallstadt (GPS: N47°57‘19.3“ E07°45‘07.0“)

Anfahrt
Auto: Über die A5 Ausfahrt Freiburg Süd oder Bad Krozingen, dann nach Osten nach Schallstadt. Bahn: Von Freiburg oder von Bad Krozingen.
Bus: Von Freiburg

Einkehr
Straußе Binzenmühle, 79227 Schallstadt, Waldseemüller-Straße 2, Tel: 0176/27 01 84 44, www.binzenmuehle-strausse.com, Restaurant Zum Ochsen, 79227 Schallstadt, Basler Straße 50, Tel: 07664/613 99 50, www.hotel-ochsen.de

Wir wandern am Denkmal geradeaus vorbei, weiter ab dem Wegkreuz mit Ruhebänken und schöner Sicht auf Kirchhofen abwärts. Der Ort Kirchhofen geht wahrscheinlich auf das 8. Jahrhundert zurück, ist aber erst 1087 das erste Mal urkundlich erwähnt.

Unten kommen wir auf der Brücke über die Schneckentalstraße und gehen an der T-Kreuzung in Kirchhofen rechts in die Lairenstraße. Nach 100 Metern biegen wir links in die Batzenbergstraße ein, die zum schönen Brunnen vor der **Kirche** 2 (1:50 Std.) führt. Die Pfarr- und Wallfahrtskirche Mariä Himmelfahrt verdient genauere Betrachtung. Der große Kirchhof mit den Kastanien gibt dem Ortsmittelpunkt ein heiteres Flair. Die Kirche ist zwar der Spätgotik zuzuordnen, was sich in den Netzgewölben der Seitenschiffe auch noch zeigt, im 18. Jahrhundert erfuhr sie jedoch innen und außen eine deutliche Barockisierung; Stuck und Ausmalung sind in dieser Zeit entstanden. Lediglich das geschnitzte Gnadenbild

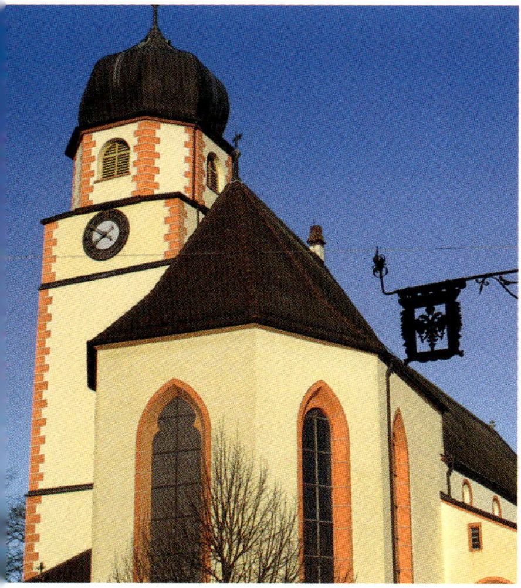

Das Gotteshaus in Kirchhofen

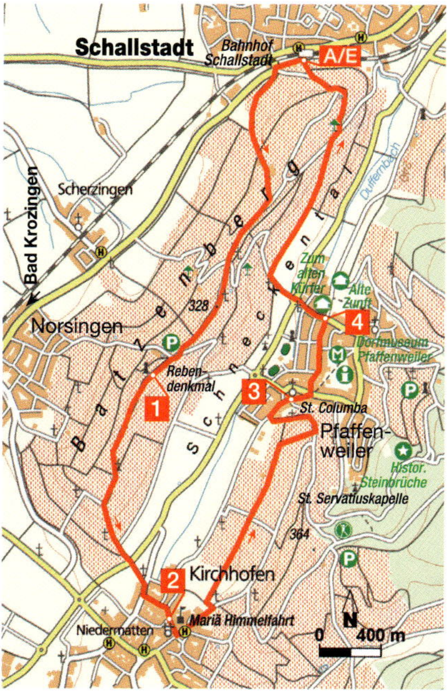

der Muttergottes stammt aus dem 15. Jahrhundert.
Am Gasthaus Adler, das eine gute Einkehrmöglichkeit bietet, wandern wir nach links in die Schlossstraße weiter. Nach 100 Metern liegt links das ehemalige Wasserschloss Kirchhofen mit seinen schmucken Ecktürmen. Nachdem im Bauernkrieg 1525 das Schloss verwüstet wurde, erwarb der kaiserliche Rat und Feldoberst Lazarus von Schwendi das Gebäude und ließ es zu seinem Herrschafts- und Wohnsitz ausbauen. Er gründete auch das Spital und die Schule, die später im Schloss untergebracht wurden. Weiter in der Schlossstraße kommen wir an eine Gabelung in den Reben. Hier gehen wir links an dem quaderförmigen Stein mit Kreuz entlang. Links unten läuft der kleine Duffenbach durch das Schneckental. Immer geradeaus in den Weinbergen stoßen wir oberhalb Pfaffenweilers auf eine T-Kreuzung, an der wir auf der Bellenstraße nach links abwärtslaufen. Unten in Pfaffenweiler schlendern wir rechts in den Kirchhofer Weg, der zur Kirchstraße wird und direkt an der **Kirche St. Columba 3 (2:40 Std.)** vorbeiläuft. Der Turm und andere Bereiche stammen aus dem 14. Jahrhundert. Innen gibt es Reste von Fresken aus dem 15. Jahrhundert mit der Darstellung von Szenen aus dem Leben der hei-

ligen Columba. In den 1970er-Jahren wurde die Kirche zu einem achteckigen Bau vergrößert. Alte Bauteile stehen kontrastreich neben solchen aus modernen Zeiten.
Nach der Kirche überqueren wir unten geradeaus die Weinstraße, hinein in die Mittlere Straße. Weiter rechts im Ort liegt am Rathaus das Dorfmuseum mit den Themenbereichen »Wein« und »Stein«. Das Motiv »Wein« nimmt Bezug auf die lange Geschichte des Weinbaus in Pfaffenweiler. Schon im 8. Jahrhundert haben Winzer aus Pfaffenweiler ihr Produkt an das Kloster St. Gallen geliefert. Es gibt alte Ausstellungsstücke über den Rebbau. Das Thema »Stein« befasst sich mit der viele Jahrhunderte alten Tradition der örtlichen Steinmetze. Grundlage dafür war der Kalksandsteinbruch im Gemeindegebiet.
An der dritten Straße biegen wir links ab. Es handelt sich um die Weinstraße, deren Bogen wir abgeschnitten haben. Nach 100 Metern lockt auf der linken Seite die Strauße **Zum alten Küfer** 4 (3:00 Std.). Nach der Einkehr laufen wir auf der Weinstraße weiter und überqueren die Schneckentalstraße in die Reben des Batzenbergs hinauf. An der Kreuzung mit dem Feldkreuz halten wir uns rechts und nach 50 Metern wandern wir rechts in den fast eben dahinlaufenden Weinbergweg. An einer gemauerten Schutzhütte gehen wir geradeaus vorbei, den für Kraftfahrzeuge gesperrten Weg weiter. An der B3 in Schallstadt müssen wir noch einmal nach rechts und sehen dann schon den **Bahnhof Schallstadt** E (3:45 Std.) vor uns.

Schloss Kirchhofen

Der Beginn der ehemaligen Wasserburg geht auf das 13. Jahrhundert zurück. Anfang des 16. Jahrhunderts wurde sie dann zum Schloss umgebaut. Während des Dreißigjährigen Krieges wurde Schloss Kirchhofen im Jahr 1633 von schwedischen Truppen zerstört. Von der ehemaligen Vierflügelanlage stehen heute noch zwei Trakte und drei Türme. In diesem Schloss hielt sich bis zu seinem Tod der oberste kaiserliche Feldhauptmann Lazarus von Schwendi auf.

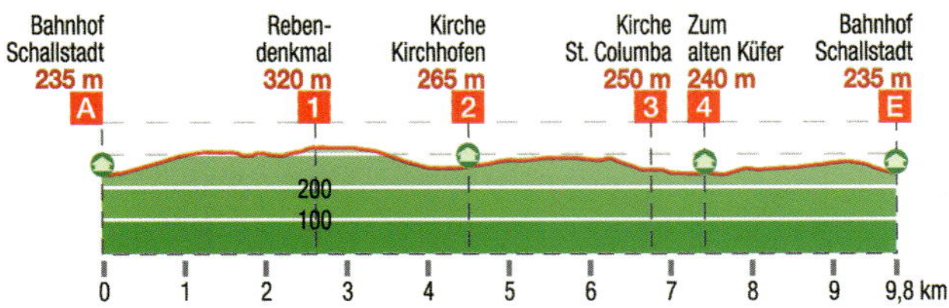

27 4:00 Std. 290 Hm 290 Hm 12,6 km

Durch das bezaubernde Hexental

Von Wittnau aus wandern wir auf der östlichen Seite des Hexentals auf den Ausläufern des Schwarzwalds. Eine Station ist Sölden mit seiner interessanten Kirche. Über Bollschweil gelangen wir an die westliche Flanke des Tals und erleben so das bezaubernde Hexental von allen Seiten.

Der Wegverlauf

Von der **Kirche Wittnau** A starten wir auf dem Kirchweg am Rathaus vorbei, hinunter in Richtung Südwesten nach Biezighofen hinüber. Dabei tangieren wir die Gemeindehalle und den Fußballplatz. Kurz vor der Hexentalstraße biegen wir rechts in die Brückenstraße ein. An der Weinbergstraße gehen wir links und überqueren die Hexentalstraße in die Straße Sandbühl hinein. An der T-Kreuzung am Gasthaus Engel wenden wir uns nach links und vor dem roten Steinbrunnen gleich

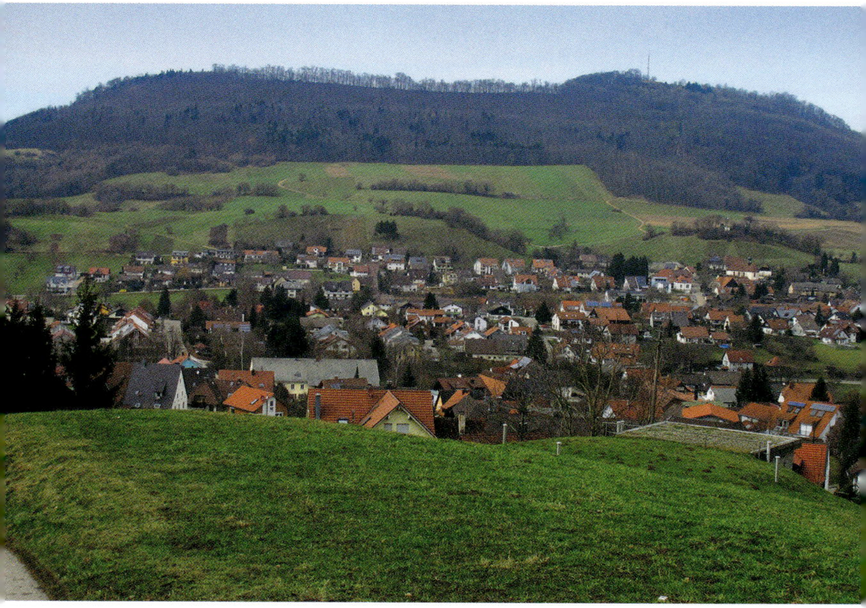

Blick über das Hexental auf den Schönberg

wieder nach rechts. Bei der nächsten Gelegenheit wandern wir rechts hinauf Richtung Schützenhaus, immer noch auf der Straße Sandbühl, die nun als Feldweg über Wiesen zum Waldrand hochführt. Vom Waldrand aus überblicken wir sehr schön Biezighofen und Wittnau vor dem Schönbergmassiv. »Witunauia« wurde erstmals 786 in der Schenkungsurkunde des Klosters St. Gallen erwähnt. Witunauia setzt sich aus den althochdeutschen Begriffen »Witun« für Wald und »Auia« für Aue zusammen, was zu Wittnau wurde. Die Wittnauer Kirche ist 1795 als letzte Barockkirche im Breisgau erbaut worden. Biezighofen ist etwa genauso alt wie Wittnau und wurde erstmals 806 urkundlich erwähnt. Wittnau und Biezighofen sind erst in der Neuzeit zusammengewachsen und bilden heute eine Verwaltungseinheit.

Weiter gehen wir in den Wald hinein und dort rechts am **Schützenhaus** 1 (0:45 Std.) vorbei. Nach 400 Metern tritt der Weg aus dem Wald heraus und führt am Waldrand entlang mit Blick über Sölden im Hexental. Sölden wurde 805 erstmals in einer Schenkungsurkunde an das Kloster Lorsch aufgeführt, doch Spuren alter Besiedelung reichen bis in das Jahr 500 zurück. An den ersten Häusern gehen wir rechts auf der Bürglenstraße nach Sölden hinunter. Kurz vor der Staufener Straße steigen wir vor dem Neuen Milchhäusle links die Treppe zum **Kloster Sölden** 2 (1:20 Std.) hoch.

Das Benediktinerinnenkloster des Cluniazenserinnenordens von Sölden stiftete Graf Gerald von Scherzingen im Jahr 1115. Der Name entstammt der Ausrichtung des Ordens an die strenge Benediktinerreform von Cluny in Burgund. In der gotischen und zum Teil barocken Pfarrkirche St. Fides und Markus ist das Heilige Grab etwas Besonderes. Das Heilige Grab ist eine seltene barocke Bildwand aus dem Jahr 1761 mit Szenen aus dem Leben Jesu, das aber nur in der Karwoche aufgestellt wird. Der alte Taufstein aus dem Jahr 1544 stammt aus dem Kloster St. Peter, dessen Wappen er trägt. Beachtlich ist die illusionistische Decken-

Tourencharakter

Schattige Waldwege und Pfade, aber auch sonnige Strecke im Tal, meist auf Naturwegen

Ausgangspunkt

Kirche in Wittnau, Parkmöglichkeit im Kirchweg vor der Gemeindehalle (GPS: N47°57‘19.3“ E07°45‘07.0“)

Anfahrt

Auto: A5 Ausfahrt Freiburg Süd, nach Wittnau oder auf der L 122 von Freiburg. Bus: Linie 7208 von Freiburg

Einkehr

Dorfgasthaus Bolando, 79283 Bollschweil, Leimbachweg 1, Tel: 07633/959 99 10, www.bolando.de

Restaurant Badischer Heldt, 79299 Wittnau, Kirchweg 10, Tel: 0761/61 25 12 97, www.badischer-heldt.de

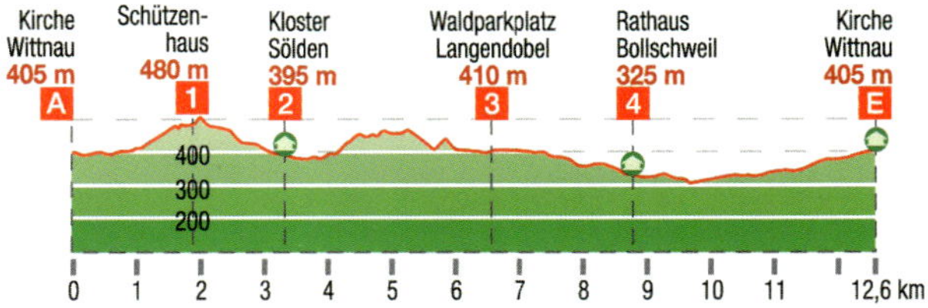

malerei, die eine gewaltige Kuppel vorgaukelt. Unter den Zuhörern der Predigt des Markus ist auch Freiherr Schnewelin-Bernlapp abgebildet. Diese Scheinarchitektur wurde 1938 restauriert und durch klassizistische Elemente erweitert. Die Kirche hat dadurch ein neoklassizistisches Raumbild erhalten.

Nach der Besichtigung der Kirche und des Klosterhofes wandern wir hinter der Friedhofsmauer südlich in der Klostergasse weiter. An der Dorfstraße gehen wir rechts und an der Saalenbergstraße links weiter aus Sölden hinaus und zur Kapelle auf den Saalenberg hinauf. Von der Kapelle aus dem Jahr 1875 öffnet sich der Blick über ganz Sölden und Wittnau im Hintergrund. Weiter geht es in südliche Richtung, am Feldkreuz nach links und am Waldrand entlang hinunter. An der Gabelung in der Waldecke bleiben wir rechts, nun eben dahin in den Wald hinein. Auf einer Forststraße gehen wir rechts weiter, verlassen diese aber nach 400 Metern in der nächsten Kurve schon wieder nach links über das Bächlein. Danach wenden wir uns rechts und stoßen nach 300 Metern wieder auf eine Forststraße, die wir ebenso in der nächsten Kurve links liegen lassen. Dann bleiben wir immer geradeaus abwärts auf dem Weg und kommen so zur Straße hinunter, die von Bollschweil nach St. Ulrich führt. Neben der Straße laufen wir auf dem Trampelpfad 300 Meter weiter in südliche Richtung. Dann

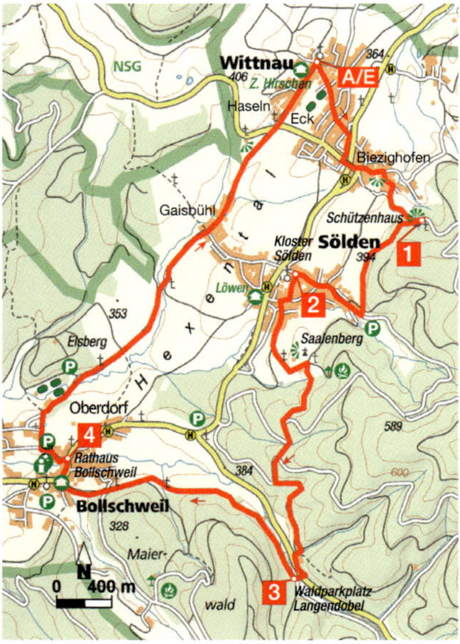

überqueren wir die Straße und das Flüsschen Möhlin und wandern ab dem **Waldparkplatz Langendobel** 3 (2:30 Std.) nach rechts, immer am Waldrand entlang, weiter nach Bollschweil hinüber. Am ersten Hof und an einem Wegkreuz gehen wir nun auf Asphalt auf der Leimbachstraße in den Ort hinunter. An der Pfarrkirche St. Hilarius, im Jahr 1844 im Weinbrennerstil erbaut, überqueren wir die Hexentalstraße und laufen am **Rathaus Bollschweil** 4 (3:15 Std.) rechts vorbei in den Fußweg, der weiter unten die Möhlin quert. Nach links schauen wir über die Wiese zum Bollschweiler Schloss, das Ende des 18. Jahrhunderts im französischen Stil erbaut wurde.

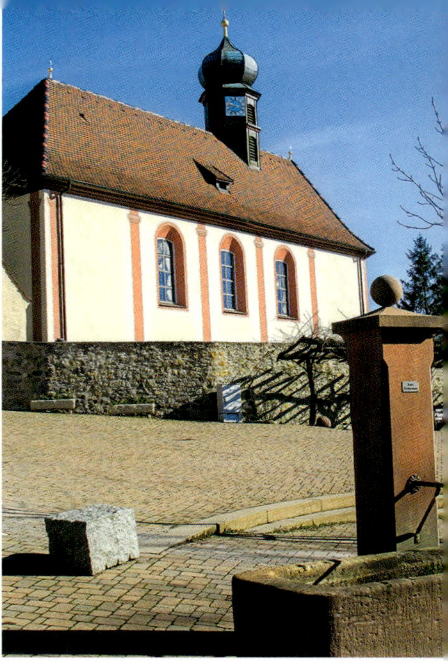

Die schlichte Kirche in Wittnau

Am Ende des Fußwegs überqueren wir die General-Von-Holzing-Straße in den Ölbergweg hinein. Am Friedhof folgen wir einem Fußweg rechts an der Mauer vorbei und gehen auf der Langackergasse oberhalb der Sportanlagen rechts hinunter. Unten schlendern wir über den Eckbach und am Waldrand auf dem Elsbrandweg nach rechts. Später laufen wir über das Heidenbächle und kommen nach 500 Metern an den ersten Häusern von Sölden in die Straße Im Gaisbühl. Wir bleiben geradeaus und laufen in Wittnau auf der Straße In den Haseln ein, die genau zur **Kirche** E (4:30 Std.) in Wittnau, unserem Startpunkt, zurückführt.

Der Hochaltartabernakel der Kirche St. Fides und Markus

Der elegante Hochaltartabernakel ist ein edles Stück Breisgauer Rokoko. Auf dem Tabernakeltürchen kontrastiert der weiße Körper Jesu mit dem Kreuz. Der Mittelteil ist von zwei Reliquienschreinen flankiert. Auf dem Tabernakel turnen lustige Putten auf das Schönste. Dekoratives Blatt- und Blütenwerk schmückt besonders Dach und Seiten des Tabernakels. Ein begeisterndes Kunstwerk des Schwarzwälder Klosterbildhauers Matthias Faller.

28 3:45 Std. 330 Hm 330 Hm 9,9 km

Zum Ölberg über dem Hexental

Die Wanderung führt über die Kapelle auf dem Ölberg, die an aussichtsreicher Stelle oberhalb von Ehrenstetten steht. Steinzeitliche Höhlen in der Felswand über Gütighofen, plätschernde Bäche und das französisch anmutende Schloss Bollschweil liegen ebenfalls am Weg.

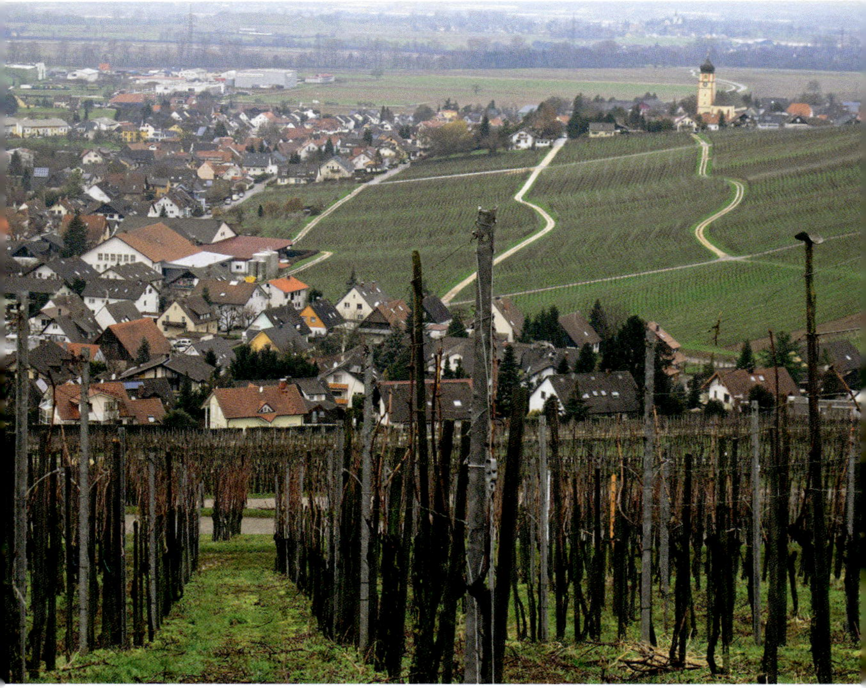

In den Reben oberhalb von Ehrenstetten

Der Wegverlauf

Die Wanderung beginnt an der **Pfarrkirche** A St. Georg in Ehrenstetten. Der Turm stammt aus dem 14. Jahrhundert. Links neben der Kirche führt eine Treppe hinauf auf den Ölbergweg, dem wir nach rechts an den Kreuzwegbildern entlang folgen. Wir sind jetzt auf dem

Markgräfler Wiiwegli und auf dem Jakobsweg. Etwa 100 Meter nach der Kirche lässt sich die nächste Kehre nach links in einer treppenförmigen Wasserrinne abkürzen. Wieder auf dem Ölbergweg gehen wir geradeaus hoch zur **Ölbergkapelle** 1 (0:20 Std.). Der Blick von hier reicht bis in den Schwarzwald und in die Vogesen. Unter uns liegen Kirchhofen und Ehrenstetten, die zu einer Gemeinde mit dem Namen Ehrenkirchen zusammengefügt wurden. Nach Nordwesten schauen wir ins Hexental bis nach Bollschweil.

Oberhalb der Kapelle nehmen wir nach 150 Metern, an der Gabelung mit dem Wegkreuz, den rechten Abzweig. Der Weinbergweg läuft an einer Ruhebank mit einem alten Feldahorn vorbei und weiter am Waldrand entlang. Vor einer Linkskurve im Wald leuchten die Gebäude des Kalksteinbruchs und Kalkwerks durch das Blattwerk. Hier steigen wir geradeaus auf einem engen Pfad durch Unterwuchs den Hangrücken hinunter. Unten gehen wir vor der Wiese rechts an den Felswänden entlang. Am Feldrand laufen wir weiter und nach 100 Metern über den Bach. Wenig später stehen wir unterhalb der **Teufelsküche** 2 (1:00 Std.) – Höhlen, die schon in der Steinzeit bewohnt waren. Einige dieser Höhlen und Halbhöhlen lassen sich erkunden.

Nun gehen wir wieder zurück über den Steg, dann links unten am Feld bis zur Gewerbestraße, auf der wir links weiterwandern. Nach 100 Metern biegen wir rechts in die Kuckucksbadstraße ein und nach 40 Metern links in das Sträßchen Am Bergwerk, das oberhalb der Häuser entlangführt. An einem asphaltierten Weinbergweg gehen wir links aufwärts und am Waldrand rechts mit dem Wegweiser »Rund um Bollschweil« den Hohlweg hinunter. Unten am Waldrand wandern wir links Richtung Sportgelände Bollschweil, an einer Talwiese und dem Schulbach entlang. An einer Wegspinne überqueren wir den Schulbach nach rechts und bleiben rechts auf dem ebenen Elsbergrandweg. Bei den Sportanlagen gehen wir gerade-

Tourencharakter
Anfangs mäßiger Aufstieg auf den Ölberg, sonnige und schattige Wege im Wechsel

Ausgangspunkt
Kirche St. Georg in Ehrenstetten, Parkplatz 80 Meter südöstlich (GPS: N47°54‘51.9“ E07°45‘15.7“)

Anfahrt
Auto: Über die A5 Ausfahrt Bad Krozingen, dann nach Osten über Biengen nach Ehrenstetten. Bus: Linie 7208 von Freiburg oder von Bad Krozingen

Einkehr
Dorfgasthaus Bolando, 79283 Bollschweil, Leimbachweg 1, Tel: 07633/959 99 10, www.bolando.de
Strauße Lorenz, 79238 Ehrenkirchen, Krozinger Str. 13, Tel: 07633/929 90 50

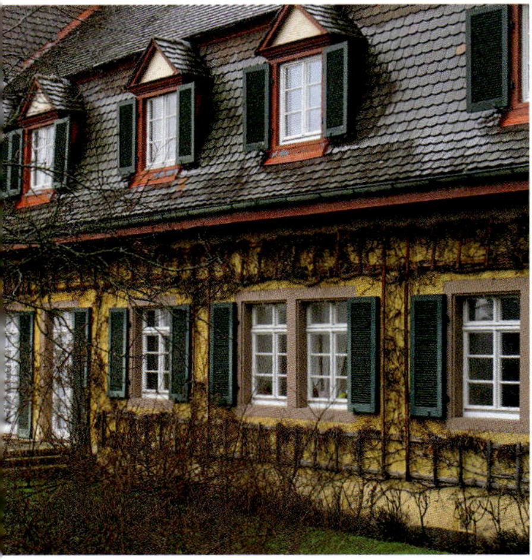

Das Schlösschen in Bollschweil

aus über die Wiese auf den **Steg über den Eckbach** **3** (2:00 Std.) und weiter über die nächste Wiese bergan. Weiter oben queren wir das Asphaltsträßchen An der Langackergasse, wandern geradeaus in den Wald hinein, weiter auf dem Kiesweg zum Friedhof und hoch zum schönen Spielplatz. Nun gehen wir geradeaus weiter auf dem Ölbergweg, überqueren die General-von-Holzing-Straße auf den Fußweg, der über die Möhlin leitet und wandern auf die Kirche von Bollschweil zu. Der Ort Bollschweil wird erstmals im Jahr 838 in einer Urkunde des Klosters St. Gallen erwähnt. 1087 gründete Ulrich von Zell ein Nonnenkloster in Bollschweil, das aber 1115 nach Sölden verlegt wurde.

Nach dem **Rathaus Bollschweil** **4** (2:15 Std.) laufen wir rechts auf der Hexentalstraße zum Schloss Bollschweil hinunter. Das Bollschweiler Schloss mit seiner französischen Atmosphäre steht an der Stelle einer alten Wasserburg und wurde Ende des 18. Jahrhunderts erbaut. Es ist heute noch im Besitz der Familie von Holzing-Berstett. Hinter der Schlossmauer gehen wir vor dem Haus Nr. 39 nach links in die Wiesen hinunter. Am tiefsten Punkt wandern wir mit der Markierung roter Adler auf gelbem Grund nach rechts auf den Zähringer Pfad. Am Waldrand überqueren wir den Griesbach, und auf einer Waldstraße wandern wir nach rechts zur **Schopbachhütte** **5** (3:00 Std.), deren Brunnen sehr gut für eine schattige Pause geeignet ist.

Nach der Hütte geht es weiter geradeaus auf dem Bettlerpfad Richtung Staufen. In den Wiesen stoßen wir auf den Ehrenstetter Ahbach, vor dem wir rechts abbiegen. An einer Kreuzung überqueren wir die Hexentalstraße und auf einem Steg die Möhlin. Weiter geht es geradeaus neben dem Zaun hinauf, dann nach links auf dem Wiiwegli mit der Markierung rote Raute an der Möhlin entlang und an einer Gabelung rechts. Der Weg wird zu einem kleinen Pfad im Steilhang und endet in der Kehre des Ölbergwegs mit den Kreuzwegstationen. Nach ein paar Metern rechts stehen wir vor dem historischen »Himmelsstäpfele«, einer

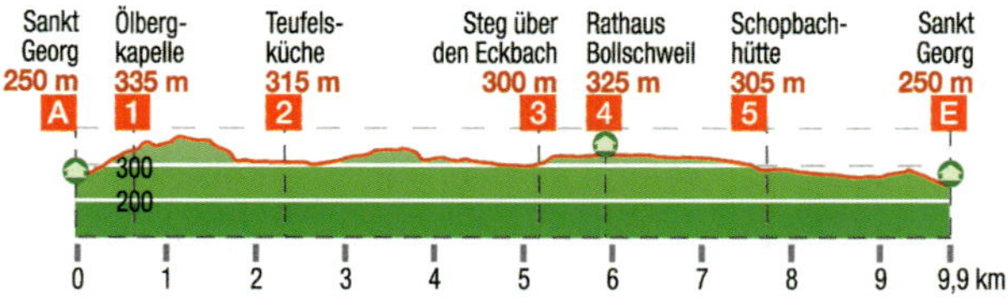

langen Steintreppe zwischen den Trockenmauern in den Weinbergen. Nun sind es an den Kreuzwegbildern entlang nur noch 200 Meter hinunter bis zur Treppe, die links zur **Kirche Sankt Georg** E (3:45 Std.) zurückführt.

Die Teufelsküche am Ölberg

Bei der Teufelsküche am Ölberg über Gütighofen handelt es sich um mehrere kleine Höhlen in den Kalksteinfelsen. Die natürlichen Kavernen wurden teilweise von Menschen vergrößert. Während der Steinzeit vor 35 000 Jahren sollen dort Rentierjäger gehaust haben. Einige der Höhlen sind leicht erreichbar, andere nur über Seile oder Leitern. Die Haupthöhle liegt in zehn Meter Höhe in einer Steilwand. Auch Mauerreste einer Burg sind bei der Teufelsküche noch zu finden.

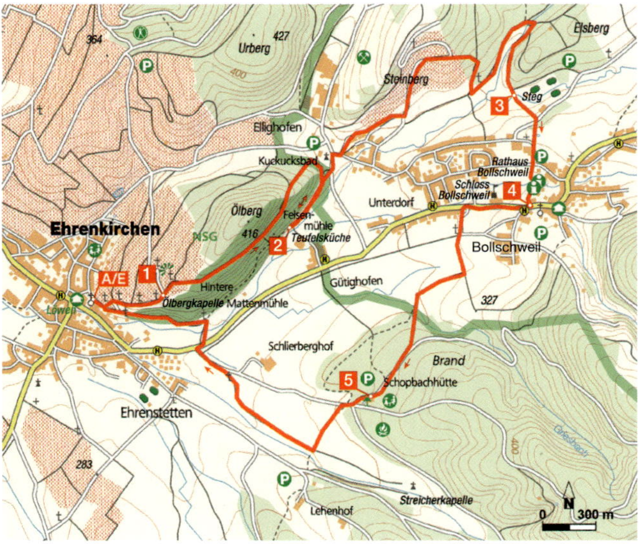

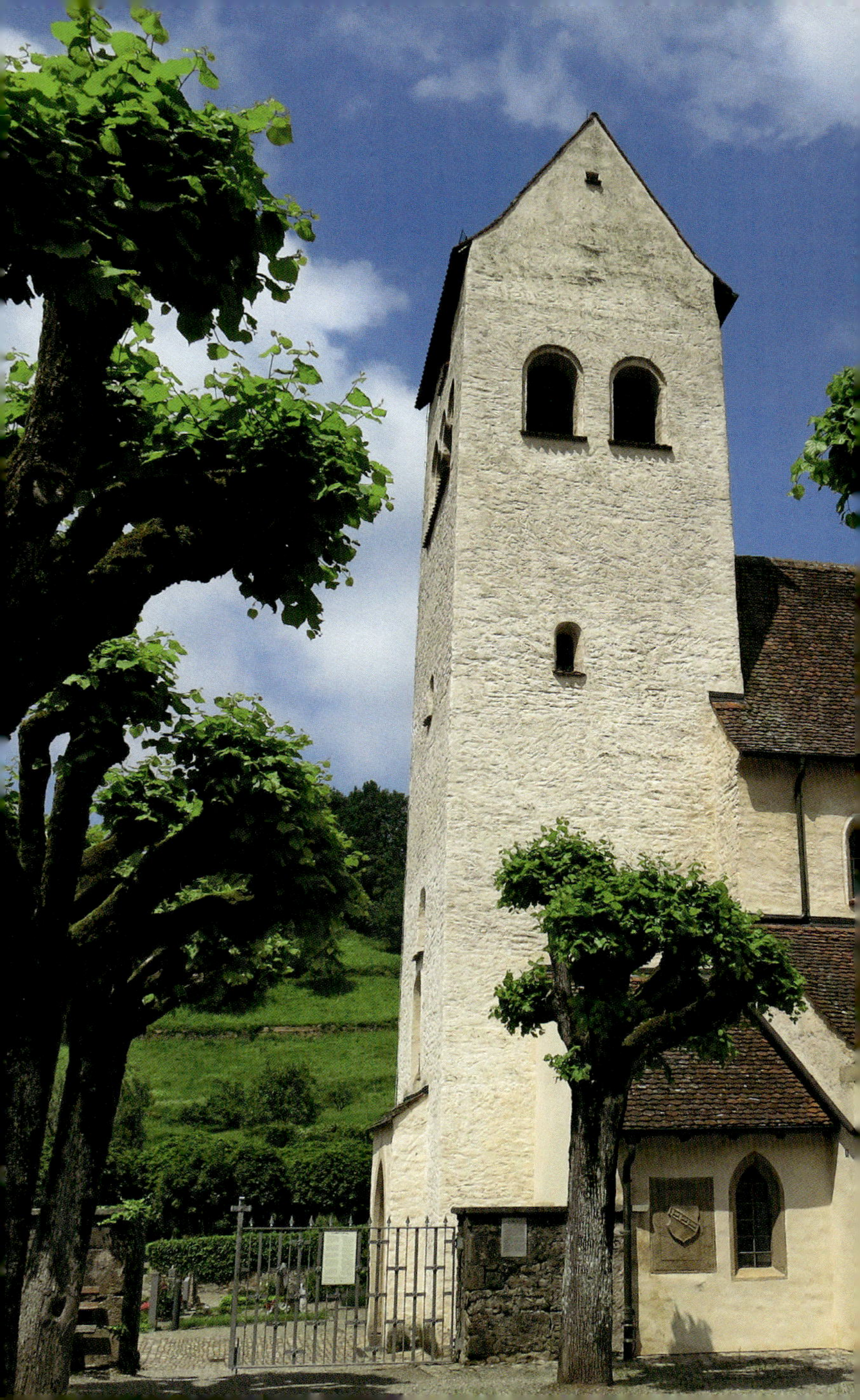

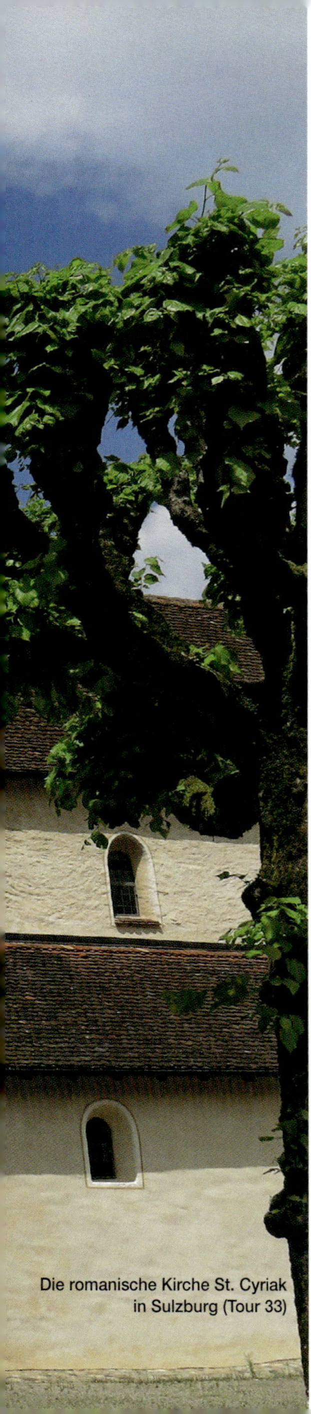

Die romanische Kirche St. Cyriak in Sulzburg (Tour 33)

Top 5

Viele Sehenswürdigkeiten

Zur Michaelskapelle in Riegel

Riegel ist das Tor zum Kaiserstuhl und birgt ein reiches römisches Erbe. (Tour 5)

Liliental und Totenkopf

Das artenreiche Arboretum im Liliental ist besonders im Frühling einmalig. (Tour 18)

Staufen und seine Burgruine

Die Burgruine auf dem Schlossberg konkurriert mit dem attraktiven Städtchen. (Tour 30)

Zur Bergbaustadt Sulzburg

Die Kirche St. Cyriak ist ein kulturhistorisches Juwel (Tour 33)

Durch tiefen Wald zur Burg Rötteln

Die imposante Burgruine mit großartiger Aussicht liegt an der Wanderroute. (Tour 40)

29 | 4:30 Std. | ↑ 80 Hm ↓ 80 Hm | ↔ 12,8 km

Am Neumagen in Bad Krozingen

Vorbei am ältesten Gebäude Bad Krozingens, der Glöcklehofkapelle mit ihren uralten Fresken, steuert die Wanderung entlang des Schwarzwaldflüsschens Neumagen hinüber in das bezaubernde Staufen. Zurück geht es über Felder und durch den schönen Kurpark in Bad Krozingen.

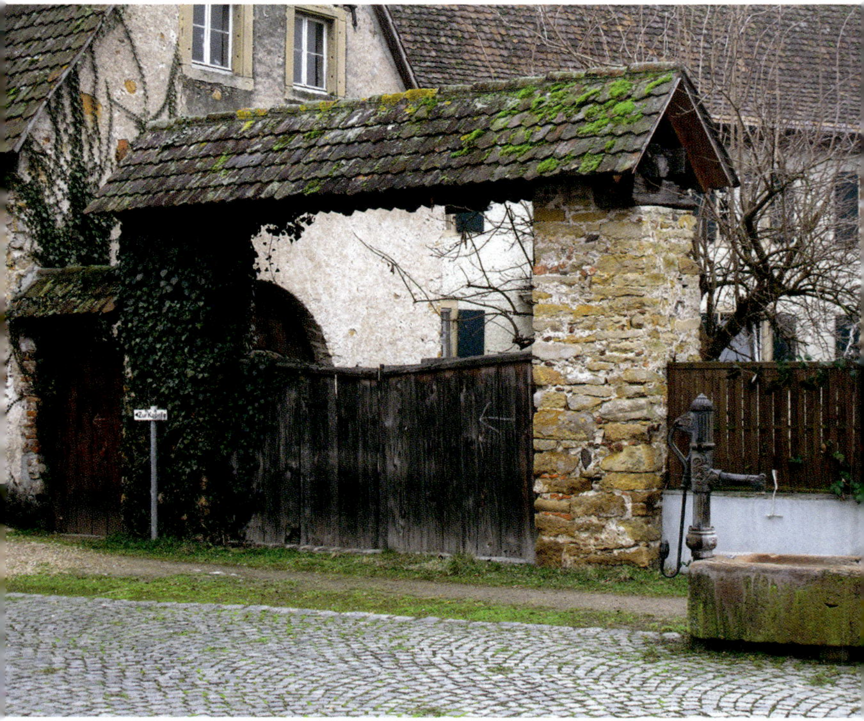

Straßenbild an der Glöcklehofkapelle

Der Wegverlauf

Vom **Bahnhof** A beginnen wir die Wanderung in südliche Richtung auf der Bahnhofstraße. Nach dem Flüsschen Neumagen gehen wir links zum gemütlichen Lammplatz. Am Gasthaus Lammstube vorbei wenden wir uns halb links in die Badstraße, die auf der Nepomukbrücke wieder über den Neumagen führt. Nach der Brücke, an deren Stelle es schon bei den Römern einen Übergang gab, bleiben wir rechts auf dem Fußweg den Neumagen entlang. An der ersten Brücke wechseln wir auf die andere Flussseite. Am Akazienweg wandern wir links über die Brücke in die Schwarzwaldstraße. An einer T-Kreuzung gehen wir nach rechts Richtung Glöcklehofkapelle. Der Glöcklehofweg bringt uns nach links in einem lohnenswerten Abstecher zur Glöcklehofkapelle am Glöcklehofplatz. Die **Glöcklehofkapelle** **1** **(0:40 Std.)** ist das älteste Gebäude in Bad Krozingen und birgt einen besonderen Schatz. Die erst 1936 entdeckten Fresken sollen über 1000 Jahre alt sein und zeigen das Martyrium des heiligen Johannes des Täufers. Die Darstellung gilt als eine der ältesten Christusdarstellungen nördlich der Alpen. Neben der Kapelle bietet sich das gute Café Z für ein zweites Frühstück an.

Zurück an der Schwarzwaldstraße wandern wir links weiter. Am Hotel Adler gehen wir vor der kleinen St. Josefskapelle rechts in die Josefsstraße bis über den Neumagen. Auf der flussaufwärts gesehen rechten Seite schlendern wir unter mächtigen Pappeln bis ins schon sichtbare Staufen mit seiner alles überragenden Burg hinüber. In Staufen queren wir die stark befahrene Neumagenstraße und gehen an der ersten Fußgängerbrücke links über den Neumagen zur Krozinger Straße. Auf der Krozinger Straße wandern wir nach rechts unterhalb der Burgruine weiter. Die Herren von Staufen errichteten im frühen 12. Jahrhundert die Burg auf dem markanten Bergkegel. Während des Dreißigjährigen Krieges zerstörten schwedische Truppen die Burg, nur der Bergfried blieb erhalten. Wer noch auf den Burgberg hinaufsteigt, hat einen herrlichen Blick über Staufen und das Markgräflerland (siehe Tour 30). An der Winzerschenke Wiesler vorbei kommen wir

Tourencharakter
Ebene, überwiegend sonnige Strecke über Felder auf Asphalt- und Naturwegen

Ausgangspunkt
Parkplatz vor dem Bahnhof Bad Krozingen (GPS: N47°55'12.2" E07°41'51.9")

Anfahrt
Auto: A5 Ausfahrt Bad Krozingen, dann nach Osten nach Bad Krozingen. Bahn: Von Freiburg oder von Müllheim. Bus: Linien 7240 und 7208 von Freiburg, 7240 von Müllheim, 113 von Staufen

Einkehr
Café Decker, 79219 Staufen im Breisgau, Hauptstraße 70, Tel: 07633/53 16, www.cafe-decker.de
Café Z, 79189 Bad Krozingen, Staufener Str. 70, Tel: 07663/167 90, www.cafe-z.de

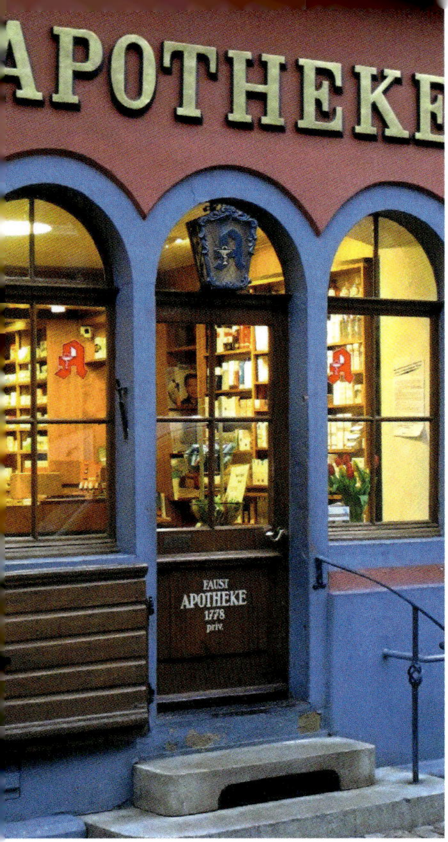

Die alte Apotheke in Staufen

auf der Hauptstraße weiter in das historische Staufen hinein. Nach der Winzergenossenschaft steht links zurückgesetzt das Staufener Stadtschloss, das 1566 im Übergang von der Gotik zur Renaissance erbaut wurde. Rechts folgt das historische Gasthaus Krone, in dem sich 1848 wichtige Szenen der Badischen Revolution abspielten. Auf der Fassade des Gasthauses Zum Löwen ist die Sage von Doktor Faust dargestellt. Der Marktbrunnen am Marktplatz ist ebenso wie das schöne Rathaus im 16. Jahrhundert erbaut worden. Im Rathaus gibt es in der Touristinfo einen Stadtplan mit Stadt- und Gebäudebeschreibung.

Am **Marktplatz** 2 (2:10 Std.) gehen wir rechts bis zum unwiderstehlichen Café Decker an der einzigen noch erhaltenen Gussstahlbrücke Deutschlands. Vor dem Café biegen wir rechts in die Straße Im Grün ein. Dann nehmen wir links am Neumagen entlang den Leif-Geiges-Weg, an dem der aus Hecken gebildete Irrgarten und der Stadtsee mit Spielplatz liegen. Weiter längs des Flusses gehen wir am Haus Nummer 33 nach links auf die Fußgängerbrücke mit dem blauen Geländer. Danach überqueren wir an der Fußgängerampel die Neumagenstraße geradeaus in den Fußweg, der dann zur Janke-und-Kunkel-Straße wird. Nach einem Bogen wandern wir links in die Gewerbestraße. An einer Kreuzung laufen wir geradeaus in die für Kraftfahrzeuge gesperrte Straße an der Gaststätte und Reithalle **Crazy Horse** 3 (2:40 Std.) vorbei über weite Felder auf Bad Krozingen zu. An der B3 wenden wir uns nach rechts und am Neumagen nach links unter der Brücke durch. An der Josefsstraße gehen wir links und kommen zur Kapellenstraße, in deren Mitte die **St. Fridolinkapelle** 4 (3:40 Std.) von 1648 steht. Die Kapellenstraße und später der Malteserweg bringen uns nach Bad Krozingen hinein.

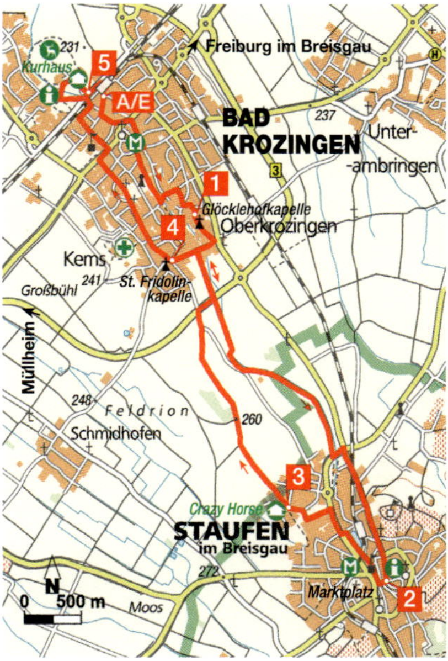

An der Basler Straße gehen wir rechts, nach 100 Metern links in die Straße Am Schlosspark und am Schloss vorbei. 1579 wurde das spätgotische Schloss als Propsteigebäude des Klosters St. Blasien errichtet. Vermutlich wurde es auf den Fundamenten einer schon 1383 genannten Propstei erbaut. Das heutige Aussehen des Schlosses wurde durch die Umgestaltung 1748 in einen barocken Herrensitz erreicht. Die Innenausstattung ist im Stil des Rokkoko gehalten. Heute gibt es im Schloss die bekannten Schlosskonzerte und eine Sammlung mit über 50 historischen Tasteninstrumenten.

Geradeaus kommen wir auf der Schlatterstraße mit einer Unterführung unter den Bahngleisen hindurch in den wunderschönen Bad Krozinger Kurpark mit exotischen Bäumen und Sträuchern. Nach zehn Metern halten wir uns an einer Y-Kreuzung rechts und gehen an der darauffolgenden Fünfwegekreuzung halb rechts über die blaue Brücke Richtung Bahnhof zum **Kurhaus** 5 (4:20 Std.). Bei der Suche nach Erdöl stieß man 1911 auf Thermalwasser, das Krozingen schließlich zum Kurort und 1933 zum Bad machte. Wer Lust hat, kann nach links einen 300 Meter langen Abstecher zum Duft- und Kräutergarten im nördlichen Kurgarten machen. Am Kurhaus gehen wir, von der Brücke aus gesehen, rechts vorbei und kurz vor dem Ende des Kurparks nach links zum **Bahnhof** E (4:30 Std.) zurück.

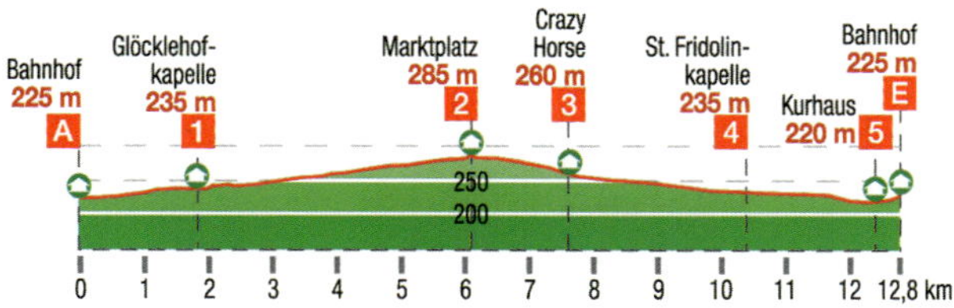

30 3:00 Std. ↑ 330 Hm ↓ 330 Hm ↔ 8,5 km

Staufen und seine Burgruine

Vom Städtchen Staufen führt einen die Wanderung auf die aussichtsreiche Burgruine auf dem Schlossberg und weiter durch Obstbaumplantagen und Weinberge zur St.-Gotthardkapelle und zur St. Johanneskapelle. Zuletzt geht es durch die attraktive Stadt Staufen zurück.

Der Wegverlauf

Vom **Bahnhof Staufen** A starten wir durch die Bahnhofstraße in südöstliche Richtung auf den Schlossberg mit der markanten Ruine zu. Die Hauptstraße wird in die Sixtgasse hinauf überquert. An der Y-Kreuzung gehen wir rechts und an der Schlossgasse links. An dem modernen dicken Steinkreuz geht es nochmals nach links zur Burgruine hinauf. An der Kreuzung mit der Bank steigen wir links den Weg hoch. Am Aussichtsplatz mit Fernrohren können wir über ganz Staufen und bis

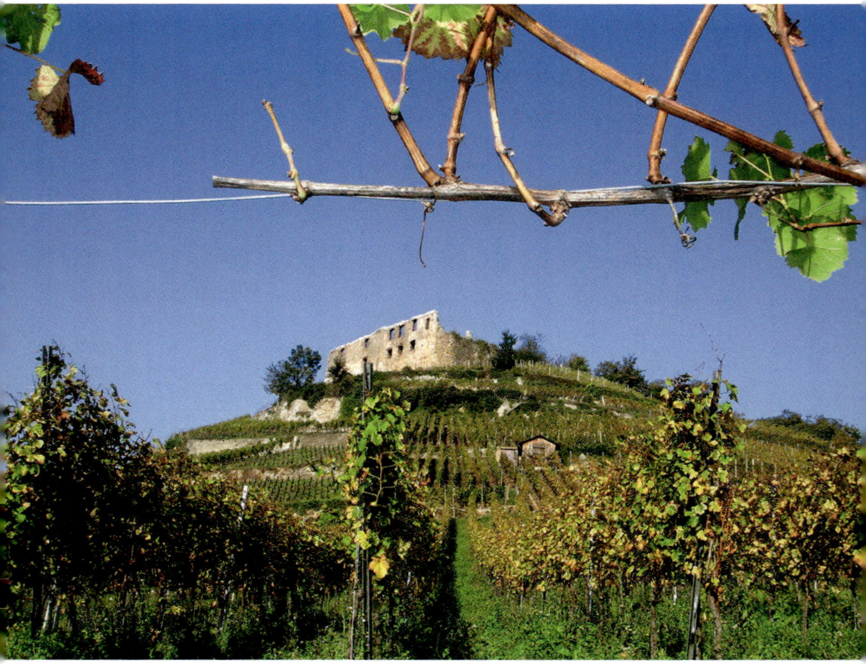

Die Burgruine Staufen

zu den Vogesen schauen. Aber wir steigen noch höher bis in die **Burgruine** 1 (0:25 Std.) hinauf. Auch der Turm ist zu besteigen und bietet eine unvergleichliche Aussicht. Die Burg der Herren von Staufen wurde erstmals 1248 schriftlich erwähnt. Sie wurde auf einer älteren Befestigung der Zähringer gebaut. Im Dreißigjährigen Krieg wurde die Burg von den Schweden zerstört.

Wieder vom Turm heruntergestiegen, können wir die Burg auf einem kleinen Pfad nach rechts an der Mauer entlang umrunden und kommen wieder an den Aussichtsplatz mit den Fernrohren zurück. Hier gehen wir links hinunter und an der Kreuzung mit der Bank geradeaus weiter Richtung Rothof. Unten in der Ebene wandern wir an einer T-Kreuzung nach rechts an den Reben entlang. An der T-Kreuzung vor dem Zaun wenden wir uns nach links und vor Kerbers Strauße noch einmal nach links. An der T-Kreuzung in den Feldern gehen wir rechts auf der wenig befahrenen Straße an sehr alten Birnbäumen vorbei. An der folgenden T-Kreuzung wandern wir rechts geradeaus am Hofgut Rothof vorbei Richtung Gasthaus Zum St. Gotthardt hinauf. Ab Rothof gesellen sich der Jakobsweg und das Markgräfler Wiiwegli mit der roten Raute zu unserem Weg. An der T-Kreuzung am Waldrand wandern wir nach rechts zur **St. Gotthardkapelle** 2 (1:40 Std.) hinauf. Die Panoramaterrasse des danebenliegenden Gasthauses besticht mit einer grandiosen Aussicht und lädt zur Einkehr.

Weiter auf dem Asphaltsträßchen zweigt dann vor dem Altenheim ein kleiner Naturweg ab, der am Zaun entlang steil nach oben zieht. Im schönen Hochwald stehen auch einige immergrüne Stechpalmen im Unterwuchs. Auf dem Forstweg weiter oben geht es nun begleitet von der gelben Raute eben nach rechts weiter. An der T-Kreuzung am »Jägerhäusle« mit Brunnen steigen wir links hoch. An einer Y-Kreuzung im Wald nehmen wir den rechten Abzweig, der Kappellenweg heißt. Bald steht rechts unten ein einzelnes Wohnhaus im Wald. Rechts am

Tourencharakter
Anfangs steiler Aufstieg, dann sonnige Feldwege, aber auch schattige Waldwege

Ausgangspunkt
Parkplatz vor dem Bahnhof Staufen (GPS: N47°53‘05.4“ E07°43‘46.0“)

Anfahrt
Auto: Über die A5 Ausfahrt Bad Krozingen, dann nach Osten über Bad Krozingen nach Staufen. Bahn: Von Bad Krozingen. Bus: Linie 7260 von Freiburg, Linie 113 von Bad Krozingen

Einkehr
Café Decker, 79219 Staufen im Breisgau, Hauptstraße 70, Tel: 07633/53 16, www.cafe-decker.de
Gasthaus Kornhaus, 79219 Staufen im Breisgau, Hauptstraße 57, Tel: 07633/54 01, www.kornhaus-staufen.de

Haus vorbei kommen wir zur **St. Johanneskapelle** 3 (2:30 Std.), von der sich eine schöne Aussicht auf Staufen und die Burgruine öffnet. Wieder ein paar Meter zurück führt an der T-Kreuzung nach links der Stationenweg hinab. An der nächsten T-Kreuzung links ist dies auch zugleich der »Baumweisheitspfad«, der steil hinunterläuft. Bei den ersten Häusern beginnt die Straße Im Süßtrunk. An der nächsten Kreuzung gehen wir rechts in die Albert-Hugart-Straße, geradeaus hinter der Hausbrennerei Schladerer vorbei. Vor dem Beginn der Fußgängerzone schlendern wir rechts in die Adlergasse. An der nächsten Kreuzung sehen wir nach rechts in das authentische Hinterstädtle hinein. Es ist der älteste Stadtteil Staufens, mit meist gut erhaltener Bausubstanz. Wir bleiben in der Adlergasse, gehen am Rathaus links und kommen zum schönen **Marktplatz** 4 (2:50 Std.). Das historische Rathaus in Staufen wurde wie der Brunnen 1546 erbaut. Die reich verzierte Fassade, die Erker und der Volutengiebel machen das Rathaus zu einem der schönsten Häuser in der Stadt. Der Marktplatz bleibt die »gute Stube« Staufens, wenn auch die gewaltigen Risse in den Häusern ein Problem sind, das seit 2007 für Diskussionen und Bestürzung sorgt. Bei 140 Meter tiefen Bohrungen zur Gewinnung von Erdwärme hinter dem Rathaus drang Grundwasser in eine Schicht aus Gipskeuper. Das Anhydrit im Gipskeuper wird mit dem Wasser zu Gips; dieser Vorgang bringt eine starke Quellung des Materials mit sich. Staufen hob sich dadurch zu Beginn der Katastrophe monatlich um einen Zentimeter. 2012 soll es monatlich noch ein Millimeter sein. Das führte zwangsläufig zu den Rissen und Schäden an über 260 Häusern in der Altstadt. Die Risse waren zum Teil so groß, dass die Bewohner auf die Straße schauen konnten. Die Gebäudeschäden sollen sich auf 50 Millionen Euro belaufen. 2010 wurde eine »Stiftung zur Erhaltung der historischen Altstadt in Staufen« gegründet. Sie soll finanzielle Mittel für Hilfsmaßnahmen gegen Hebungsrisse beschaffen.

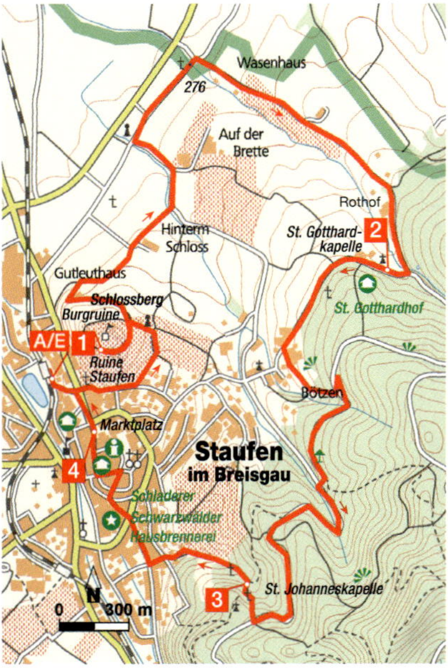

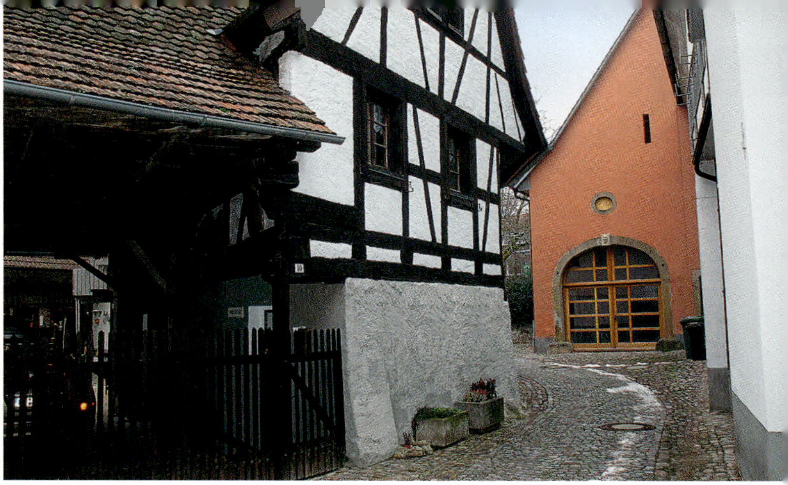

Im romantischen Staufen

Zu diesem Zweck wurde die Solidaritätskampagne »Staufen darf nicht zerbrechen« gestartet. Die roten Aufkleber auf den Häusern sollen die Risse symbolisch kitten und die Häuser zusammenhalten.
Vom Rathaus am Marktplatz gehen wir am Schluss die Hauptstraße rechts hinunter. Vor der Winzergenossenschaft Staufen liegt rechts zurückgesetzt das Stadtschloss. Georg Leo von Staufen war der letzte Burgherr der Bastion oben am Berg. 1607 zog er in das bequemere Stadtschloss. An der Bahnhofstraße gehen wir links zurück zum **Bahnhof** E (3:00 Std.).

Die Sage von Doktor Faust

Eine Sage berichtet über Doktor Faust. Der Alchemist sollte für seinen Herrn Gold herstellen. Weil er das aber nicht konnte, bat er Mephisto – den Teufel – um Hilfe. Der kam, brach ihm das Genick und zog seine Seele in die Hölle. Johann Wolfgang von Goethe ließ sich von dieser Sage inspirieren und schrieb seinen »Faust«. Ungläubige können sich von der Geschichte im Treppenturm des Rathauses überzeugen. Dort hat Mephisto einen Hufabdruck hinterlassen.

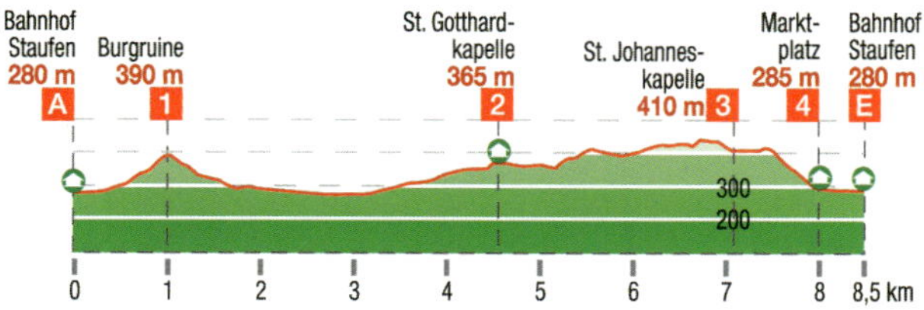

31 | 4:20 Std. | 280 Hm ↑ 280 Hm ↓ | 13,5 km

Von Staufen zur Castellburg

Vom bezaubernden Städtchen Staufen geht die Wanderung entlang des Schwarzwaldbachs Neumagen über den alten Weinort Grunern zum Castellberg, auf dem Reste einer Burg und ein Aussichtsturm stehen. Über den Weinort Ballrechten führt der Rückweg an verlockenden Winzersträußen vorbei.

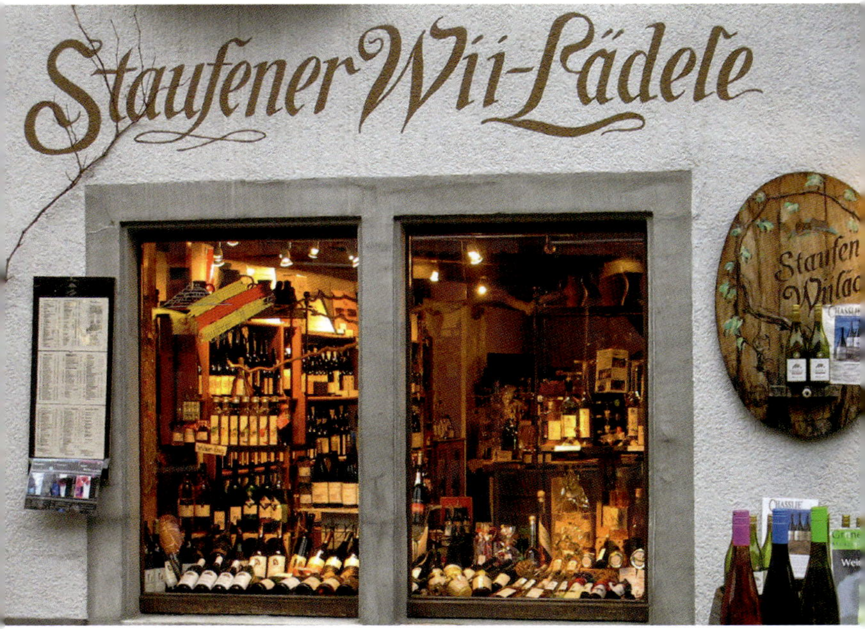

Genuss und Romantik: in Staufen an jeder Ecke

Der Wegverlauf

Unser Weg führt am **Bahnhof Staufen** A in südliche Richtung in die Gerbergasse, die dann später Im Grün heißt. Am Café Decker können wir links in den historischen Kern Staufens hineinblicken, den wir auf dem Rückweg noch genauer erkunden werden. Rechts spannt sich die einzige in Deutschland noch erhaltene Gussstahlbrücke von 1871 über das Flüsschen Neumagen. Die wirklichen Attraktionen sind hier aber vielleicht die weithin bekannten leckeren Pralinen und die Schwarzwälder Kirschtorte.

Vor der Brücke gehen wir links an dem Flüsschen entlang. Am Schladererplatz steht hinter den mächtigen Platanen mit der Verkaufsstelle für Schwarzwälder Kirschwasser und andere »Geister« schon die nächste Verführung. Schwarzerlen säumen den Neumagen und spenden ein wenig Schatten. Am Tennisplatz wechseln wir die Flussseite über die hölzerne Bogenbrücke. Weiter draußen am Schwimmbad, wo es ein wenig ruhiger wird, stehen Graureiher im Wasser.

Vor dem Campingplatz wandern wir rechts über die Schienen und über die Münstertäler Straße. An der T-Kreuzung geht es links und 100 Meter weiter wenden wir uns nach rechts an den Teichen im Eschwald vorbei. Bei der T-Kreuzung nach den Weihern nehmen wir den zweiten Weg, der uns rechts leicht aufwärts zum Wald hinführt. Am Waldrand erinnert links auf der Wiese der **Keltische Baumkreis** **1** **(1:00 Std.)** an die Ureinwohner der Region. Auf dem Eschholzweg wandern wir rechts am Waldrand weiter und genießen den schönen Blick auf Grunern und Staufen. In Grunern gehen wir an der Kreuzung nach links die Altenbergstraße hoch. Am Steinkreuz an der T-Kreuzung biegen wir zehn Meter nach links ab und gehen dann rechts auf dem mit der gelben Raute ausgezeichneten Bettlerpfad steiler aufwärts. An der Straußwirtschaft Probst laufen wir geradeaus vorbei, wenn wir nicht zu großen Durst und Hunger haben.

Bei einer Kreuzung in den Reben wandern wir auf dem Wiesenweg links Richtung Castellberg hinab. Am Ende der Weinbaufläche müssen wir nach links in den Graben mit dem kleinen Bächlein hinunter und wieder hinauf. Nach der Querung eines Hohlwegs laufen wir gerade über eine große Wiese. Die aufgestellten Wandstücke an dem einzelnen Gehöft rechts sind Originalstücke der Berliner Mauer. Am Ende der Wiese folgen wir dem Asphaltsträßchen links hinauf. Nach 100 Metern steht links die kunstvoll gestaltete **Gerichtseiche** **2** **(2:10 Std.)** an einem

Tourencharakter
Meist sonnige Weinbergwege auf Asphalt und Naturwegen, nur am Castellberg mittlerer Anstieg

Ausgangspunkt
Parkplatz vor dem Bahnhof Staufen (GPS: N47°53'05.4" E07°43'46.0")

Anfahrt
Auto: Über die A5 Ausfahrt Bad Krozingen, dann nach Osten über Bad Krozingen nach Staufen. Bahn: Von Bad Krozingen. Bus: Linie 7260 von Freiburg, Linie 113 von Bad Krozingen

Einkehr
Straußе Ziegelhof, 79282 Ballrechten-Dottingen, Ziegelhofstraße 31, Tel: 07634/83 94
Gasthaus Kornhaus, 79219 Staufen im Breisgau, Hauptstraße 57, Tel: 07633/54 01, www.kornhaus-staufen.de

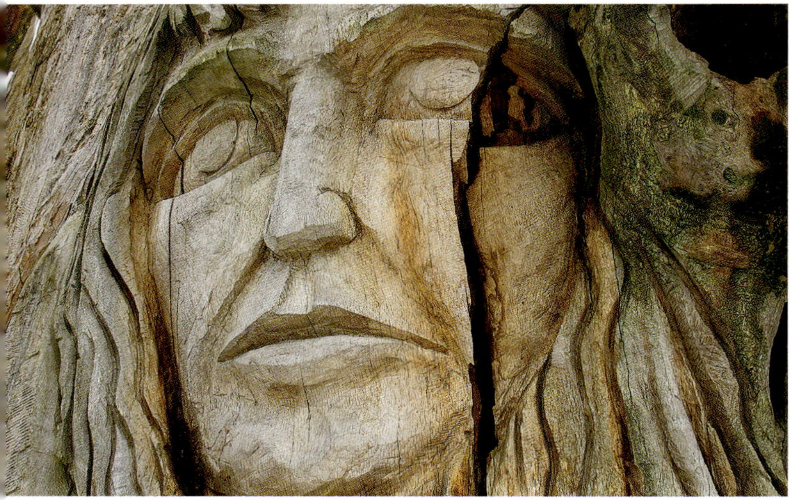

Relief an der kunstvollen Gerichtseiche

Picknickplatz. Nach rechts steigen wir nun auf dem Burgweg Richtung Castellbergturm hoch. Am Schild »Naturschutzgebiet Castellberg« machen wir auf dem kleinen Weg hinauf den Abstecher zur Ruine der Castellburg und zu dem lohnenden Aussichtsturm. Auf der bewaldeten Kuppe des Castellbergs ist das submediterrane Flaumeichenvorkommen erwähnenswert. Im Februar stechen bereits die lila Blüten des geschützten Seidelbastes heraus. Der Castellberg besticht durch eine artenreiche Baum- und Strauchschicht. Die Reste der Castellburg stammen von einer mittelalterlichen Bastion aus dem 12. Jahrhundert, die von den Üsenberger Vögten errichtet wurde. Vom **Castellbergturm** 3 (2:30 Std.) reicht der Blick über das Markgräflerland hinaus in den Schwarzwald und in die Vogesen.
Wieder unten am Schild »Naturschutzgebiet Castellberg« gehen wir in spitzem Winkel nach rechts auf dem ebenen Weg weiter. An einer Y-Kreuzung halten wir uns links bergab und an der gleich folgenden Kreuzung wieder rechts bergauf entlang der Trockenmauern. Hier sind wir nun in den historischen Steillagen des Castellbergs hoch über Sulzburg auf dem Markgräfler Wiiwegli mit der Markierung rote Raute und zugleich auf dem Jakobsweg. Ein schöner Picknickplatz mit toller Aussicht liegt am Weg. So umrunden wir den Castellberg und halten uns an einer Kreuzung mit Picknickplatz geradeaus Richtung Ballrechten-

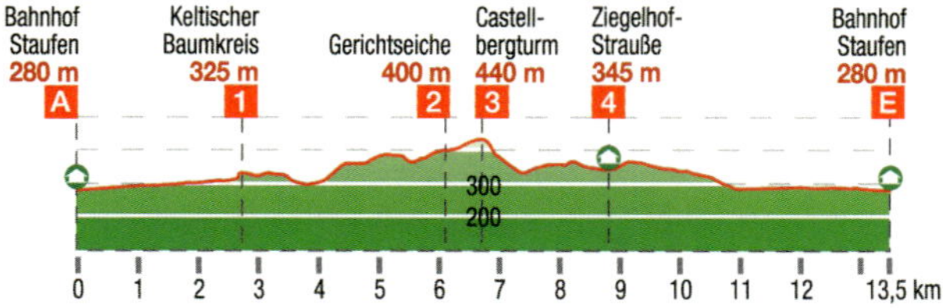

Dottingen. An einem Wegekreuz in den Reben vor Ballrechten folgen wir dem gelben Radwegschild nach rechts. Nach 60 Metern gehen wir an der T-Kreuzung rechts zu den Häusern hinunter. Unten am Bach lädt die **Ziegelhof-Straußе** 4 (3:30 Std.) zur Einkehr.

Nach dem Weingut wandern wir rechts weiter in Richtung Grunern. Nach 100 Metern gehen wir in spitzem Winkel links weiter aufwärts und an einem schönen Picknickplatz über den Dächern von Ballrechten vorbei. Ohne auf weitere Abzweige zu achten, gehen wir immer geradeaus entlang der Markierung rote Raute. In Grunern kommen wir auf der Straße Im Prestenberg an. Am Ende der Straße gehen wir links den Brunnstubenweg hinunter, geradeaus über eine Kreuzung in die Storchenstraße und an der T-Kreuzung beim Landgasthof Bärenbad rechts in die Dorfstraße, vorbei an der gewaltigen Trotte von 1578. An der Rechtskurve wandern wir nach links in den Klarweg. An der zweiten Kreuzung gehen wir links und am Sportplatz ebenfalls links zur Grunerner Straße, neben der wir nach Staufen hineinlaufen. Am Neumagen links entlang und über die Gussstahlbrücke führt unser Weg in das historische Zentrum von Staufen. Am besten holen wir uns den schönen Stadtplan mit Stadtführer in der Touristinfo im Rathaus. Durch die Hauptstraße und die Bahnhofstraße kommen wir schließlich zum **Bahnhof** E (4:20 Std.) zurück.

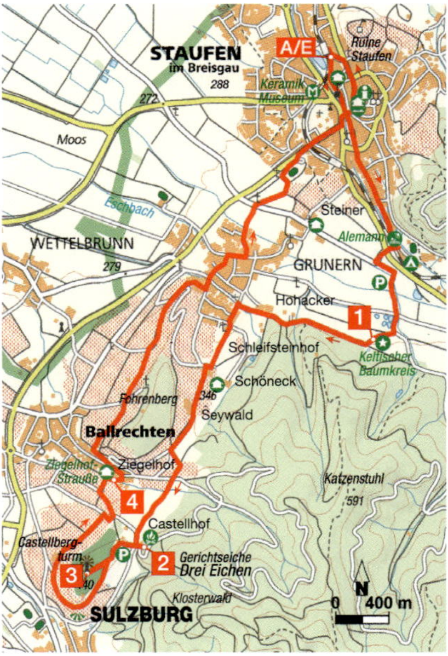

32 | 4:50 Std. | ↑ 200 Hm ↓ 200 Hm | ↔ 12,9 km

Von Heitersheim nach Betberg

Von Heitersheim aus verläuft diese Wanderung über Weinberge zur ältesten Kirche des Markgräflerlandes. In Heitersheim selbst warten die berühmte römische Villa Urbana und das Malteserschloss auf die Besichtigung. Oder sollen es doch nur die Straußeneinkehr und das Schwimmbad sein?

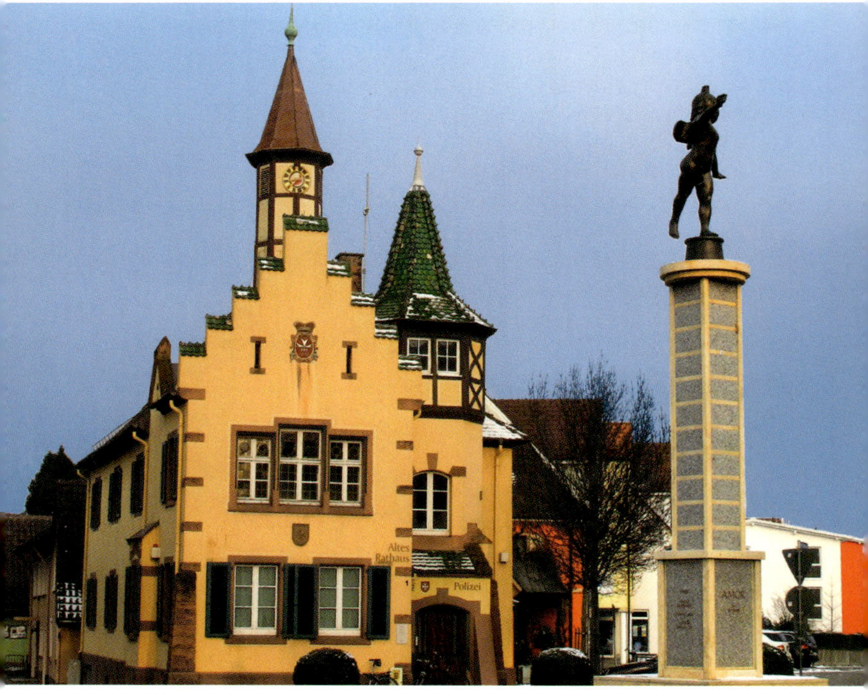

Das Alte Rathaus in Heitersheim

Der Wegverlauf

Vom **Bahnhof Heitersheim** A starten wir auf der Eisenbahnstraße neben dem Sulzbach in Richtung Osten zur Ortsmitte von Heitersheim. Unterwegs überqueren wir an einem Kreisverkehr die B3 und kommen dann an einem weiteren Kreisverkehr mit dem Standbild des Gottes

Tourencharakter
Leichte Wanderung ohne wesentliche Steigungen auf überwiegend sonnigen Weinbergwegen

Ausgangspunkt
Parkplatz vor dem Bahnhof Heitersheim (GPS: N47°52'50.9" E07°38'49.6")

Anfahrt
Auto: A5 Ausfahrt Hartheim-Heitersheim, nach Heitersheim. Bahn: Von Freiburg/ Müllheim. Bus: Linie 110 von Neuenburg, Linie 261 von Müllheim

Einkehr
Straußе Sulzbach-Strauss, 79423 Heitersheim, Am Sulzbach 114, Tel: 07634/42 72, www.weingut-lampp.de
Gaststätte Römerkeller, 79423 Heitersheim, Hauptstraße 25, Tel: 07634/55 23 79, www.roemerkeller.biz

Amor in der Mitte an das schmucke **Alte Rathaus** 1 (0:30 Std.) mit neogotischer Fassade. Das spätbarocke Stadtwappen stammt von 1847.
Rechts, kurz vor dem Kreisverkehr, wandern wir das Basler Gässle hoch, das weiter oben In der Ziegelei heißt. An einer T-Kreuzung gehen wir links die Straße Am Lehenbühl hoch und an einer weiteren T-Kreuzung rechts in die Weinbergstraße. Nach 400 Metern müssen wir rechts zum Feldrand hinunter, an dem wir dann links entlang weiterlaufen. Am Wegweiser mit dem Namen »Semmler« gehen wir rechts und an dem Kirschbaum wieder links auf Seefelden zu. In Seefelden schlendern wir auf der Schulstraße an einigen Bergarbeiterhäusern für das Kalibergwerk vorbei. An einer Kreuzung biegen wir nach links in die Betberger Straße ein. Nach dem Winzerhaus Seefelden und vor dem Häuschen mit den lila Fensterläden steigen wir rechts den Weinbergweg hoch und dann wieder abwärts. Vor einer Kehre wandern wir nach rechts den Grasweg hinunter nach Buggingen. Nach den Tennisplätzen gehen wir nach links in die Seefelder Straße, die dann später Bergstraße genannt wird. Wer Interesse an dem Kalibergbaumuseum hat, geht rechts in die parallel verlaufende Hauptstraße und hinüber zur Hausnummer 14. Die Geschichte des Kalibergbaus ist mittels Schautafeln, Vitrinen, historischen Originalaufnahmen und Exponaten ausgestellt. Es gibt auch einen Besucherstollen. Das Museum ist nur sonntags von 15–17 Uhr geöffnet, der Eintritt ist frei.
Danach verlassen wir die Bergstraße in die **Badergaß** 2 (1:50 Std.) nach links. An einer Y-Kreuzung in der tief eingeschnittenen Lösshohlgasse halten wir uns links und steigen weiter aufwärts in die Weinberge. Oben angekommen wandern wir mit schöner Aussicht geradeaus auf die Häuser von Betberg zu. An der Friedhofsmauer findet sich eine Treppe hinauf zur **Betberger Kirche** 3 (2:30 Std.), der ältesten Kirche des Markgräflerlandes. Im 8. Jahrhundert wurde das

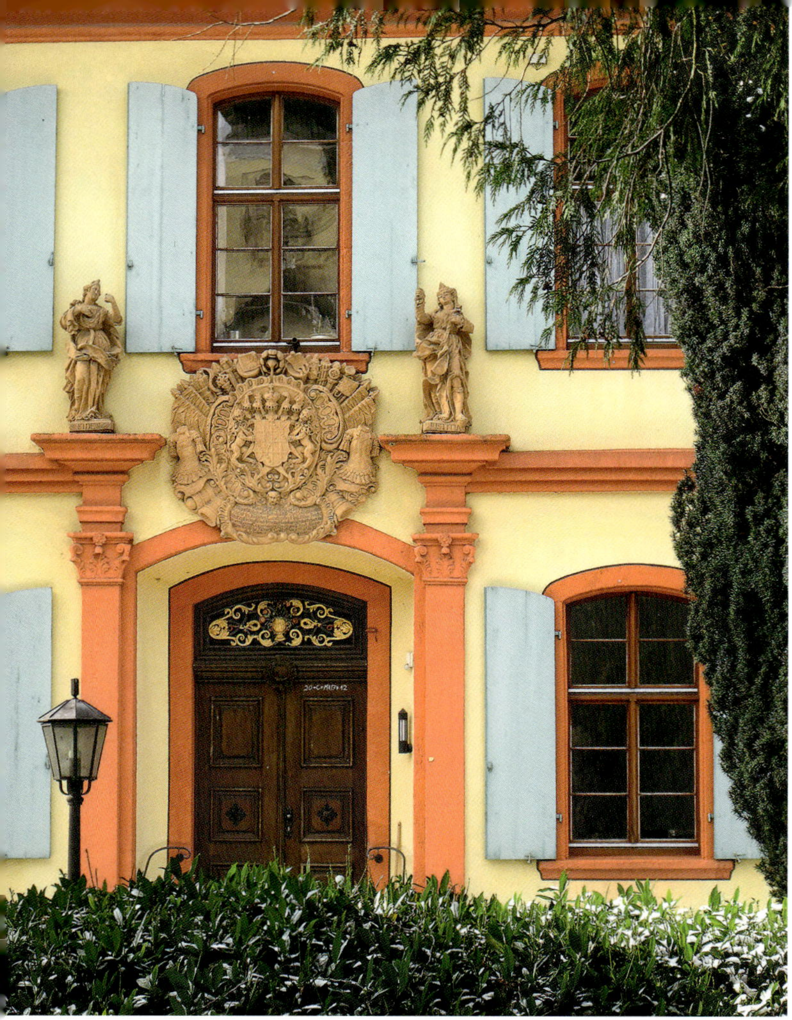

Im Innenhof des Malteserschlosses Heitersheim

romanische Gotteshaus von einem alemannischen Adligen erbaut und Betberg diente ihm als Herrensitz. Der spätgotische Chor hat schöne Fenster in Steinmetzarbeit mit alten farbigen Glasfenstern.
Auf der anderen Seite des Friedhofs führt wieder eine Treppe hinab zu einem Brunnen. Geradeaus gehen wir auf der Malteserstraße in Richtung Heitersheim. 100 Meter nach dem letzten Haus nehmen wir den linken Abzweig mit dem grünen Radwegschild. Wir sind jetzt auf dem Markgräfler Römerweg unterwegs. In Heitersheim laufen

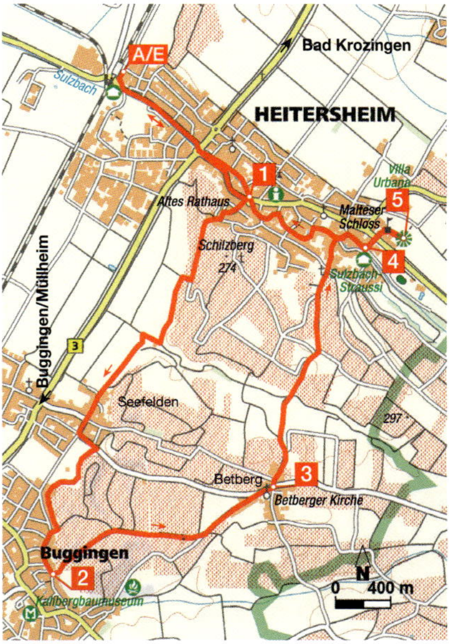

wir auf der Honiggass ein. An der Honiggassbrücke gehen wir vor dem Sulzbach rechts und kommen an einer weiteren Brücke an die empfehlenswerte **Sulzbach-Straussi** 4 (3:30 Std.), die zu einer langen, gemütlichen Einkehr lockt.

Von der Sulzbach-Straussi geht es weiter über die Brücke Im Schlossbuck hoch hinauf zum Malteserschloss. Das Schloss Heitersheim ist eines der schönsten Schlösser im Markgräflerland. Es war sowohl Residenz des Reichsfürsten als auch Sitz des Priors des Malteserordens. Ringmauern und Gräben der einstigen Wasserburg sind noch erkennbar. Später wurde die Wasserburg zu einer repräsentativen Schlossanlage ausgebaut. Heute besitzt der Orden der Barmherzigen Schwestern vom heiligen Vinzenz von Paul die Anlage. Sehenswert sind das Museum und auch der Schlosspark, von dem aus ein Weg zur römischen **Villa Urbana** 5 (3:45 Std.) hinüberführt. Die unter einem modernen Glasgebäude geschützte römische Villa ist vielleicht die wichtigste Sehenswürdigkeit der Gegend. Ihr gegenüber liegt das Freibad.

Am besten gehen wir wieder den Schlossbuck hinunter und wandern am ruhigen Sulzbach nach rechts bis zum **Alten Rathaus** 1 (4:20 Std.). Wir bleiben auch nach dem Rathaus weiter am Bach, der uns zum **Bahnhof Heitersheim** E (4:50 Std.) zurückbringt.

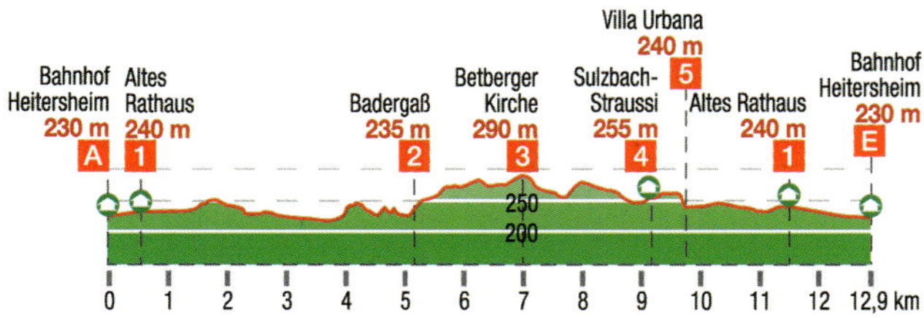

33 | 4:30 Std. | 400 Hm 400 Hm | 12,2 km

Zur Bergbaustadt Sulzburg

Vom Weinort Laufen führt der Weg durch weite Rebflächen hinüber nach Sulzburg, eine der ältesten Bergbaustädte Europas. In Sulzburg ist die Kirche St. Cyriak ein kulturhistorisches Juwel. Der bergbaugeschichtliche Wanderweg gibt Einblick in diesen vergangenen Wirtschaftszweig.

Der Wegverlauf

Die Wanderung startet am **Unteren Dorfplatz** A in Laufen. Wir wenden uns nach Osten, folgen der Markierung gelbe Raute in die Untere Holzgasse Richtung Sulzburg und dann weiter in die Obere Holzgasse. Am roten Sandsteinbrunnen gehen wir links in die Schloßgasse und nach 70 Metern vor dem alten Gut rechts. An einer Hütte in den Reben laufen

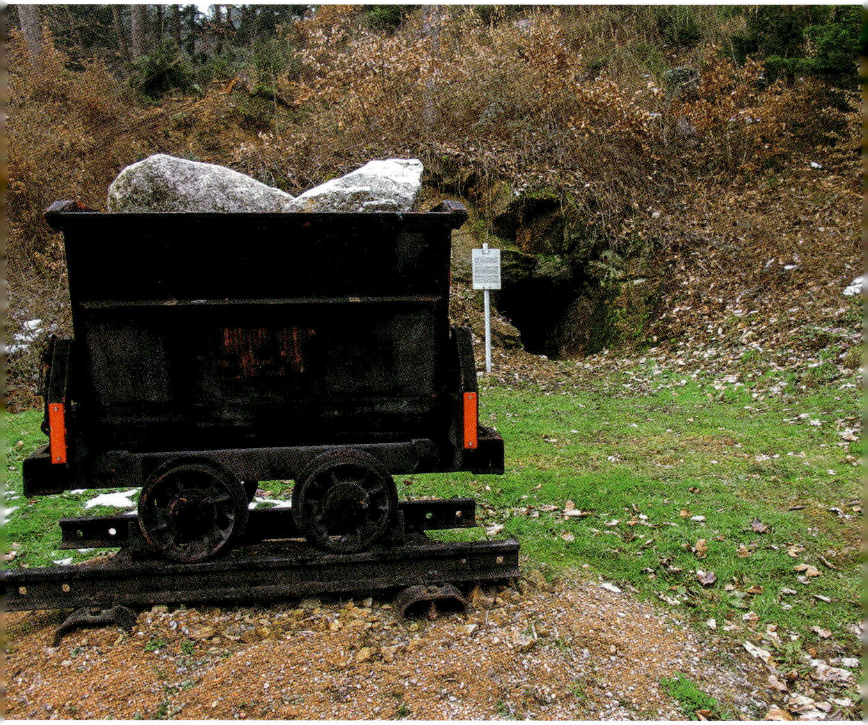

Uralter Stolleneingang bei Sulzburg

wir nach rechts auf dem Feldweg weiter. In den Baumgruppen rechts leben Schwarzspechte, die leicht an ihren charakteristischen Rufen zu erkennen sind. An einer T-Kreuzung weiter oben wandern wir rechts und nach 100 Metern links aufwärts. Es folgt wieder eine T-Kreuzung, an der wir nach links abbiegen. Nun überqueren wir eine Kreuzung geradeaus und gelangen durch Streuobstwiesen auf die Autostraße, die von Betberg herüberkommt und der wir nach rechts folgen. Nach 200 Metern gehen wir am Kreisverkehr an der Grether-Mühle rechts auf der Hauptstraße weiter stadteinwärts zum mittelalterlichen **Stadttor** 1 (0:50 Std.), in dem auch das ehemalige Gefängnis untergebracht war. Das Stadttor von Sulzburg zeigt das älteste deutsche Stadtwappen mit Bergbaubezug – einen Bergmann, der in einen Stollen einfährt.

Kurz vor der alten Stadtkirche, in der das Landesbergbaumuseum und die Touristinfo untergebracht sind, gehen wir links in die Ernst-Bark-Gasse und nach 100 Metern rechts in die Gustav-Weil-Straße. Gleich links steht die ehemalige Synagoge, die als einzige der Architekturschule Friedrich Weinbrenners aus Karlsruhe in der Kristallnacht von 1938 nicht zerstört wurde. Da sie zu dicht an den umliegenden Häusern stand, konnte sie nicht einfach angezündet werden. Die Synagoge entstand 1822 in spätbarock-klassizistischem Mischstil. Nach 1940 wurde sie abwechselnd als Stall, Lagerplatz und Fabrik genutzt. Sie ist heute Kulturdenkmal und Gedenkstätte zugleich.

Wir gehen in der Gustav-Weil-Straße weiter und kommen nach dem Gasthaus Weinreich mit der schönen Terrasse über dem Bach links zur Klosterkirche **St. Cyriak** 2 (1:00 Std.). Das kulturhistorische Juwel gehörte zu einem Kloster, das der Markgraf Ernst von Baden 1523 schließen ließ. In der Folgezeit verfiel es allmählich. Der frühromanische Kirchturm von St. Cyriak stammt mindestens aus dem 11. Jahrhundert und ist damit der älteste Kirchturm Südwestdeutschlands. Holzteile aus dem Turm haben Forscher mittels der sicheren Jahrring-

Tourencharakter
Leichte Auf- und Abstiege durch Weinberge und Wald auf Naturwegen und Asphaltstraßen

Ausgangspunkt
Unterer Dorfplatz in Laufen, parken an der Winzergenossenschaft Laufen (GPS: N47°50‘23.8“ E07°40‘58.9“)

Anfahrt
Auto: Über die A5 Ausfahrt Hartheim, Heitersheim oder Neuenburg, dann nach Osten nach Laufen. Bus: Linie 261 von Müllheim

Einkehr
Hotel Restaurant Rebstock, Hauptstraße 77, 79295 Sulzburg, Tel. 07634/50 31 40, www.rebstock-in-sulzburg.de
Gaststätte Torstüble, Hauptstraße 39, 79295 Sulzburg, Tel. 07634/698 99 91

methode auf das Jahr 996 datiert. Die Holzdecke im Innern wurde 1510 eingezogen. Ab 1950 wurde sie renoviert und ist heute die Gemeindekirche von Sulzburg.

Vor der Kirche gehen wir rechts an der Friedhofsmauer entlang aufwärts. Das gelbe Schild mit dem Bergbauzeichen zeigt an, dass wir nun auf dem bergbaugeschichtlichen Wanderweg sind. Er führt an Stollen und Plätzen vorbei, die heute noch Zeugnis geben vom einst regen Bergbau im Sulzbachtal. 1798 wurde der Bergbau nach einem großen Brand eingestellt. Nach der Friedhofsmauer wandern wir links und am Waldrand geradeaus hinauf zum Schlossberg. Links auf dem abgeflachten Hügel befand sich eine Burg der Üsenberger, die im 12. oder 13. Jahrhundert erbaut wurde, aber schon 1500 wieder zerstört wurde. Wir bleiben geradeaus auf dem Weg im hohem Mischwald, der nach der Rechtskurve wieder bergab läuft. Unten an der Y-Kreuzung nehmen wir den rechten Weg wieder aufwärts. Der markierte Weg trägt weitgehend den Namen »Arthur-Feißt-Wegle« und durchquert insgesamt vier Taleinschnitte mit kleinen Wasserläufen am bewaldeten Hang. Im Graben Enges Gründle steigen wir nach Sulzburg hinab. Unten stoßen wir auf die Badstraße. Ein Abstecher nach links führt uns nach 400 Metern zum schön gelegenen Naturschwimmbad und zum jüdischen Friedhof, der seit 1500 besteht.

Ohne Abstecher gehen wir auf der Badstraße 40 Meter nach rechts und dann in spitzem Winkel 40 Meter nach links. Ein Weg führt über den Sulzbach und rechts an diesem entlang. Schließlich kommen wir auf der Obertalstraße nach Sulzburg hinein.

Am **Stadtplatz** 3 (3:10 Std.) gehen wir nach links in die Markgrafenstraße am Landesbergbaumuseum (Dienstag bis Sonntag von 14–17 Uhr) in Richtung SOS-Kinderdorf vorbei. Bei der Feuerwehr schlendern wir links in die Straße Im Brühl. Am SOS-Kinderdorf laufen wir rechts vorbei in die Bugginger Gasse am Fliederbach entlang. Über eine Brücke wandern wir nun rechts hoch in Richtung Buben-

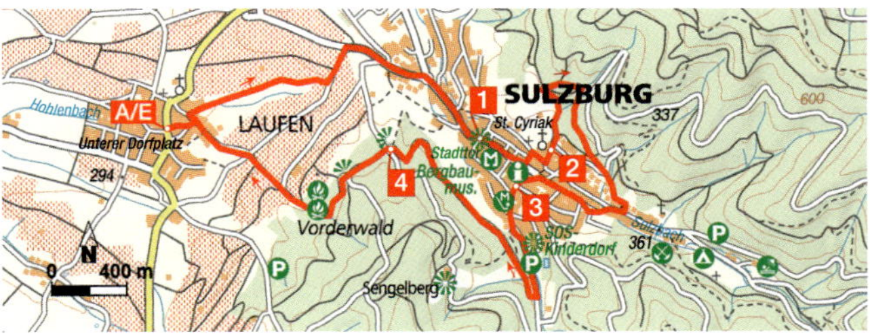

berg. Nach 200 Metern gehen wir an der Kreuzung rechts auf dem Panoramaweg über Sulzburg nun eben dahin. Die Wegmarkierung ist das Wappen des Zähringer Wanderwegs. Am **Wasserbehälter** 4 (3:50 Std.) wandern wir links Richtung Muggardt durch den Wald. An einer Wegspinne im Wald bleiben wir geradeaus in Richtung Laufen. Nach einer Kurve gehen wir in einem Graben bergab, verlassen den Wald und wandern geradeaus durch Weinberge nach Laufen hinunter. Am Ortseingang gehen wir in die Wüstgasse. Dieser folgen wir bis zum roten Sandsteinbrunnen, biegen nach links in die Obere Holzgasse und dann nach rechts in die Untere Holzgasse ab und gelangen wieder zum **Unteren Dorfplatz** E (4:30 Std.).

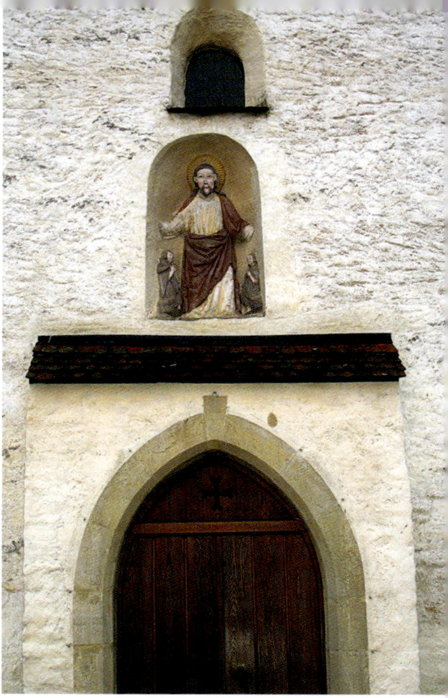

An der Kirche St. Cyriak in Sulzburg

Juden in Sulzburg

Kaiserliche Schutzbriefe bemächtigten die ersten Juden um das Jahr 1500, sich in Sulzburg niederzulassen. Seit damals existierte in der Stadt eine große jüdische Gemeinde. Im 19. Jahrhundert waren über 30 Prozent der Bevölkerung jüdisch. Wegen der Übergriffe der Nationalsozialisten mussten viele Juden aus Sulzburg fliehen. 1940 wurden die letzten 27 übrig gebliebenen jüdischen Bürger aus Sulzburg nach Gurs in Südfrankreich abtransportiert und ermordet.

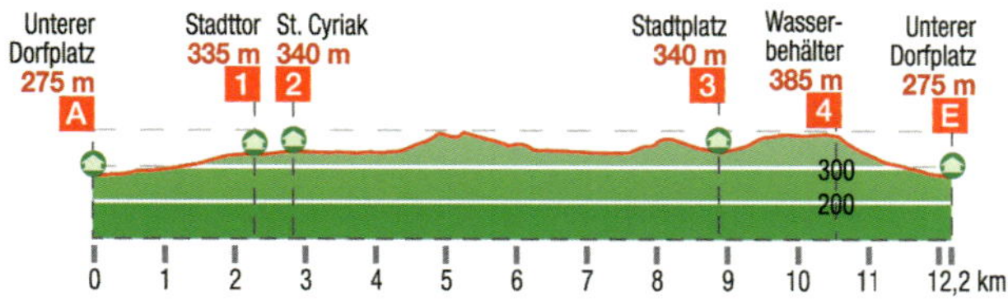

34 4:00 Std. | 220 Hm ↑ 220 Hm ↓ | ↔ 10,0 km

Müllheim und die Auggener Reben

Vom attraktiven, mit südlichem Flair gesegneten Müllheim verläuft diese sonnige Wanderung hinüber in die Auggener Weinberge. Die Tour bietet eine herrliche Aussicht nach allen Seiten, das Erlebnis eines wunderschönen Stadtrundgangs sowie vielfältige Museen und Sehenswürdigkeiten.

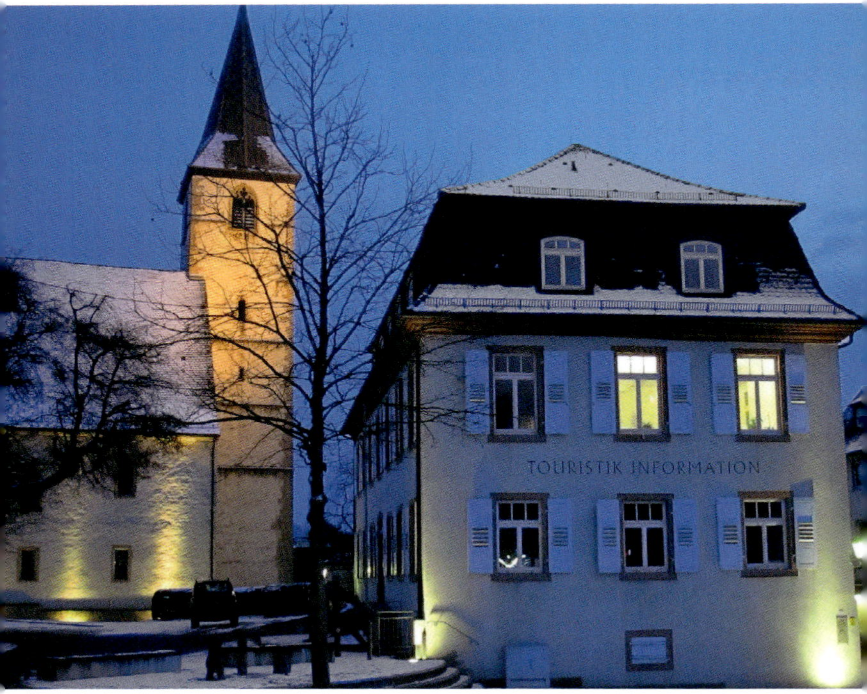

Abends vor der Martinskirche in Müllheim

Der Wegverlauf

Die Wanderung beginnt am Parkplatz vor dem **Bahnhof Müllheim A**, auf dem Fußweg am Bach entlang Richtung Luginsland, begleitet von der Markierung gelbe Raute. Der Weg läuft unter der B3 durch, nach 120 Metern rechts über die Holzbrücke und noch einmal unter einer Straße durch. Nach dem rosa gestrichenen Wohnblock mit der Hausnummer 15 gehen wir rechts in die Stechelestraße und unter der Südtangente durch in die Weinberge hoch. Nach 150 Metern wenden wir uns in spitzem Winkel nach links und steigen am Beginn einer Leitplanke rechts den steilen Naturweg aufwärts. Geradeaus über zwei Kreuzungen hinweg steuern wir auf das zweistöckige Weinberghäuschen mit der Baumgruppe zu. Am Aussichtsplatz Luginsland steht eine gewaltige alte Winterlinde (Tilia cordata), die im Gegensatz zur Sommerlinde zerdrückbare Samen hat.

Geradeaus weiter kommen wir an der höchsten Stelle des Berges zum **Jägerdenkmal** **1** **(1:00 Std.)**. Nun führt unser Weg weiter auf dem linken Weg hinter der Obstbaumallee, auf dem Markgräfler Wiiwegli und dem Jakobsweg mit der roten Raute. An einer T-Kreuzung, von der aus wir einen ersten Blick auf Auggen genießen können, folgen wir der roten Raute nach links hinab. Auggen wurde erstmals als Anghom im Jahre 752 namentlich erwähnt und gehört damit zu den ältesten Orten im Markgräflerland. An einem Quersträßchen in einer Hohlgasse gehen wir links hinunter und rechts wieder hinauf Richtung Auggen. Dort erwartet uns ein schöner und aussichtsreicher Picknickplatz mit Tischen und Bänken.

Dann geht es wieder abwärts zur **Rossberghütte** **2** **(1:30 Std.)** in den Auggener Weinbergen. An dieser Kreuzung wandern wir mit der gelben Raute links hoch Richtung Zieninger Gasse und verlassen damit den Jakobsweg und das Markgräfler Wiiwegli. Kurz nach der höchsten Stelle auf dem Homberg schlendern wir nach links an den Reben entlang. Rechts unten liegt Vögisheim. Später geht es durch Obstwiesen und Rebflächen geradeaus abwärts. An einer T-Kreuzung gehen wir zehn Meter rechts und dann links abwärts entlang der herrlichen alten Walnussallee. Im Herbst liegen dort große Walnüsse auf dem Weg, doch Vorsicht: Nüsse dürfen rechtlich gesehen nur

Tourencharakter
Leichte Auf- und Abstiege in den sonnigen Weinbergen und ebene Wege im schönen Müllheim

Ausgangspunkt
Parkplatz vor dem Bahnhof Müllheim (GPS: N47°48‘32.2“ E07°35‘58.8“)

Anfahrt
Auto: Über die A5 Ausfahrt Neuenburg, dann nach Osten nach Müllheim oder über die B3 von Freiburg oder Lörrach.
Bahn: Von Freiburg oder von Lörrach.
Bus: Mehrere Linien aus jeder Richtung

Einkehr
Gasthof Engel, 79379 Müllheim, Werderstraße 63, Tel: 07631/22 28, www.hotel-engel-muellheim.de
Restaurant Taberna, 79379 Müllheim, Marktplatz 7, Tel: 07631/17 48 84, www.taberna-restaurant.de

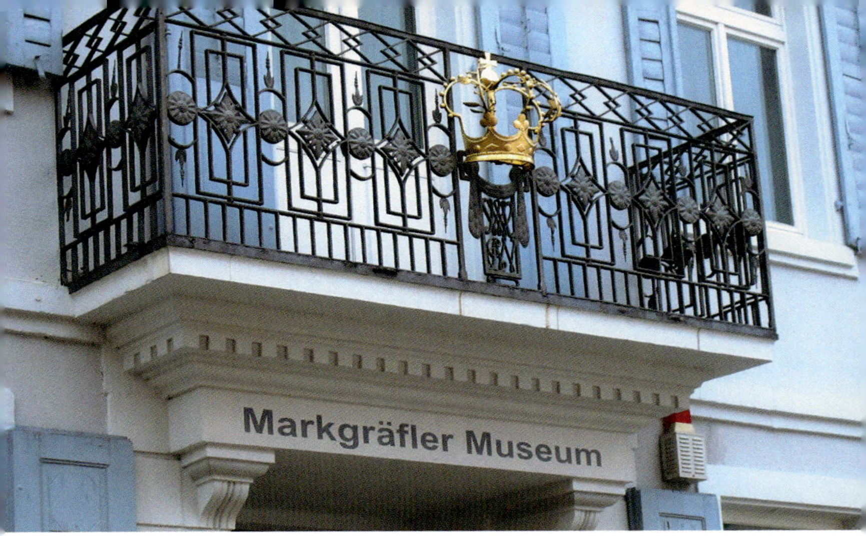

Das sehenswerte Markgräfler Museum in Müllheim

von öffentlichen Wegen aufgelesen werden, nicht aber von privaten Grundstücken.

An einer T-Kreuzung bei einigen Gärten wenden wir uns rechts auf dem späteren Lösshohlweg bergabwärts. Unten laufen wir in Müllheim auf dem Auggener Weg ein. Die Straße an der T-Kreuzung nennt sich nach links auch Auggener Weg, und wir folgen ihm nach links bis zu einer Kreuzung hinunter. Die Strecke ist wieder mit der roten Raute gekennzeichnet. An der Kreuzung nehmen wir den kleinen Fußweg geradeaus am Bach entlang. Wir stoßen auf eine Straße und gehen rechts wieder auf dem Auggener Weg. An der T-Kreuzung folgen wir der Hebelstraße nach links. Am Kreisverkehr gehen wir rechts Richtung Frick-Mühle den Bach entlang. Der Fußweg führt auf einer Holzbrücke über den Bach in die Gällelegasse, die sich geradeaus in die Eisengasse fortsetzt, in der eine Töpferei zu finden ist. Die Eisengasse endet am historischen klassizistischen **Schlachthaus** 3 (2:50 Std.), das wegen der Schlachtabfälle über den Klemmbach gebaut wurde. Heute dient das historische Gebäude nur noch kulturellen Anlässen. Aus den Gewölben unter dem Schlachthaus dringt das hell klingende Pfeifen der Wasseramsel, die sich erstaunlicherweise an das urbane Leben gewöhnt hat. Sie ist als einziger Singvogel in der Lage, unter Wasser zu tauchen, um sich Wassertiere vom Grund heraufzuholen.

Hier können wir einen 300 Meter weiten Abstecher nach rechts zum Mühlenmuseum in der Frick-Mühle machen. Im Prinzip gehen wir aber am Schlachthaus nach links den Bach entlang. An der folgenden

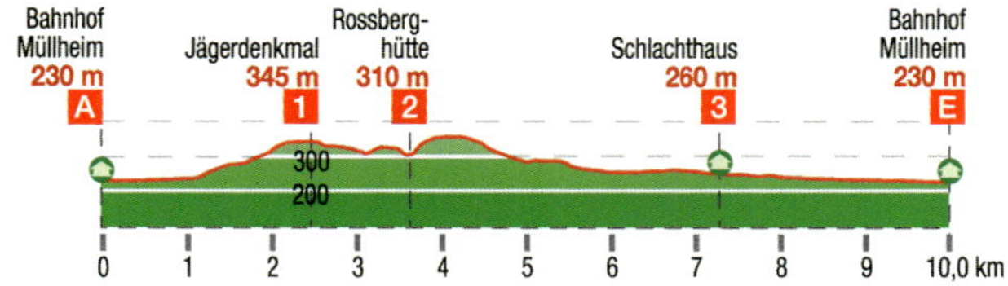

Kreuzung nehmen wir geradeaus die Kraftgasse entlang des Klemmbachs. Vorher können wir an der Kreuzung noch einen Abstecher nach rechts zur Martinskirche, zum Rathaus und zum Amtshaus machen. Im Amtshaus ist die Touristinfo, die den Stadtplan mit dem Titel: »Müllheim à la carte – ein einstündiges Menue« für einen Stadtrundgang bereithält.

Egal wie lange die Stadtbesichtigung auch dauern mag, sie endet wieder am Klemmbach, dem wir flussabwärts Richtung Bahnhof folgen. Später, eng auf der linken Seite des Klemmbachs bleibend, kommen wir schließlich wieder zu dem rosa gestrichenen Wohnblock an der Stechelestraße. Wieder zweimal unter einer Straße hindurch, entlang der schönen Platanenallee, bringt uns der Weg zurück zum **Bahnhof Müllheim** E (4:00 Std.).

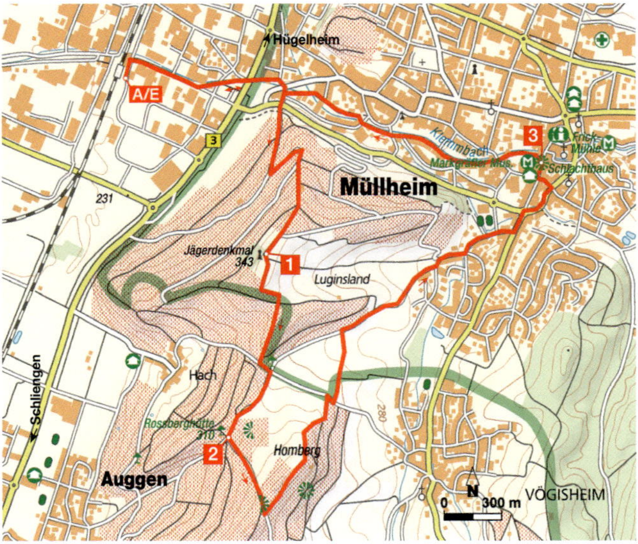

35 3:20 Std. ↑ 440 Hm ↓ 440 Hm ↔ 8,0 km

Abseits des Trubels

Zur Burg Neuenfels

Im mondänen Badeort Badenweiler laden der Kurpark, die römische Badruine und die Burgruine Baden zur Besichtigung. Durch schattige Wälder verläuft der Weg hinauf zur Burgruine Neuenfels, um die sich schauerliche Sagen ranken. In der Therme erholen wir uns zum Schluss von der Tour.

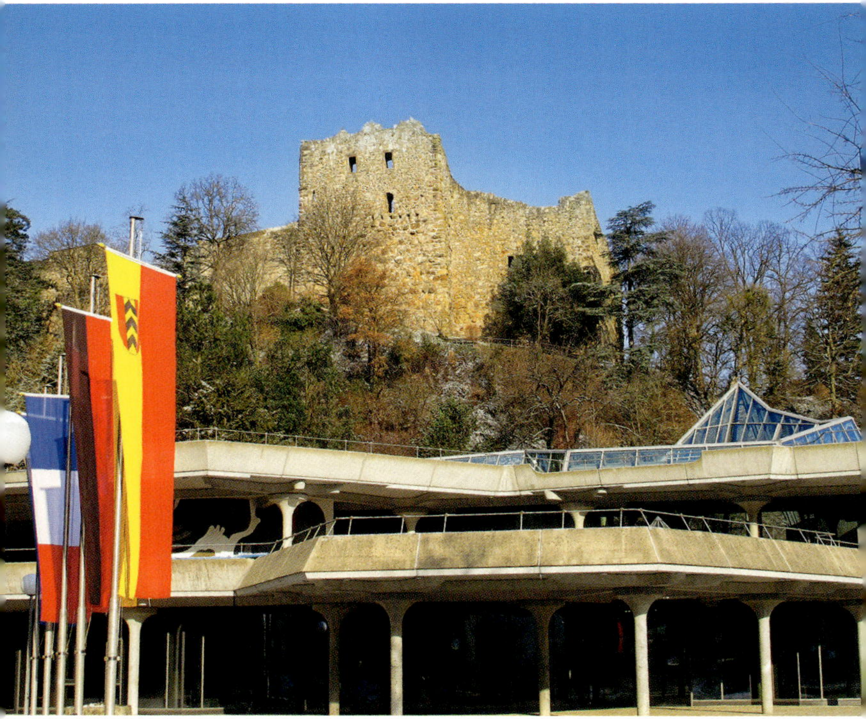

Die Burgruine Baden über Badenweiler

Der Wegverlauf

Startpunkt der anspruchsvollen Wanderung ist der **Schlossplatz** **A** in Badenweiler. Autofahrer parken 300 Meter oberhalb in der Friedrichstraße. Zuerst gehen wir auf das Kurhaus und auf die Burgruine Baden zu. Vor dem Kurhaus am Wegweiser »Belvedere« gehen wir links. Hinter dem Kurhaus müssen wir rechts hoch und nach dem

Tourencharakter
Überwiegend angenehm schattige Waldwege und Pfade mit markanten Steigungen

Ausgangspunkt
Schlossplatz in Badenweiler, parken in der Friedrichstraße (GPS: N47°47'57.8" E07°39'58.8")

Anfahrt
Auto: Über die A5 Ausfahrt Müllheim, dann nach Osten über Müllheim nach Badenweiler. Bus: Linie 111 von Müllheim

Einkehr
Markgräfler Winzerstuben, 79410 Badenweiler, Luisenstraße 6, Tel: 07632/254, www.badenweilertherme.de

Gärtnerhaus nach links. Weiter oben halten wir uns geradeaus bis zur Naturbühne und erklimmen die **Burgruine Baden** 1 (0:15 Std.). Aus dem Jahr 1122 stammt die erste urkundliche Erwähnung einer Burg in Badenweiler. Vom Bergfried aus genießt der Wanderer einen herrlichen Ausblick in die Rheinebene und zu den Vogesen.

Von der Burg steigen wir nun in östliche Richtung ab, sodass das Kurhaus rechts von uns liegt. So kommen wir am roten Gebäude »Belvedere« vorbei. Dann folgen wir dem Wegweiser zum Literarischen Museum nach rechts hinunter. Nach dem Kurhaus wandern wir links und weiter geradeaus durch den hübschen Kurpark abwärts. Am Ende des Kurparks gehen wir auf der Schlossbergstraße rechts und dann links den Unteren Kirchweg hinab. In **Oberweiler** 2 (0:40 Std.) überqueren wir den Klemmbach und gehen auf der Weilertalstraße nach links. Nach 20 Metern wenden wir uns nach rechts in den Rebweg. Am letzten Haus steigen wir geradeaus den Wiesenweg hoch. An der Kreuzung nach den Reben halten wir uns rechts Richtung Ruine Neuenfels. Bald schlendern wir auf einem netten Pfad in den schattigen Wald hinein, queren einen Waldweg und bleiben auf dem Fußweg, der ab der Römerberg Klinik parallel zur Straße verläuft. An der **Schwärze Hütte** 3 (1:05 Std.) überqueren wir die Straße und wandern nach links auf dem Tannwaldweg weiter. In einer Linkskurve nehmen wir den Dammbachweg nach rechts, der entlang des gurgelnden Dammbachs stetig aufwärtsgeht. An einer Kreuzung verlassen wir den Bach nach links in Richtung Burgruine Neuenfels. Weiter oben geht es weiter geradeaus, und wir kommen nach kurzer Zeit zur **Ruine Neuenfels** 4 (1:50 Std.). Eine Ecke der Ruine kann bestiegen werden und bietet eine grandiose Aussicht.

Die einsame Burg wurde erstmals 1307 urkundlich erwähnt. Das Lagerbuch in Britzingen schildert eine Moritat: »Ungefähr da zählet man 1540 ist Christoph von Neuenfels mit seiner Hausfrau, einer Tochter, zwo Mägden und übrigem Gesinde, zusammen acht Personen, bei

Nacht im Schloss Neuenfels jämmerlich ermordet und erst am dritten Tage gefunden worden. Sie sind zu Britzingen begraben. Man hat niemalen erfahren, durch wen der Mord geschehen. Seither ist das Haus nicht mehr bewohnt worden, sondern ein Stück nach dem anderen eingefallen und abgegangen, wie es noch vor Augen ist. Es ist sich wohl hoch zu verwundern, wie ein solches so starkes Gebäu in einer so kurzen Zeit verfallen und in solchen Ruin gerathen, da doch nichts davon abgebrochen wird.« Dieser dramatische Kriminalfall wurde nie aufgeklärt. Keiner wollte nach diesem Ereignis in der Burg leben, und so verfiel sie zur Ruine.

Von der Burg müssen wir wieder ein Stück den Weg hinunter, den wir vorher heraufgekommen sind. Im Dammbachgraben queren wir den Bach geradeaus. Rechts vom Waldweg zweigt ein Pfad ab, der aber immer parallel zum Waldweg bleibt und uns hinunter zur **Schwärze Hütte** 3 (2:25 Std.) bringt. Noch vor der Straße wandern wir nach links Richtung Badenweiler und nach 15 Metern nach rechts den Klinikweg abwärts. Etwa 40 Meter vor einer Waldstraße nehmen wir nach rechts den kleinen Pfad mit der Markierung gelbe Raute. Auf der Waldstraße gehen wir rechts, auf der Schwärzestraße links und unten über den Klemmbach. Die Schweighofstraße überqueren wir geradeaus und laufen an Walnuss- und Obstbäumen vorbei durch Wiesen auf Baden-

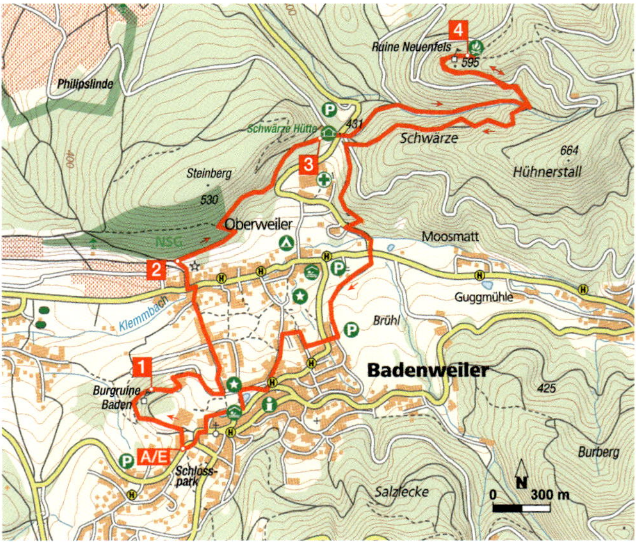

weiler zu. Nach dem zweiten Haus gehen wir rechts und weiter geradeaus über den großen Parkplatz. Am Ende des Parkplatzes steigen wir die Treppe hoch und gehen rechts den Birkenweg hinab. Nach ein paar Metern wandern wir links auf einem Fußweg über eine Brücke und an der folgenden Straße rechts. An der Straße Oberer Kirchweg gehen wir links steil aufwärts und in der Kurve kurz vor dem Ende der Straße rechts den Fußweg hoch. Am Vitteler Platz schlendern wir nach rechts in den herrlichen Kurpark. An der Gabelung mit dem Brunnen wählen wir den linken Weg. Bei den riesigen Mammutbäumen vor der Therme gehen wir rechts auf die überdachte römische Badruine zu. Nach der Badruine wandern wir links hoch. An der Kirche gehen wir auf der Kaiserstraße rechts und sind jetzt gleich zurück am **Schlossplatz** E (3:20 Std.).

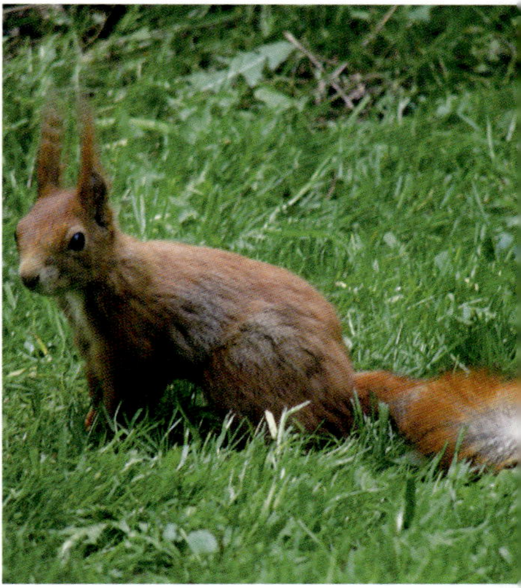

Zahmes Eichhörnchen im Kurpark von Badenweiler

Der Kurpark Badenweiler

Der 22 Hektar große Kurpark wurde vor 250 Jahren vom Markgraf von Baden – nach dem Vorbild englischer Parkanlagen – am Hang der Burgruine angelegt. Der großherzogliche Parkdirektor Ernst Krautinger erweiterte den Kurpark. Zahlreiche Bäume aus dieser Zeit stehen heute noch. Naturfreudige Entdecker finden Palmen, Zedern, Araukarien, Kakteen, riesige Mammutbäume, Azaleen, Magnolien, Sumpfzypressen und vieles mehr zwischen idyllischen Plätzen.

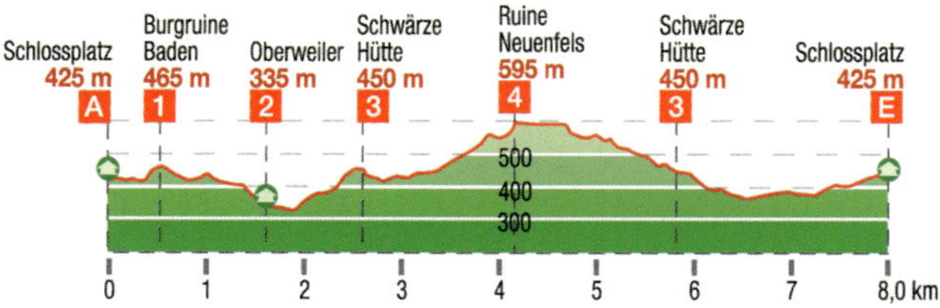

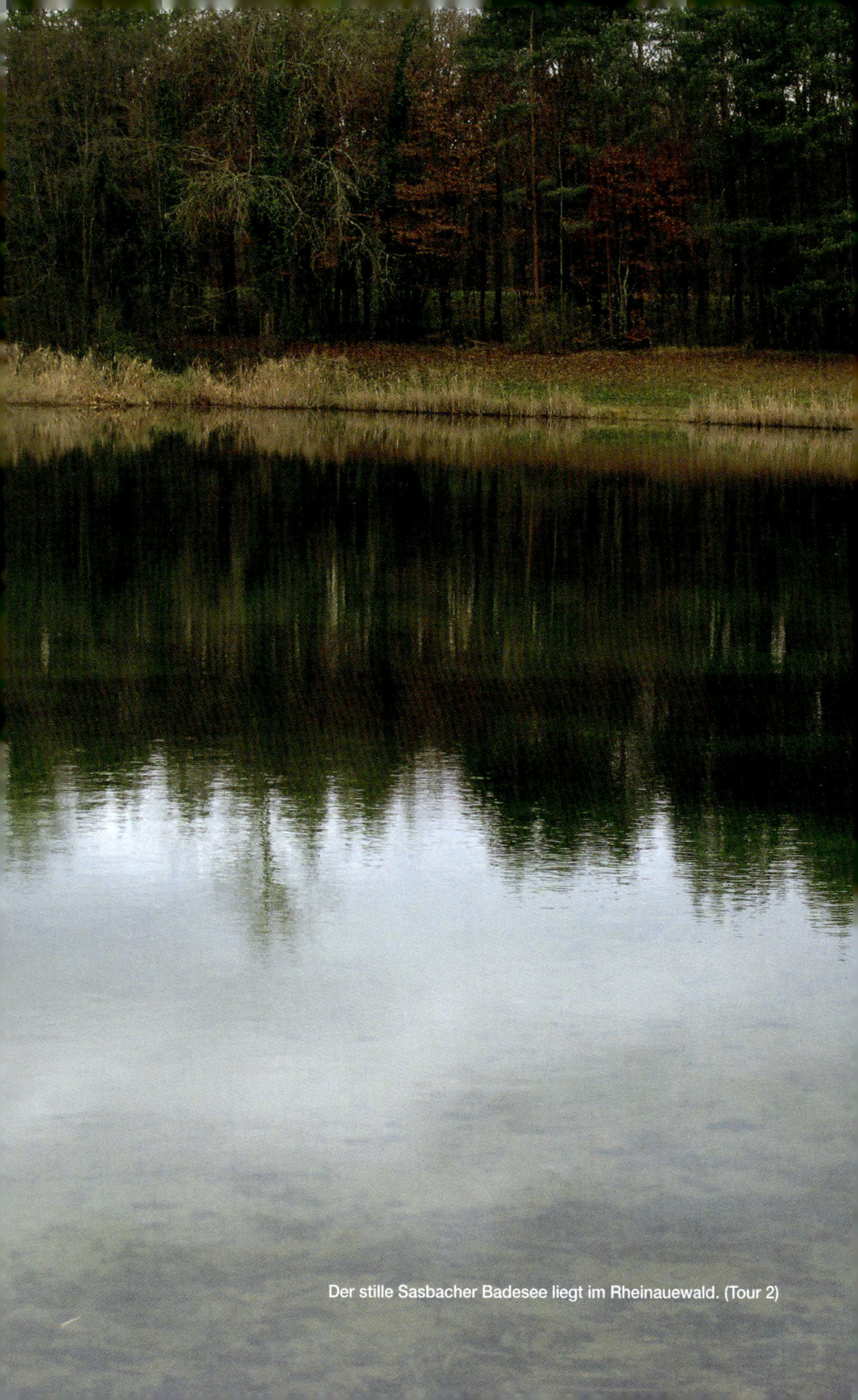

Der stille Sasbacher Badesee liegt im Rheinauewald. (Tour 2)

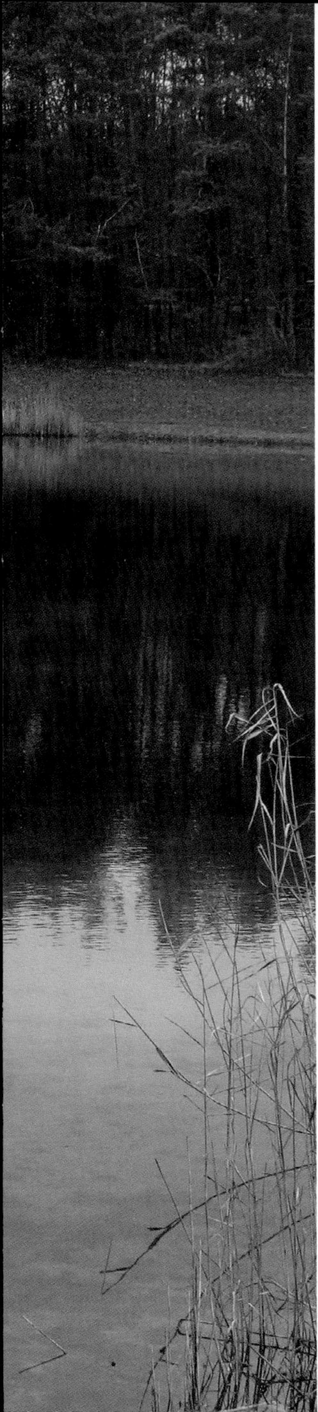

Top 5

Wanderungen mit Abkühlung

Geologie und Burgen am Limberg

Der Sasbacher Badesee versteckt sich im Wald, liegt jedoch an der Wanderroute. (Tour 2)

Von Endingen zum Katharinenberg

Der Erleweiher lädt zu einem erfrischenden Bad ein. (Tour 4)

Bezauberndes Burkheim

Einladende Badestellen mit Liegewiese liegen am Weg entlang des Burkheimer. Sees. (Tour 6)

Der Rheinauewald bei Breisach

Das große öffentliche Schwimmbad wartet am Ende der Wanderung. (Tour 20)

Von Badenweiler auf den Blauen

Eine richtige Bergtour, aber danach entspannen wir in der Cassiopeia Therme. (Tour 36)

36 5:00 Std. ↑ 730 Hm ↓ 730 Hm ↔ 13,3 km

Von Badenweiler auf den Blauen

Der aussichtsreiche Blauen ist zwar mit dem Auto erreichbar, aber der Aufstieg durch ausgedehnte Wälder und an romantischen Felsen und Picknickplätzen vorbei erfreut den Wanderer. Das Berghaus Blauen lädt zur Rast, bevor es über den Prinzensitz wieder nach Badenweiler zurückgeht.

Der Wegverlauf

Der Startpunkt der anspruchsvollen Wanderung ist der **Schlossplatz** A im Zentrum von Badenweiler. Autofahrer parken 300 Meter oberhalb in der Friedrichstraße oder auf dem Parkplatz Süd an der Kandener Straße. Das Gebäude an der Ecke Friedrichstraße und Blauenstraße ist das Großherzogliche Palais der Markgrafen von Baden,

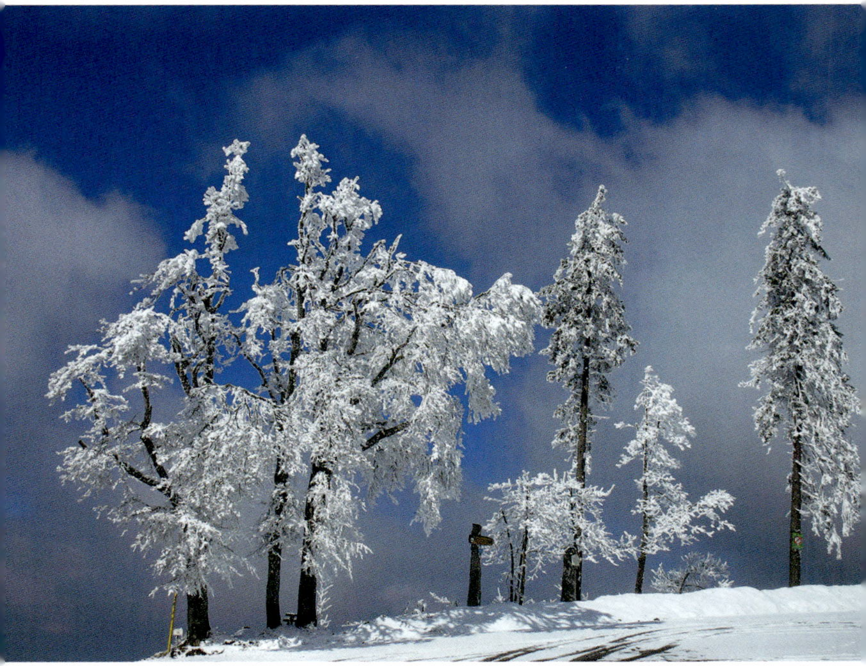

Strenger Winter auf dem Blauen

das im Jahr 1587 im Baustil der Neorenaissance errichtet wurde. Wir gehen am Palais vorbei durch den schönen Park. Am oberen linken Ende der Grünanlage treten wir auf die Blauenstraße und gehen an der nächsten Kreuzung in spitzem Winkel nach links in die Moltkestraße. An der Y-Kreuzung nach dem Hotel Fini-Resort wandern wir rechts in den Wald hoch – Richtung Blauen – mit der Markierung blaue Raute. Nach 300 Metern wenden wir uns links und kommen auf einen freien Platz. Hier wurden in römischer Zeit aus dem Quarzriff Erze gewonnen und zu Blei vergossen. Oberhalb des Platzes steht die Hütte Sophienruhe – ein beliebter Aussichtspunkt. Großherzogin Sophie von Baden verweilte während ihrer Kuraufenthalte gerne an dieser Stelle.
Beim romantischen »Altemannfels« stoßen wir wieder auf ein Quarzriff. Dort verläuft auch ein geologischer und bergbaugeschichtlicher Wanderweg, an dem Informationstafeln Einblicke in die Geschichte und Geologie des Bergbaus von Badenweiler geben. Am verträumten Rastplatz »Alter Mann« gehen wir vor der Hütte links und an einer Kreuzung mit Ruhebank rechts. Bald kommen wir zur **Prinzensitzhütte** **1** **(1:30 Std.)**, hinter der wir nach links, nun mit der gelben Raute, weiter aufsteigen. An einer unmarkierten Stelle ohne Wegweiser wählen wir den rechten Pfad weiter aufwärts – an einem Bergahorn finden wir einen verblassten blauen Strich. Weiter oben taucht dann wieder die gelbe Raute auf. An der Hütte Belchenblick wandern wir links vorbei und weiter in langen Serpentinen bergauf. Am Aussichtsplatz auf dem Wankerfels gehen wir links und an einer T-Kreuzung geradeaus, ab hier wieder mit der blauen Raute Richtung Blauen. Wir queren die Blauenstraße und halten uns an mehreren Abzweigen vorbei streng an die blaue Raute. An einer Kreuzung im Wald wandern wir nun nach rechts auf dem mit roter Raute ausgezeichneten Westweg Richtung Blauenturm. Wir stoßen auf die Blauenstraße und folgen ihr für 150 Meter aufwärts. Nun verlassen wir die Straße und gehen geradeaus zum Blauenturm

Tourencharakter
Steiler und langer Auf- und Abstieg auf schattigen Waldwegen und Pfaden

Ausgangspunkt
Schlossplatz in Badenweiler, parken in der Friedrichstraße (GPS: N47°47‘57.8“ E07°39‘58.8“)

Anfahrt
Auto: Über die A5 Ausfahrt Müllheim, dann nach Osten über Müllheim nach Badenweiler. Bus: Linie 111 von Müllheim

Einkehr
Markgräfler Winzerstuben, 79410 Badenweiler, Luisenstraße 6, Tel: 07632/254, www.badenweilertherme.de
Berghaus Hochblauen, 79410 Badenweiler, Tel: 07632/218 99 20, www.berghaus-hochblauen.de

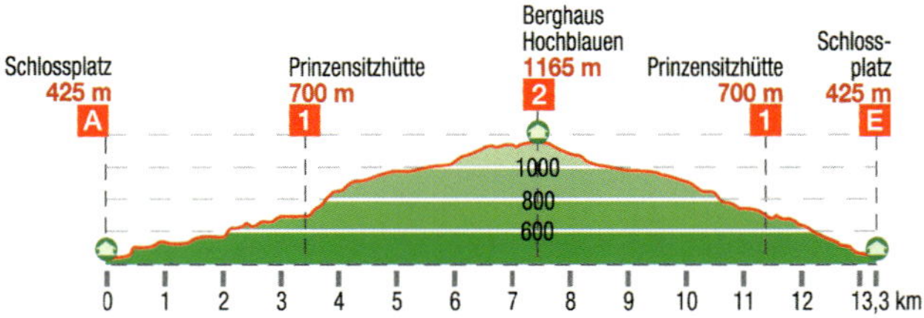

hinauf, der eine unvergleichliche Aussicht bietet. Dann steigen wir zu unserer verdienten Pause im **Berghaus Hochblauen** 2 (3:00 Std.) ab. Nach der Rast laufen wir die Blauenstraße hinunter bis zur Linkskurve, in der wir rechts auf unserem Aufstiegsweg wieder absteigen. Weiter unten queren wir wieder die Blauenstraße und kommen auf bekanntem Weg am Wankerfels und an der Belchenblickhütte vorbei. Etwa 100 Meter unterhalb der **Prinzensitzhütte** 1 (4:20 Std.) halten wir uns jetzt aber rechts mit der gelben Raute Richtung Badenweiler. Nach 30 Metern nehmen wir den kleinen Pfad links hinunter. In Serpentinen steigen wir durch den Wald hinab, gehen an einem Waldweg rechts und überqueren noch einmal die Blauenstraße. Nach kurzer Zeit stoßen wir wieder auf den Weg, den wir beim Aufstieg genommen haben. An der nächsten Kreuzung geht es nach rechts, und wir sind wieder an der Hütte Sophienruhe mit der schönen Aussicht. Unten am Waldrand, an der Kreuzung beim Hotel Fini-Resort, gehen wir nun aber geradeaus weiter in die Moltkestraße und dann links in die Hochwaldstraße, die in die Blauenstraße führt. Vor dem Großherzoglichen Palais sind wir dann wieder am **Schlossplatz** E (5:00 Std.), unserem Ausgangspunkt.

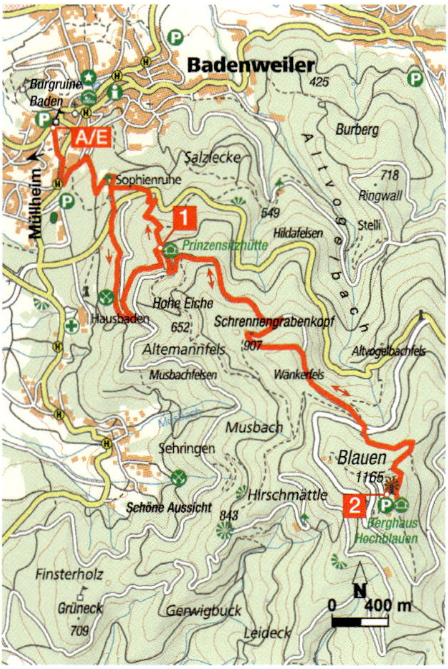

Gegenüber steht das Wahrzeichen Badenweilers, die Ruine der Burg Baden. Vielleicht steigen wir ja noch auf den Bergfried der Ruine hoch, denn dort oben besticht die unver-

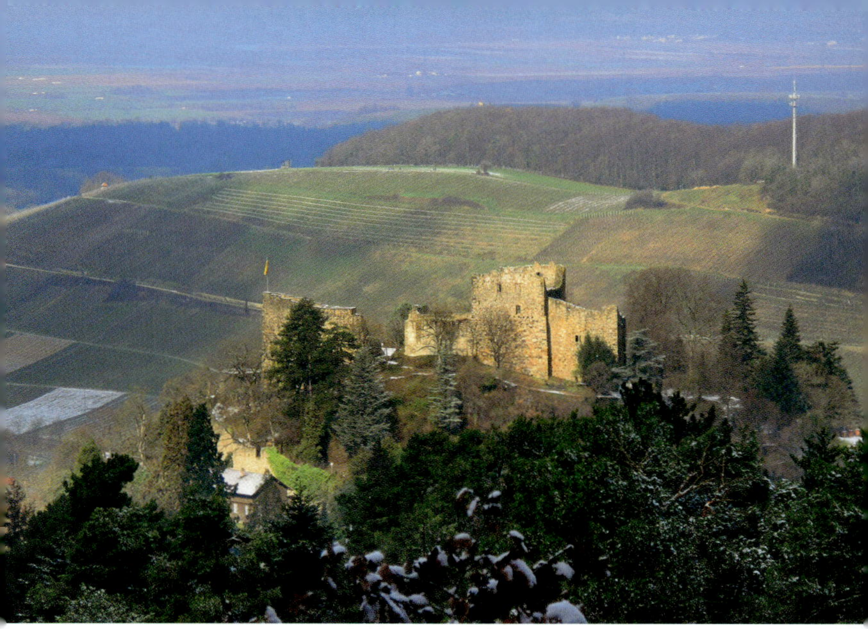

Blick von der Sophienruhe auf die Burgruine Baden

gleichliche Panoramasicht. Zwischen den Mauern sind verschiedene Räume mit unterschiedlichen Fensterformen erkennbar. Bereits Römer und Alemannen hatten den Burgberg befestigt. Ab 1122 schützten die Zähringer von der Burg aus ihren Silberbergbau. In der Folgezeit gab es mindestens zehn Besitzerwechsel. Die Welfen, die Staufer, die Grafen von Freiburg, die Fürstenberger und die Habsburger sind die bekanntesten. Zuletzt war die Burg im Besitz des Markgrafen von Hachberg-Sausenberg und ab 1503 der Markgrafen von Baden. 1678 wurde die Burg im Holländischen Krieg von den abrückenden Franzosen gesprengt; danach wurde sie nicht wieder aufgebaut. Eventuell besuchen wir noch den Gutedelgarten hinter der Burg Baden oder entspannen uns in der Cassiopeia Therme.

Gutedel

Im Markgräflerland trinkt man gerne Gutedel, denn hier befindet sich eines der bedeutendsten Anbaugebiete dieser sehr alten Rebsorte. Seit 5000 Jahren ist der leichte, fruchtige und trocken ausgebaute Weißwein beliebt. Der Gutedel ist bekömmlich und immer gut, wie der Name schon sagt. Am westlichen Ende des Kurparks zeigt der Gutedelgarten auf einem uralten Rebgelände über 70 verschiedene Gutedel-Variationen. Der Reben-Schaugarten ist durch einen Panoramaweg erschlossen.

Schliengener Wein und Schlösser

Die Weinorte Schliengen und Mauchen sind durch einen aussichtsreichen Weg miteinander verbunden, der durch große Weinlagen führt. Am Weg liegen das Lieler Schloss, das Wasserschloss Entenstein und weitere kulturhistorische Sehenswürdigkeiten. Zurück nach Schliengen geht es im Tal des Hohlebachs.

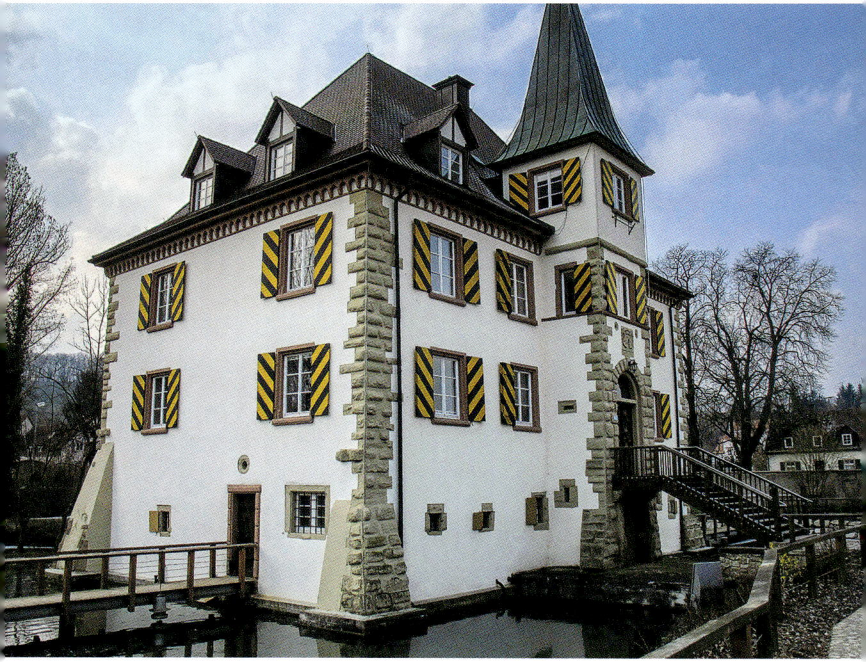

Das Wasserschloss Entenstein in Schliengen

Der Wegverlauf

Vom **Bahnhof Schliengen** A starten wir geradeaus in die Eisenbahnstraße Richtung Ortsmitte, und gehen bis zur T-Kreuzung am Gasthaus Sonne. Rechts sehen wir das Wasserschloss Entenstein, an dem wir auf dem Rückweg noch vorbeikommen. Jetzt gehen wir aber erstmal

Tourencharakter
Steile Abschnitte in den Weinbergen, meist aber angenehme, sonnige, asphaltierte und natürliche Wege

Ausgangspunkt
Parkplatz vor dem Bahnhof Schliengen (GPS: N47°45'39.9" E07°34'05.0")

Anfahrt
Auto: A5 Ausfahrt Neuenburg, nach Schliengen. Bahn: Von Freiburg und Lörrach. Bus: Linie 4 von Müllheim und Kandern

Einkehr
Restaurant Holzschopf, Altinger Straße 1, 79418 Schliengen, Tel. 07635/87 33
Gasthaus Drei Linden Bahnhöfle, 79418 Schliengen, Bahnhofstraße 6, Tel: 07635/13 00, www.gasthaus-drei-linden.de

300 Meter nach links an der B3 entlang, bis zum dunkelroten Gebäude der Winzergenossenschaft Schliengen-Müllheim. Wir steigen vor dem Eingang der ersten, schon 1908 gegründeten Winzergenossenschaft des Markgräflerlandes hinauf. Gegenüber befindet sich in einem alten Fachwerkhäuschen das **Trottenmuseum** 1 (0:25 Std.).

Wir folgen der roten Raute des Markgräfler Wiiwegli links hinter der Winzergenossenschaft vorbei. Nach den Gebäuden bleiben wir geradeaus auf dem ebenen Weg. Nach 50 Metern müssen wir rechts steil in die Weinberge hochsteigen. An einer T-Kreuzung gehen wir nun eben nach rechts auf die Häuser zu. Vor den Gebäuden wandern wir links die Straße Im Geistergarten hinauf. Schon ergeben sich schöne Ausblicke auf Schliengen und die weitere Umgebung. Bei einer Gabelung, an der ein »Denkmal« für die Gastronomie Schliengens steht, nehmen wir den rechten Weinbergweg. An der senkrechten kleinen Lösswand sehen wir unzählige Löcher von Solitärbienen und anderen Insekten. Nun kommen wir zu einer T-Kreuzung, gehen rechts und nach nur zehn Metern auf dem linken Weg weiter Richtung Roggenbach, auf das **Weinberghäuschen** 2 (1:00 Std.) zu. Von hier aus schauen wir direkt über die Dächer von Mauchen.

Wir wandern nun rechts hinunter, an einem steinernen Flurkreuz vorbei, auf das Einzelgehöft Haldenhof zu. Auf der Auggener Straße laufen wir rechts in das Dorf hinunter. An der Kreuzung in Mauchen kommen wir zu einer **Töpferei** 3 (1:20 Std.), deren schönes Angebot im Ausstellungskeller gezeigt wird.

Nun gehen wir die Bergstraße am schönen Rebstockbrunnen vorbei, bergwärts in Richtung Liel. Nach der Nikolauskapelle queren wir die Müllheimer Straße und steigen hinauf in die Weinberge. Dabei bleiben wir auf dem Asphaltsträßchen, das sich in zwei weiten Kurven nach oben schraubt. An einer Y-Kreuzung nehmen wir den rechten Weg, der weiter oben von einer wunderbaren Kirschbaumallee begleitet

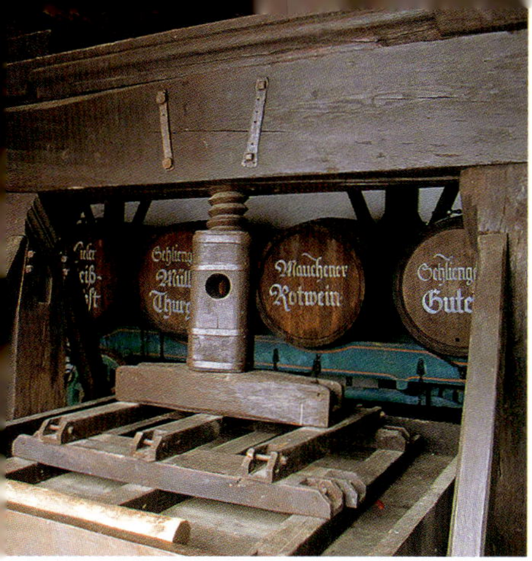

Das kleine Trottenmuseum in Schliengen

wird. Ganz oben am Ende eines Wäldchens steht der Wegweiser zum Aussichtspunkt **Auf der Eckt** **4** **(2:00 Std.)**. Von hier aus sehen wir in das Eggener Tal und auf Liel hinunter.

Am Wegweiser gehen wir geradeaus auf dem historischen Grenzweg in Richtung Liel weiter. An einem weiteren alten Grenzstein von 1781, am Schliengener Eckt, laufen wir links in die Reben hinunter. Vor einem alten Rebhisli wenden wir uns in spitzem Winkel nach links und an einer T-Kreuzung rechts weiter abwärts. Der nächste anzupeilende Punkt ist die Bank an einem Steinkreuz, das von zwei Thujen eingerahmt ist. Am Kreuz gehen wir rechts vorbei durch Wiesen, Felder und Obstbaumplantagen. Alte Walnussbäume und ein kleines Bächlein begleiten den Weg. An einem Steinkreuz von 1853 gehen wir links vorbei, überqueren ganz unten eine Landstraße und wandern auf dem Feldweg nach rechts auf Liel zu. Auf der Hauptstraße laufen wir nach links in den Ort bis zum **Dorfplatz** **5** **(3:00 Std.)** mit Brunnen. Dort nehmen wir für den 300 Meter weiten Abstecher zum Schloss Liel den Rad- und Fußweg an der Schlossmauer entlang und schauen uns das barocke Gebäude an. Dann spazieren wir den gleichen Weg wieder zurück.

Am Dorfplatz gehen wir geradeaus in die Schuhmacherstraße Richtung Schliengen. An einer Kreuzung steht rechts in einem Garten ein Flurkreuz von 1810. Hier gehen wir geradeaus durch die Felder weiter. An einer Kreuzung müssen wir nach rechts und laufen nun auf dem Rankweg entlang des Hohlebachs bis Schliengen. Der Bachverlauf wird deutlich durch die Reihe der Schwarzerlen, Weiden und Pappeln markiert. An einer Holzbrücke, an den ersten Häusern von Schliengen, gehen wir links in die Untere Biefangstraße und weiter geradeaus. An der Kreuzung mit der B3 wenden wir uns rechts und halten auf die Schliengener Kirche zu. Auf der rechten Seite beeindruckt uns das schmucke **Wasserschloss Entenstein** **6** **(4:15 Std.)** mit seinem neu angelegten Park. Das idyllische Schloss besteht in seiner heutigen Form seit Beginn des 16. Jahrhunderts. Bereits im Hochmittelalter stand an dessen Stelle ein quadratischer Wohnturm, der von einem Wassergraben umgeben war.

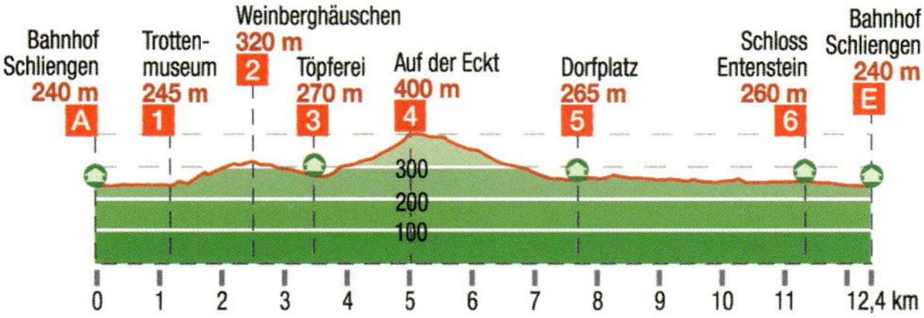

Das Schloss wird heute als Rathaus und Touristinfo genutzt. Nach weiteren 100 Metern erreichen wir das Gasthaus Sonne, von dem wir nach links auf der Eisenbahnstraße auf geradem Weg wieder zum **Bahnhof Schliengen** E (4:40 Std.) zurückkommen.

Schloss Liel

Die Herren von Baden zu Liel ließen 1750 das Lieler Schloss im Barockstil erbauen. Zu der Schlossanlage gehörten einst mehrere Gebäude sowie ein großer Schlosspark. Sogar ein kleines Barocktheater zählte dazu. Heute ist in dem ehemaligen Kavaliersbau des Schlosses die Verwaltung der »Lieler Schlossbrunnen« untergebracht. Die Mineralquelle im Schlosshof wurde erstmalig 1560 erwähnt. Hans Balthasar von Baden ließ diese Mineralquelle damals erschließen.

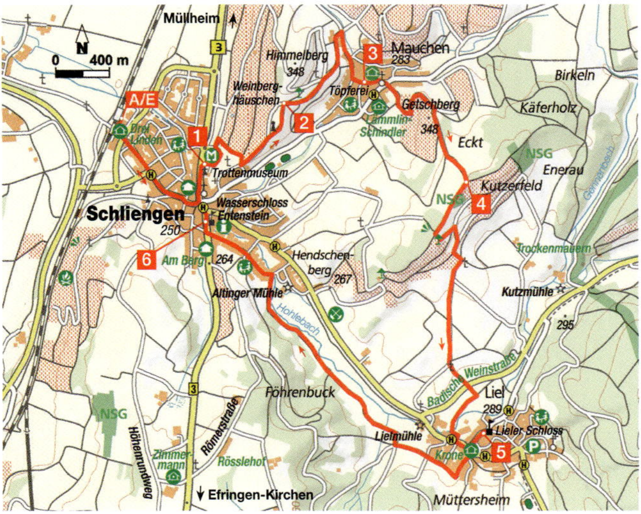

38 | 3:30 Std. | ↑ 400 Hm ↓ 400 Hm | ↔ 9,4 km

Abseits des Trubels

Hinauf zum Schloss Bürgeln

Von Obereggenen verläuft die Wanderung durch die Obstbaumhänge und den schattigen Hochwald hinauf über den Ringwall am Brennten Buck zum klassizistischen Kleinod Schloss Bürgeln. Zurück geht es über den Pass St. Johannisbreite auf dem Panoramaweg wieder auf Obereggenen zu.

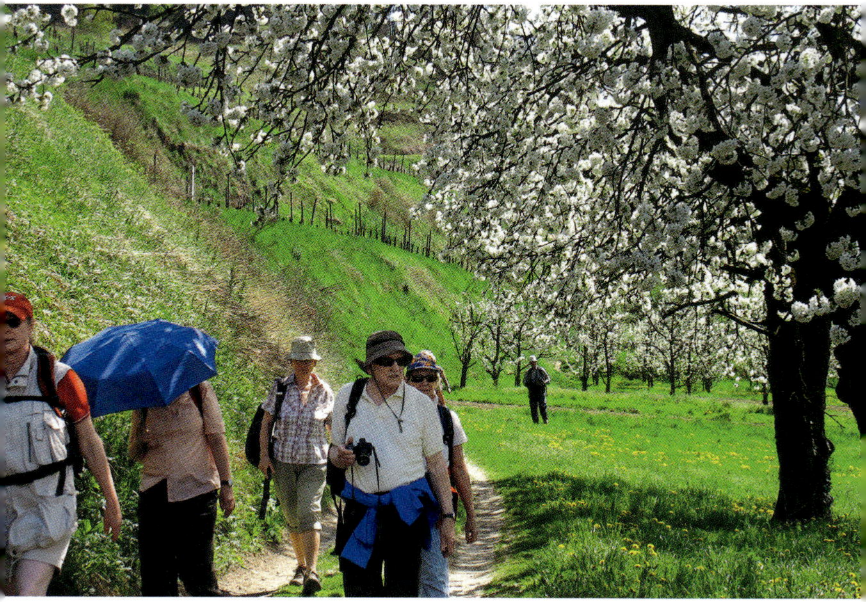

Wandern unter Kirschbäumen

Der Wegverlauf

Vom Parkplatz am **Rathaus Obereggenen** A wandern wir auf der Bürgler Straße nach Osten bergauf. An einer Y-Kreuzung verlassen wir die Bürgler Straße nach rechts in die Straße Im Pfaffenholz. An einer weiteren Y-Kreuzung in den Obstwiesen, die in der Rückschau eine herrliche Aussicht über Obereggenen bietet, gehen wir nach links Richtung Rüttele. Bald überqueren wir die Straße, die von Schallsingen heraufkommt. Am Wegweiser »Rüttele« mit Ruhebank wenden wir uns nach rechts aufwärts zum Schloss Bürgeln. Der Wanderweg überquert ein weiteres Mal die Straße von Schallsingen herauf und zieht sich nun an einem Waldrand entlang. Bald umfasst uns dichter Hochwald, und der plätschernde Blauenbach fließt uns entgegen. Dem **Wegweiser Blauenbach** 1 (1:00 Std.) folgen wir nach rechts zum Schloss Bürgeln hinauf. Neben den Weißtannen stehen hier im Wald auch mächtige Amerikanische Douglastannen, mit der markanten grobrissigen Rinde und den nach Zitrusfrüchten riechenden Nadeln.

An einer Y-Kreuzung, in einer Senke, steht ein Wegweiser mit dem Namen »Währbrunnen«. Jetzt führt der Pfad entlang des steilen Hangs weiter hinauf zum Schloss Bürgeln. Wir queren einen Waldweg und erreichen schließlich eine Wegspinne, die zugleich ein Passübergang ist. Rechts bietet sich ein kurzer Anstieg auf den **Brennten Buck** 2 (1:30 Std.) an. Dort oben sind die Reste eines keltischen Ringwalls zu erkennen – eine strategisch günstige Stelle, tief im Wald versteckt. Nun gehen wir wieder die paar Meter hinunter zur Wegspinne.

An dem Passübergang wandern wir rechts auf dem Salzleckweg hinunter. Am wunderschön angelegten Grill- und Rastplatz Sandboden kommen wir dann auf den **Parkplatz Schloss Bürgeln** 3 (1:50 Std.). Durch eine Toreinfahrt gehen wir zum noch nicht sichtbaren Schloss hinauf. 100 Meter vor dem Gebäude fällt rechts ein Weg in den Wald ab zum Parkplatz St. Johannisbreite, den wir später benutzen wollen. Zuerst ist aber das herrliche frühklassizistische **Schloss Bürgeln** 4 (2:00 Std.) zu besichtigen. Es finden dort regelmäßig Führungen statt. Von der Terrasse des Schlosses breitet sich eine weite Sicht nach Südwesten aus.

Die Geschichte dieses Platzes ist lang. An der Stelle des Schlosses wird eine römische Landvilla vermutet. Der Ritter Werner von Kaltenbach errichtete Ende des 11. Jahrhunderts eine Johanneskapelle. Im 12. Jahrhundert gründete der Abt von St. Blasien eine Propstei. Diese musste die Verwaltung des klösterlichen Grundbesitzes im Markgräflerland sowie

Tourencharakter
Anfangs schöne Naturwege durch Obstbäume, später steile, schattige Waldwege und Pfade

Ausgangspunkt
Parkplatz am Rathaus Obereggenen (GPS: N47°45‘25.1“ E07°38‘50.5“)

Anfahrt
Auto: Über die A5 Ausfahrt Neuenburg, dann nach Südosten nach Obereggenen.
Bus: Linie 264 von Müllheim oder von Kandern

Einkehr
Landgasthof Graf, 79418 Schliengen, Kreuzweg 6, Tel: 07635/824 26 68, www.landhotel-graf.de
Restaurant Stübli, Schloss Bürgeln 1, 79418 Schliengen, Tel. 07626/293, www.schloss-stuebli.de

die Betreuung des nahen Frauenklosters Sitzenkirch und mehrerer Gemeinden im Umland bewältigen. Bürgeln war aber auch eine Klosterzelle des Benediktinerordens. Im Bauernkrieg und im Dreißigjährigen Krieg wurde die Propstei weitgehend geplündert und zerstört. 1762 entstand dann der heutige Repräsentationsbau für das Kloster St. Blasien als zweigeschossige Dreiflügelanlage, die von einem kleinen Park umgeben ist. Nach der Säkularisation zu Beginn des 19. Jahrhunderts fiel das Schloss dem Großherzogtum Baden zu und wurde an Privatpersonen verkauft. Das Schloss verkam immer mehr. 1920 sollte es erneut verkauft werden. Heimatverbundene Bürger aus dem Markgräflerland gründeten daraufhin den »Bürgeln-Bund«. Mit ihren finanziellen Mitteln konnte die Gemeinde Obereggenen das Schloss kaufen. Der Bürgeln-Bund betreut das Schloss bis heute. Ein privater kunstliebender Mäzen finanzierte die umfangreiche Renovierung, die 1926 beendet wurde.

Der berühmte Schriftsteller Johann Peter Hebel war Stammgast im Schloss Bürgeln. Er widmete dem Schloss ein alemannisches Gedicht: »Z'Bürgle uf de Höh – Nei, was cha me seh. O wie wechsle Berg un Tal – Land un Wasser überall. Z'Bürgle uf der Höh.«

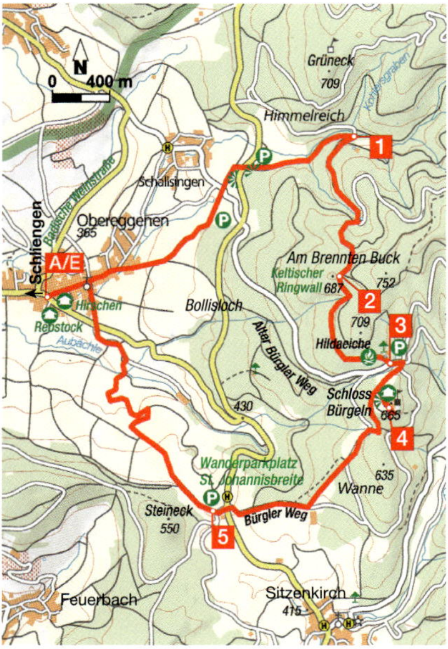

Nach der Schlossbesichtigung und vielleicht nach der Einkehr im Schlossrestaurant gehen wir 100 Meter zurück und steigen den Weg links hinunter Richtung St. Johannisbreite. Am ersten Abzweig gehen wir rechts und dann am nächsten Abzweig gleich links hinunter. Am Passübergang St. Johannisbreite überqueren wir die Straße von Kandern nach Marzell geradeaus, bis zum **Wanderparkplatz St. Johannisbreite** 5 (2:45 Std.). An dem alten Grenzstein wandern wir rechts auf dem Panoramaweg über die Obstwiesen hinunter. Mehrere Abzweige bleiben unbeachtet, weil uns die gelbe Raute sicher nach Obereggenen hinabbringt. Kurz vor dem Ort ist noch eine Landstraße zu überqueren, bevor wir dann in

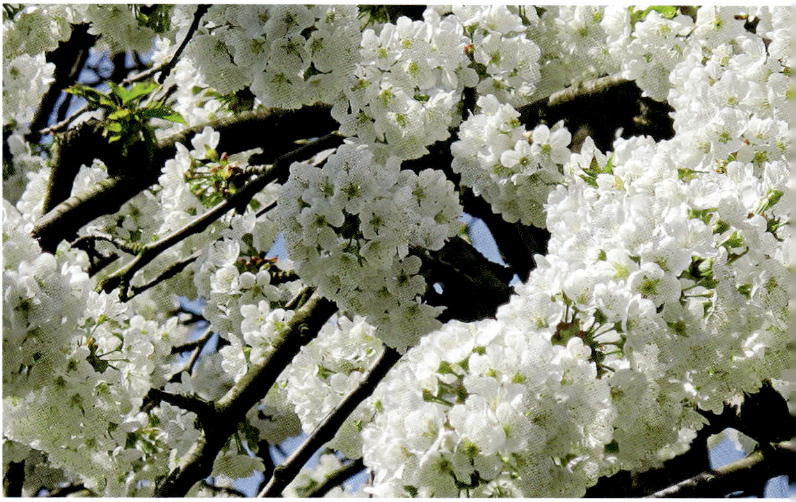

Kirschblüte im Obereggener Tal

Obereggenen auf dem Kreuzweg an der Kirche ankommen. Links auf der Bürgler Straße abwärts, und schon sind wir wieder am **Rathaus Obereggenen** E (3:30 Std.).

St. Blasien und das Schloss Bürgeln

Werner von Kaltenbach vermachte 1125 dem Kloster St. Blasien seinen Besitz mit der Auflage, auf dem Berg ein Kloster zu errichten. 1762 wurde der Bau auf Veranlassung des Fürstabtes von St. Blasien, zu dem die Propstei gehörte, im frühklassizistischen Stil mit Ausstattungen im Rokokostil begonnen und 1764 vollendet. Die Zugehörigkeit zum Kloster ist noch heute am springenden Hirsch im auf dem Dach des Schlosses angebrachten Wappen erkenntlich.

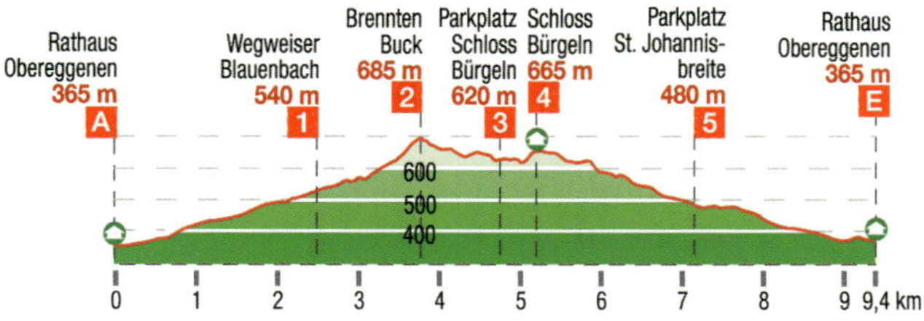

Auf dem Isteiner Klotz

Vom Weinort Efringen-Kirchen führt die Wanderung durch das schöne Istein und auf den Isteiner Klotz. Der markante Jurakalkrücken bildet auf der Isteiner Seite ein steiles Kliff. Über Huttingen und den Schafberg auf der Hochfläche über dem Rhein verläuft der Rückweg.

Der Wegverlauf

Vom Parkplatz vor dem **Bahnhof Efringen-Kirchen** A beginnen wir die Tour nach rechts, also nach Westen Richtung Istein, mit der Markierung gelbe Raute. Der Fußweg führt an den Schienen entlang und geht dann in die Markgrafenstraße über. Die nächste Straße gehen wir rechts. Es ist die Hutgasse, die an einer Wiese mit Obstbäumen

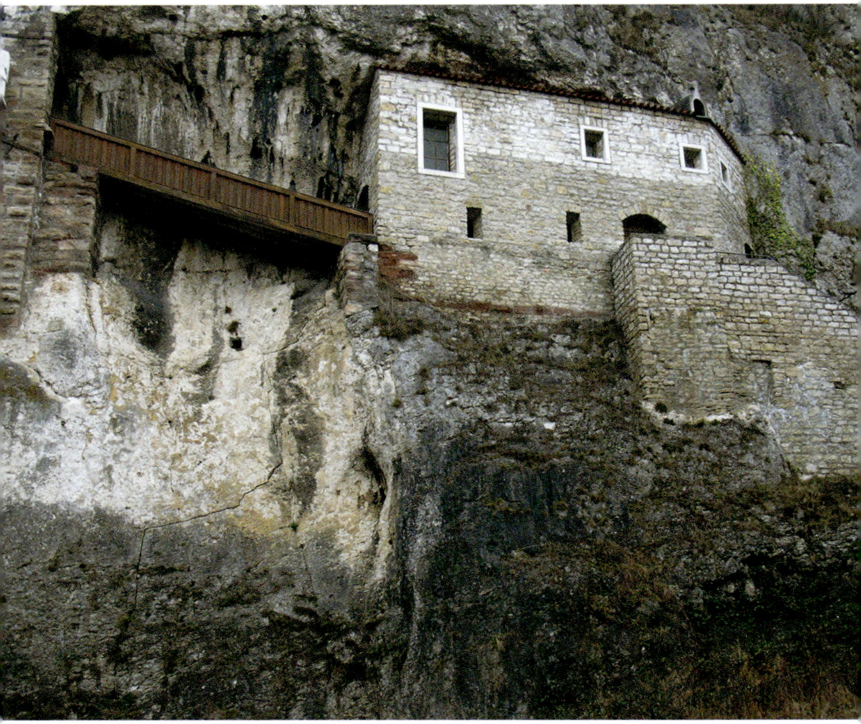

Die Felsenkirche am Isteiner Klotz

endet. Wir können jedoch am Bahndamm entlang über die Wiese weitergehen. An deren Ende kommen wir an die Landstraße, neben der wir 200 Meter auf dem Gehweg nach rechts wandern. Nach dem Weingut Kalkwerk Istein gehen wir rechts in die Straße In der Vorstadt. An einem roten Sandsteinkreuz und am Gasthaus Rebstock biegen wir links in die Straße ein, die wenig später den Namen »Im Innerdorf« trägt. Beim Durchwandern des schönen Ortskerns von Istein sollten wir uns reichlich Zeit nehmen und die historischen Häuser betrachten, an denen zum Teil Informationstafeln angebracht sind. Zuerst kommen wir am Freistedts Schlössli, heute das Weingut Schlossgut Istein, mit seinem markanten Treppengiebel vorbei. Der Scholerhof stammt aus dem Jahr 1580, und das Haus Arche aus dem Jahr 1535 ist das älteste Haus Isteins.

Tourencharakter
Leichte Wege mit gemäßigten Aufstiegen, meist auf sonnige Weinberge und Hochflächen, sowie einige schattige Waldwege und Pfade

Ausgangspunkt
Parkplatz vor dem Bahnhof Efringen-Kirchen (GPS: N47°39‘17.2“ E07°33‘55.5“)

Anfahrt
Auto: A5 Ausfahrt Efringen-Kirchen, dann nach Efringen-Kirchen. Bahn: Von Müllheim und Lörrach. Bus: Linie 15 von Schliengen oder von Lörrach

Einkehr
Restaurant Walsers, 79588 Efringen-Kirchen, Bahnhofstraße 34, Tel: 07628/80 552 44, www.walsers-hotel.de
Gasthof Zum alten Salzfaß, 79588 Efringen-Kirchen, Markgrafenstraße 26, Tel: 07628/12 13, www.salzfass.de

Nach dem **Gasthaus Zum Schlüssel** **1** (1:00 Std.) steigen wir rechts hoch und unter der Bahnlinie hindurch. Geradeaus, in 500 Meter Entfernung, sehen wir die St. Veitskapelle in der Felswand. Ein Abstecher dorthin ist lohnend, gibt die kuriose Kapelle doch ein eindrucksvolles Bild ab.

Wieder zurück an der Kreuzung vor dem Gasthaus Zum Schlüssel gehen wir jetzt also links aufwärts unter der Bahn durch, Richtung Isteiner Klotz. Nach einer Kurve in den Weinbergen halten wir uns links auf dem geschotterten Weg weiter aufwärts. Der Weg verläuft entlang von alten, aus Kalkstein aufgeschichteten Trockenmauern, die ein Paradies für wärmeliebende Echsen, Schlangen, Insekten und Pflanzen sind. Der Blick zurück schweift über Istein und das darüberliegende Kalkwerk Istein.

An einem Gedenkstein im Wald halten wir uns links auf dem kleinen Pfad den Zaun entlang. Jetzt sind wir im Naturschutzgebiet Isteiner Klotz. Die offen liegenden Jurakalkfelsen bilden einen besonderen Trockenstand-

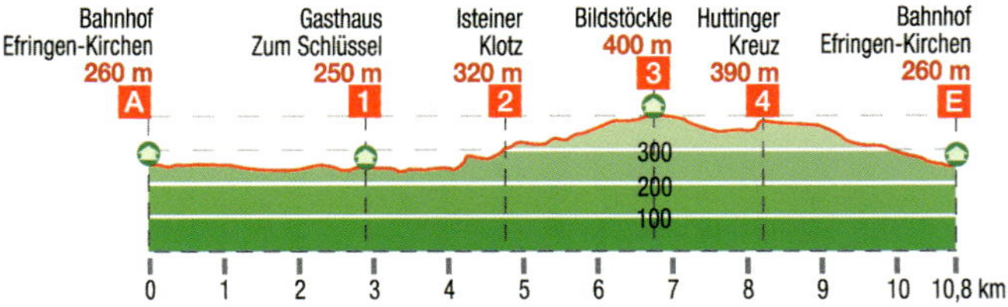

ort mit vielfältiger und interessanter Botanik, die auf Schautafeln erklärt wird. An einem Picknickplatz mit Tisch und Bank bietet sich ein herrlicher Weitblick über den Rhein. Etwas weiter oben stehen wir dann auf dem Fasnachtsfeuerplatz auf dem **Isteiner Klotz** 2 (1:40 Std.). Hier wandern wir nach links auf dem Panoramaweg durch Weinberge, mit ständiger Sicht auf den Rhein und die Vogesen, in Richtung Sportplatz Huttingen. Wieder im Wald sind gesprengte Bunkeranlagen zu erkennen; der Isteiner Klotz war zu allen Zeiten ein strategisch wichtiger Bergrücken. Hinter dem Wald begleiten Felder und Kirschbaumplantagen den Weg auf der Hochfläche. Am Parkplatz vor dem Sportplatz wandern wir links weiter in Richtung Bildstöckle. Nach dem Parkplatz halten wir uns geradeaus zwischen Reben und Feld. Auf dem Asphaltsträß-

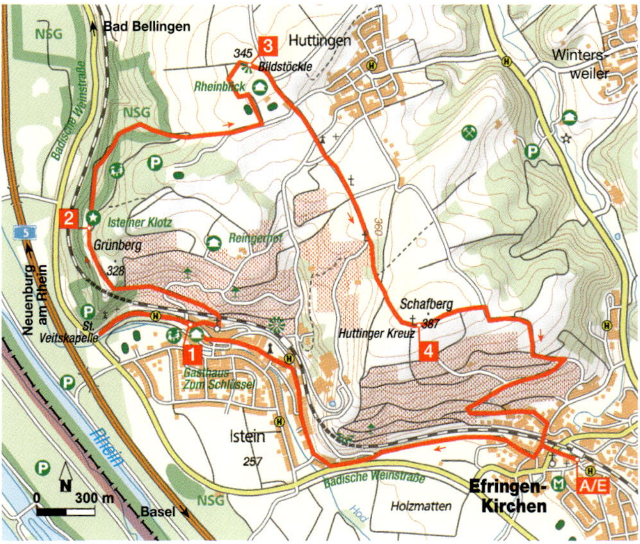

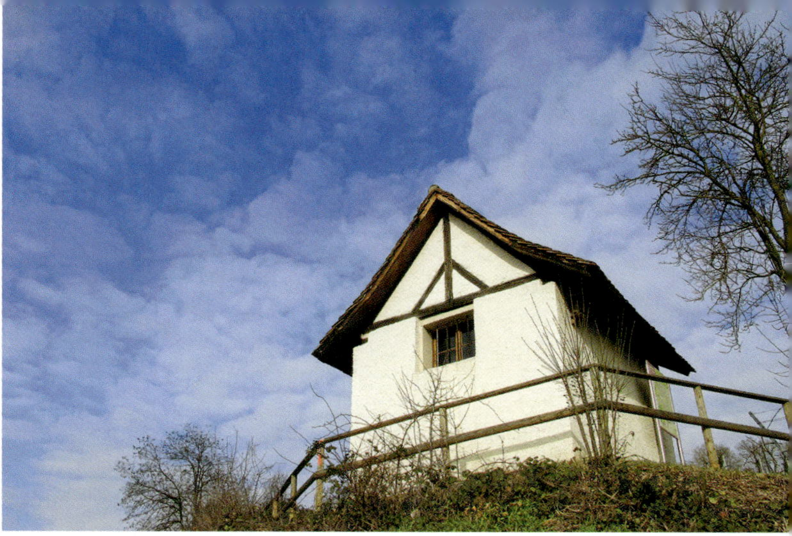

Rebenhäuschen oberhalb von Efringen-Kirchen

chen wenden wir uns nach rechts und gehen auf das erhöht liegende **Bildstöckle** 3 (2:20 Std.) mit dem Baumkranz aus Linden zu. Geradeaus weiter leitet uns das Markgräfler Wiiwegli, mit der roten Raute zuerst an einem Sendemast und dann hinunter auf dem Asphaltsträßchen am Friedhof vorbei, in Richtung Huttinger Kreuz und Efringen-Kirchen. Unser Weg führt nun wieder an großen Kirschplantagen und später rechts an einem Kalkwerk entlang. An der höchsten Stelle steht das **Huttinger Kreuz** 4 (2:50 Std.) mit einer Rastbank. An diesem Ort bietet sich eine fantastische Rundumsicht. Der Schwarzwald, Basel, Frankreich und viele kleine Orte liegen zu unseren Füßen.

An einer T-Kreuzung gehen wir rechts hinunter nach Efringen-Kirchen. Am Schützenhaus inmitten von Weinbergen wandern wir rechts auf dem markierten Panoramaweg Schafberg weiter. Nach einer Ruhebank mit zwei Schautafeln laufen wir in spitzem Winkel nach links hinunter an einem Brunnen vorbei. Das nette »Rebhisli« weiter unten links ist gastfreundlich für Wanderer geöffnet. An den ersten Häusern geht der Weinbergweg in den Gehrenweg über. Am Ende der Straße biegen wir rechts in die Engetalstraße ein. Am alten Rathaus mit Brunnen nehmen wir den Fußweg direkt an der grünen Schallschutzwand links hinunter. Unten können wir unter den Bahngleisen durchgehen und steigen gleich nach der Unterführung rechts auf den Bahnsteig am **Bahnhof Efringen-Kirchen** E (3:45 Std.) hoch. Es bietet sich noch ein Besuch im kostenlosen Museum in der alten Schule gegenüber der Kirche an (nur Sonntag und Mittwoch 14–17 Uhr geöffnet).

40 3:00 Std. ↑ 220 Hm ↓ 220 Hm ↔ 8,0 km

Durch tiefen Wald zur Burg Rötteln

Hoch über Lörrach auf einem Kalksteinfelsen steht die Burg Rötteln, oder das Röttelschloss, wie die Lörracher sagen. Diese imposante Burgruine mit großartiger Aussicht liegt auf der Wanderroute. Der Weg durch den schattigen Röttler Wald empfiehlt sich an einem sonnigen Sommertag.

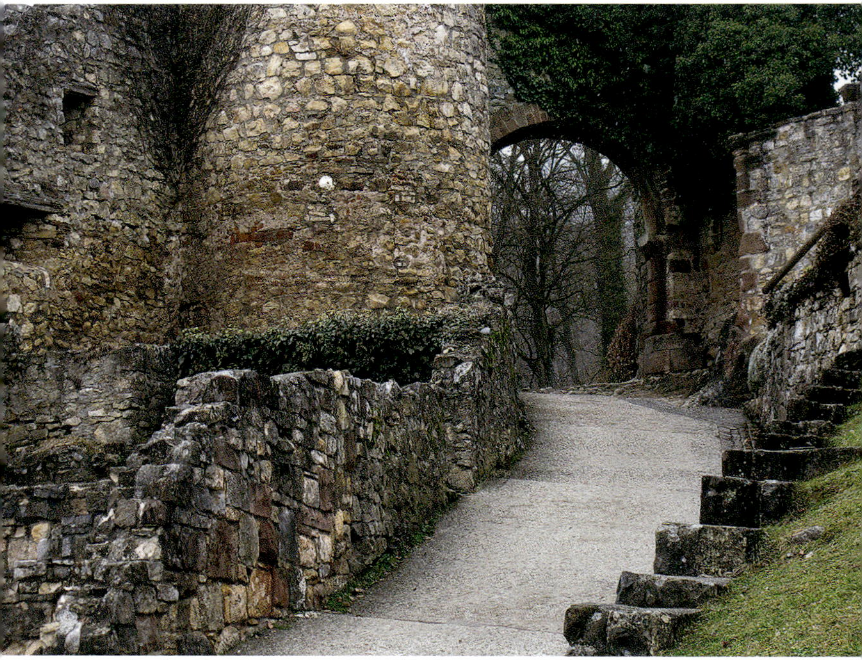

In der Burgruine Rötteln

Der Wegverlauf

Die Wanderung beginnt am Parkplatz vor dem **Bahnhof Lörrach-Haagen** A. Von hier aus ist die Burg Rötteln hoch oben zu sehen – sie wird aber nicht auf direktem Weg, sondern über eine Schleife durch den Röttler Wald angegangen. Vom Bahnhofsgebäude gehen wir 70 Meter nach rechts, also nach Osten, unterqueren die B317 und überqueren auf der Fußgängerbrücke das Flüsschen Wiese. Am Kreisverkehr vor dem großen Baumarkt bleiben wir auf der Eisenbahnstraße geradeaus und überqueren den Industriekanal. Nach der Apotheke wenden wir uns nach rechts in die Sägemattstraße. An einer T-Kreuzung laufen wir links hoch und überqueren die Hauinger Straße am Landgasthaus Krone. Nach 100 Metern auf der Wittlinger Straße benutzen wir den Lichsenweg, der links in die Höhe führt. Weiter oben stehen wir an einer Aussichtsbank inmitten von Wiesen mit alten Obstbäumen, die stark mit Misteln behangen sind. Die botanischen Schmarotzer besiedeln die Bäume und entziehen diesen Wasser und Mineralien. Es gibt verschiedene Arten, die auf unterschiedliche Bäume spezialisiert sind. Hier können wir ein wenig rasten und zur Burg Rötteln hinüberschauen.

An der Bank zeigt ein Wegweiser mit gelber Raute nach rechts Richtung Hockenberg und Hohe Straße. Unser Weg verläuft über Obstwiesen und mündet in ein Wäldchen. Hier überraschen die seltenen immergrünen Stechpalmen (Ilex aquifolium) im Unterwuchs. Die streng geschützte Stechpalme wehrt sich im unteren Bereich mit dornigen Blättern gegen Fressfeinde. Im oberen Bereich ist dies nicht nötig, so haben die Blätter dort keine Dornen. Der Waldweg wird zu einem kleinen Pfad, führt durch hohen Buchenwald und leitet schließlich über einen Steg auf die Straße, die von Wittlingen nach Haagen herüberführt. Neben der Straße müssen wir 100 Meter nach links gehen, bevor wir nach rechts aufwärts den ruhigen, markierten Weg nehmen können. Hier nimmt uns nach einem Hochwasserdamm wieder hoher Wald auf. Der Weg steigt gemäßigt aber lang bergan. Das Bächlein springt dem Wanderer munter entgegen. Am **Wegweiser Hockenberg** 1 (1:20 Std.) wandern wir nach links in Richtung Parkplatz Wittlinger Höhe und Wolfsloch. An der Kreuzung Wolfsloch wenden wir uns nach links. Der **Parkplatz Wittlinger Höhe** 2 (1:45 Std.), der beidseitig der Straße von Wittlingen nach Haagen liegt, wird geradeaus in Richtung Burg Rötteln überquert. Im schönen Mischwald sehen wir Nordamerikanische Roteichen (Quercus rubra) mit der markanten

Tourencharakter
Anfangs mittelstarker Aufstieg, dann schattige Waldwege und Pfade, meist auf Kies

Ausgangspunkt
Parkplatz vor dem Bahnhof Lörrach-Haagen (GPS: N47°38‘00.9“ E07°40‘53.0“)

Anfahrt
Auto: Über die A5 und A98 Ausfahrt Lörrach, dann nach Osten bis Lörrach. Bahn: Von Müllheim oder von Schopfheim

Einkehr
Café, Biergarten Fräulein Burg, Röttelnweiler 47, 79541 Lörrach, Tel. 07621/706 90 66, www.fräulein-burg.de

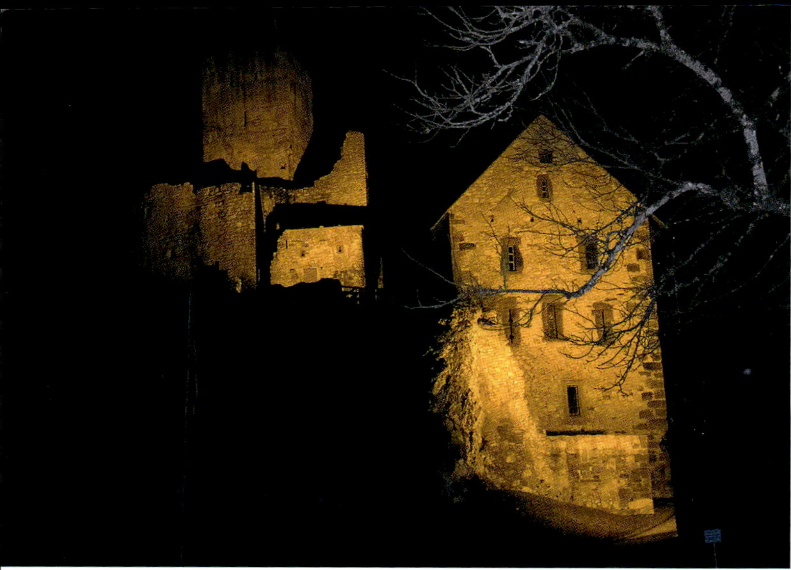

Nächtliche Beleuchtung in der Burgruine Rötteln

feinrissigen Rinde, die im Herbst ein herrliches rotbuntes Kleid aus großen, gelappten Blättern tragen.

An einem schattigen Picknickplatz stehen wir dann plötzlich vor der mächtigen **Burg Rötteln** **3** **(2:25 Std.)**. Durch das alte obere Haupttor betreten wir die Vorburg und können links oben die Oberburg mit Museum besichtigen. Von den hohen Türmen lassen sich das Wiesental, die Basler Bucht sowie das Schweizer Jura bis zu den Vogesen hin überblicken. Wahrscheinlich bestand die Burganlage seit Anfang des 11. Jahrhunderts. Die Herren von Rötteln wurden 1102 erstmals urkundlich erwähnt. Die erste beurkundete Nennung der Burg Rötteln stammt aus dem Jahr 1259. Beim Bauernaufstand 1525 wurde die Burg geplündert, im Dreißigjährigen Krieg beschädigt und 1678 während der Erbfolgekriege Ludwigs XIV. zerstört. Aber auch noch im 18. Jahrhundert wurde die Burg durch die markgräfliche Verwaltung teilweise genutzt. Es gab eine herrschaftliche Trotte (Weinpresse) und ein Weinlager. Danach wurde die Burgruine Rötteln als Steinbruch genutzt. Heute ist die Burg ein beliebtes Ausflugsziel. Im Burghof weiter unten lockt der schöne Wirtsgarten der Burgschenke den müden Wanderer zur Rast.

Durch das untere Tor oder Südtor verlassen wir die Vorburg und nehmen den Naturweg links hinunter nach Haagen. An zwei großen Strommasten gehen wir links den schmalen Weg mit Geländer hinunter. Unten an den Häusern treffen wir auf einen flach verlaufenden Fußweg, dem wir nach

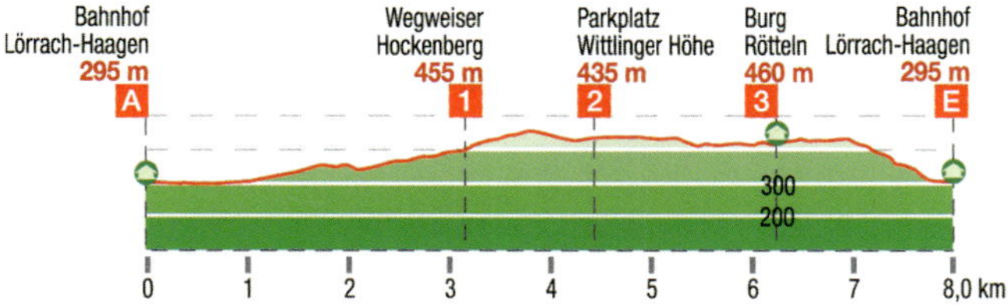

links folgen. Der Fußweg endet in der Straße Taubenacker. Hier gehen wir rechts. An der Kreuzung schlendern wir links in die Schlossstraße. Nach 350 Metern biegen wir rechts in die Manzentalstraße ein und überqueren geradeaus die Röttler Straße. Auf einer kleinen Brücke geht es über den Gewerbekanal, und wir halten uns dann links entlang des Kanals. Der Weg verläuft zwischen dem Wasserlauf und dem Parkplatz des Baumarktes. Die Industriestraße bringt uns zu dem großen Kreisverkehr an der Eisenbahnstraße vor dem Baumarkt. Dort sehen wir rechts schon das Bahnhofsgebäude und gehen auf bekanntem Weg über das Flüsschen Wiesen und unter der B317 hindurch zum Endpunkt der Wanderung, dem **Bahnhof Lörrach-Haagen E (3:00 Std.)**. Hinter den Schienen lädt am Rand einer schönen Parkanlage eine alte Villa mit gediegenem Restaurant zur Einkehr.

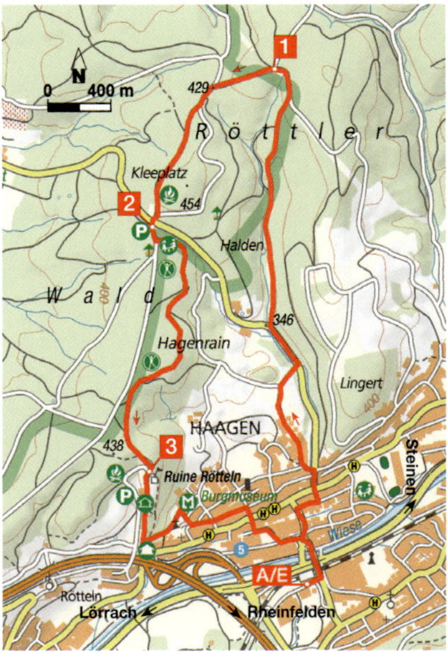

Die Hexe von Binzen

Um die Burgruine Rötteln ranken sich mehrere Sagen. Am bekanntesten ist die von der Hexe von Binzen, die sich an einem gebieterischen Burgherrn rächt und Feinden den Zugang zur Burg durch einen unterirdischen Gang verrät. Es gibt aber auch Geschichten von sonderbaren Erscheinungen. So ist auch hier von einem weißen Fräulein die Rede, das einen Schatz bewacht, und es gibt angeblich keuchende unsichtbare Gestalten, Drachen und gespenstische Lichter.

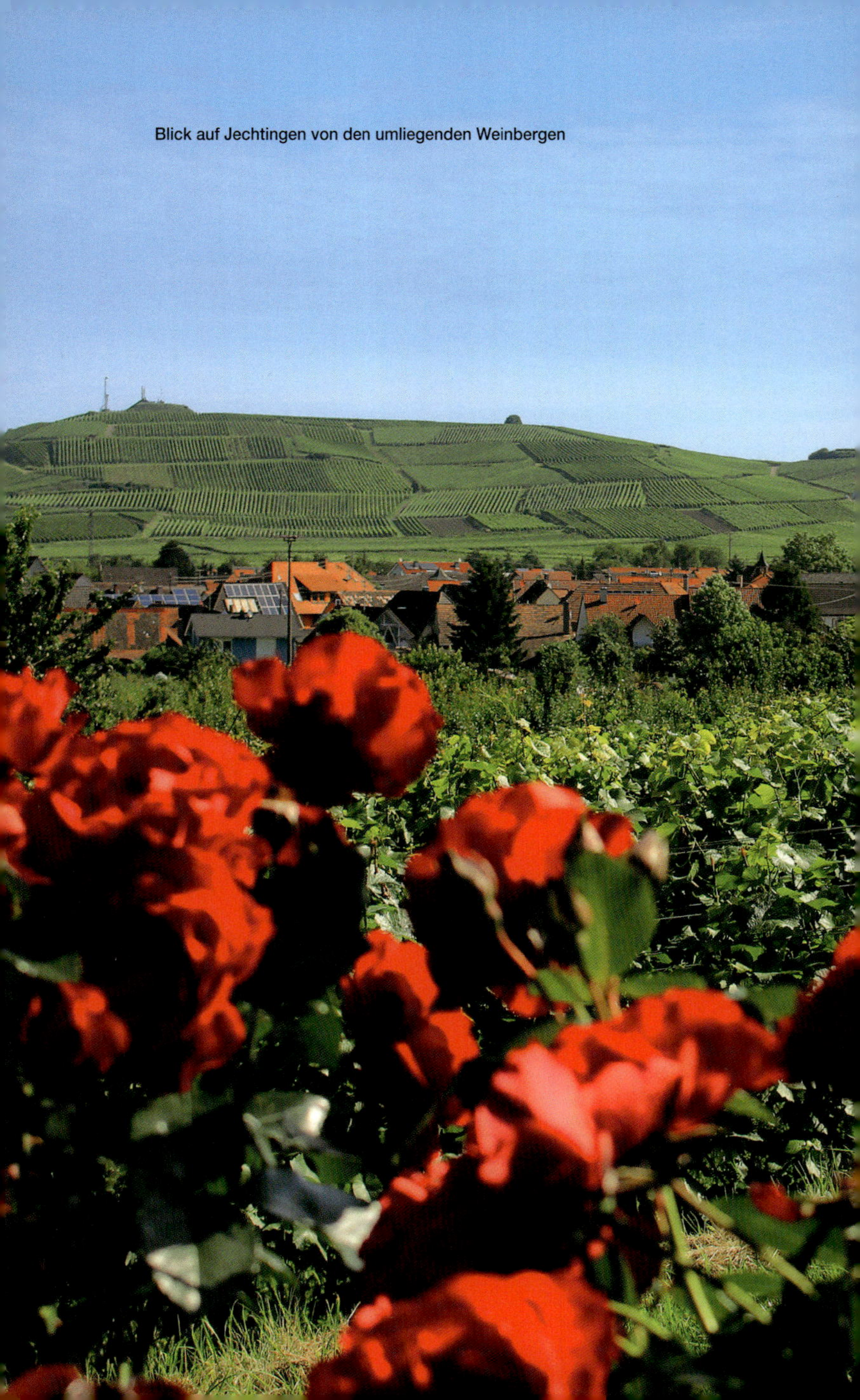

Blick auf Jechtingen von den umliegenden Weinbergen

Mehr entdecken

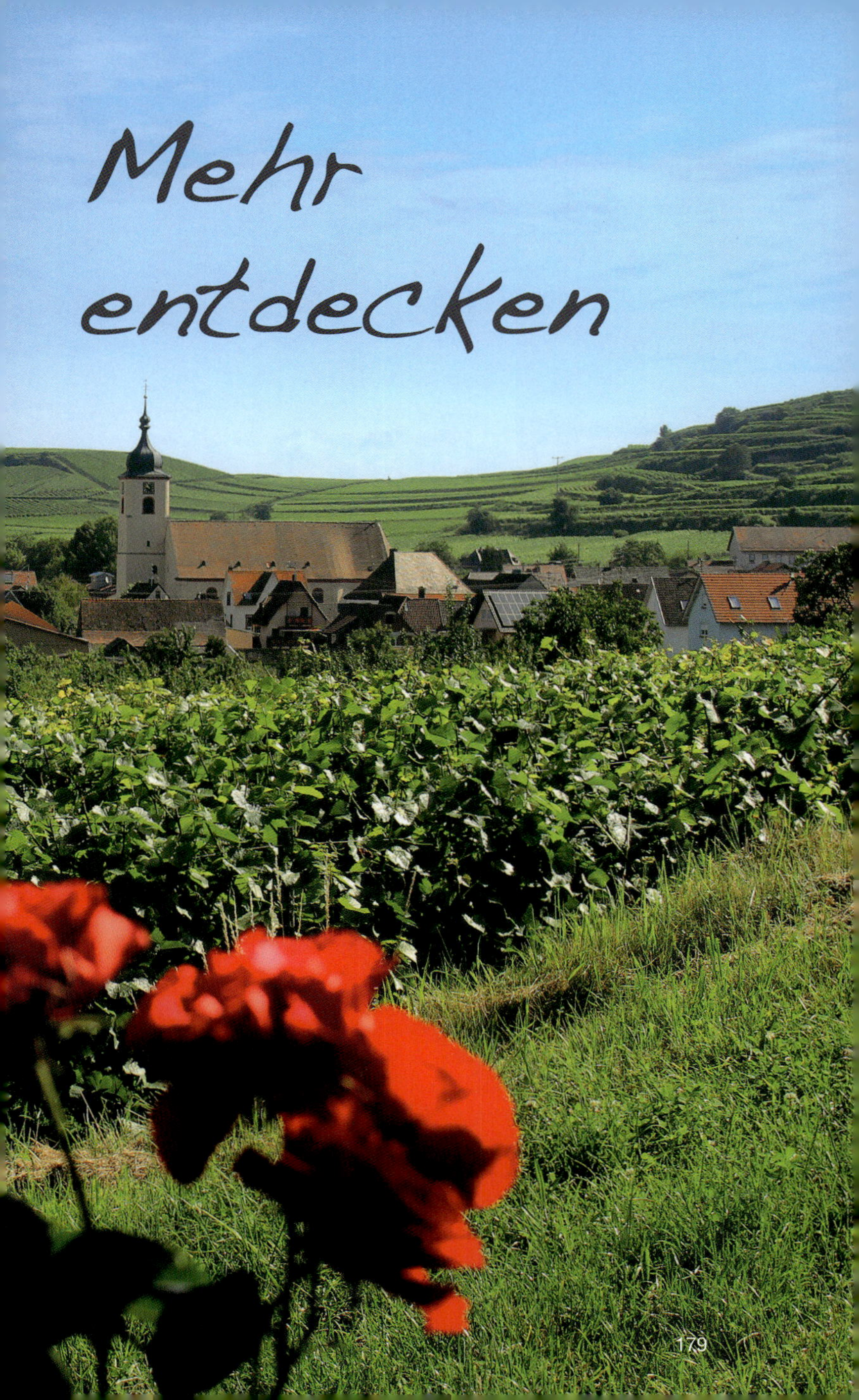

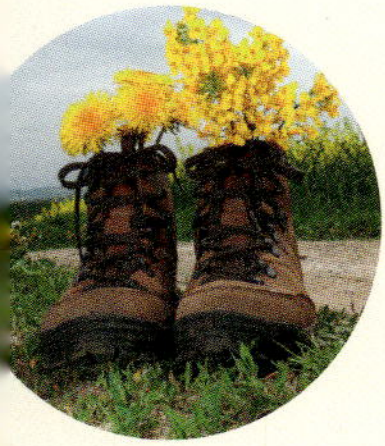

Mehr entdecken

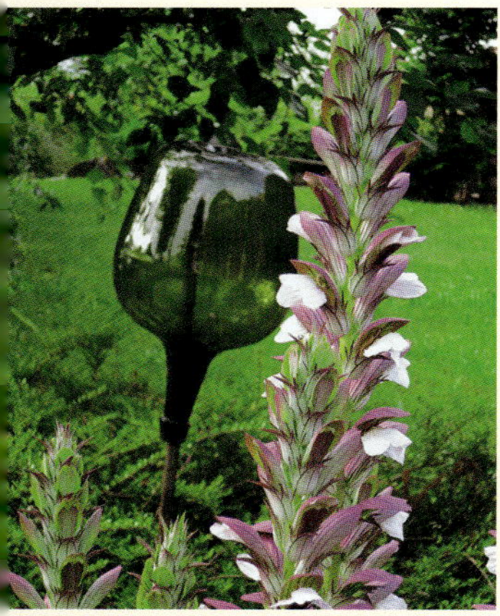

Im warmen Kaiserstuhl wächst auch der mediterrane Akantus.

Shopping im Burkheimer Kräuterhof

Unterhalb der herrlichen Altstadt Burkheims befindet sich der riesige Burkheimer Kräuterhof. Hier gibt es schmackhafte Kräuter, edle Gewürze, feine Tees, Naturkosmetik, beste ätherische Öle, Kerzen und vieles andere mehr. Tausend Geschenkideen für die Zuhausegebliebenen oder für das eigene Verwöhnprogramm. Im Kräutergarten können die Besucher Pflanzen kennenlernen.

Burkheimer Kräuterhof, Plonweg 2, 79235 Vogtsburg, Tel: 07662/15 83, Montag–Freitag von 10–18.30 Uhr, Samstag von 10–14 Uhr.

www.herbal-farm.com

Burkheimer Nachtwächter

Wenn der Nachtwächter seine Runden durch die Burkheimer Gassen zieht und sein Nachtwächterlied in alemannischer Sprache singt, bringt er einen Hauch von Nostalgie aus längst vergangenen Zeiten mit. In den historischen Sträßchen von Burkheim lebt dann die Vergangenheit regelrecht wieder auf. Er erzählt manche Geschichten und Anekdoten aus früheren Zeiten.

Immer Mittwoch und Sonntag um 22 Uhr ohne Anmeldung, Treffpunkt am historischen Stadttor. Wahlweise mit kulinarischem Programm buchbar unter **www.burkheim-touristik.de.**

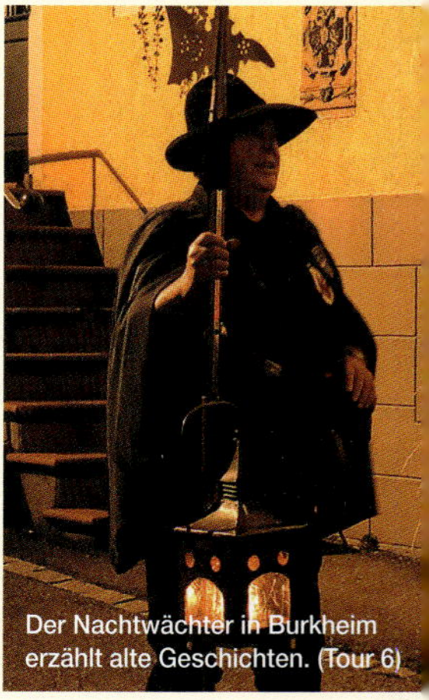

Der Nachtwächter in Burkheim erzählt alte Geschichten. (Tour 6)

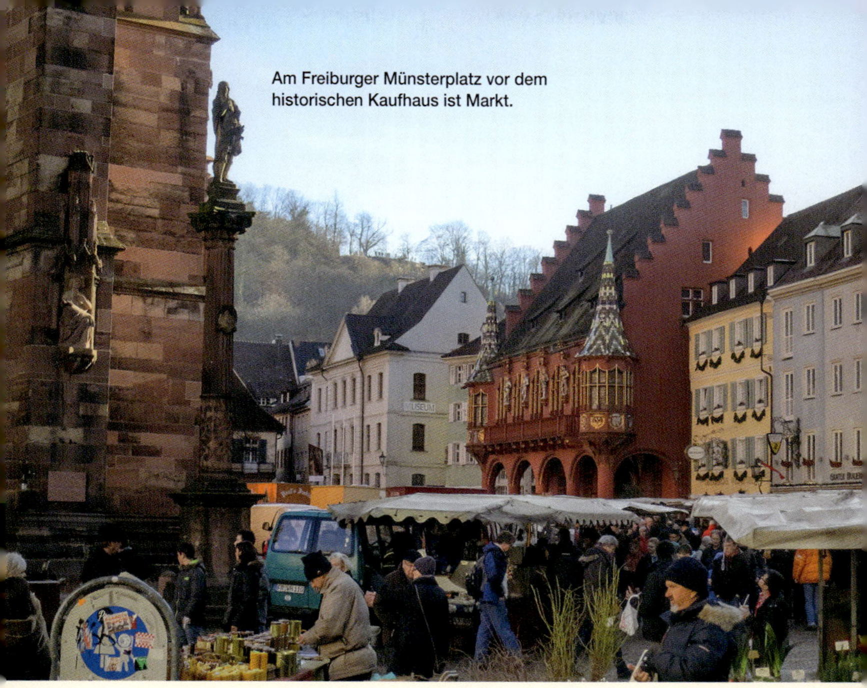

Am Freiburger Münsterplatz vor dem historischen Kaufhaus ist Markt.

Shopping in Freiburg

Von der Sonne verwöhnt bietet Freiburg südliches Flair. Der historische Stadtkern ist zugleich das lebendige Zentrum. Berühmt sind die »Bächle«, in Stein gefasste kleine Wasserläufe, die sich durch die Straßen und Gassen schlängeln. Wahrzeichen der Stadt ist das Freiburger Münster, dessen Turm zu den Meisterleistungen gotischer Architektur zählt. Vom Turm des Münsters oder vom Schlossbergturm ergibt sich ein herrlicher Ausblick. Rund um das Münster und vor dem historischen Kaufhaus aus dem 16. Jahrhundert locken der werktägliche berühmte Wochenmarkt und verschwiegene Gassen mit kleinen Geschäften. Allbekannt ist die »Lange Rote« mit oder ohne Zwiebel, die von den vielen Wurstbratereien angeboten wird.

www.freiburg.de

Kunsthalle Messmer Foundation

Die Sammlung im alten Riegeler Brauereischloss umfasst ca. 1000 Gemälde und Skulpturen aus den Bereichen Klassische Moderne, zeitgenössische Kunst und vor allen Dingen der konkret-konstruktive Kunst. Die Werke stammen aus privaten Sammlungen und Stiftungen. Die

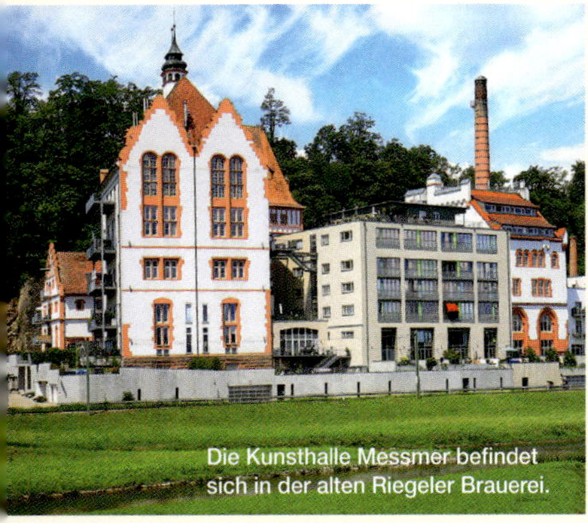

Die Kunsthalle Messmer befindet sich in der alten Riegeler Brauerei.

Kunsthalle präsentiert ständige Wechselausstellungen.
Kunsthalle Messmer, Großherzog-Leopold-Platz 1, 79359 Riegel am Kaiserstuhl, Tel: 07642/920 16 20, Dienstag – Sonntag 11 – 17 Uhr, Eintritt 11 €. Öffentliche Führungen durch die aktuelle Ausstellung jeden zweiten Mittwoch im Monat ab 17 Uhr. Einkehr im Museums-café Evard. **www.kunsthallemessmer.de**

Kellerführung mit Weinprobe in Oberrotweil

220 Winzerfamilien bewirtschaften um Oberrotweil eine Rebfläche von über 400 Hektar und liefern die Trauben in die Fässer des Winzervereins. Oberrotweil ist für seinen exzellenten Spätburgunder bekannt. Die Vulkanverwitterungsböden bieten dafür die besten Voraussetzungen. Im Keller liegt das größte Holzfass in Baden. Es wurde 1938 gebaut und hat ein Fassungsvermögen von 25000 Litern.
Jeden Mittwoch um 14 Uhr findet die Kellerführung mit Weinprobe statt (von April bis Oktober), 5 € pro Person. Bahnhofstraße 31, 79235 Vogtsburg im Kaiserstuhl, Tel: 07662/932 00.
www.winzerverein-oberrotweil.de

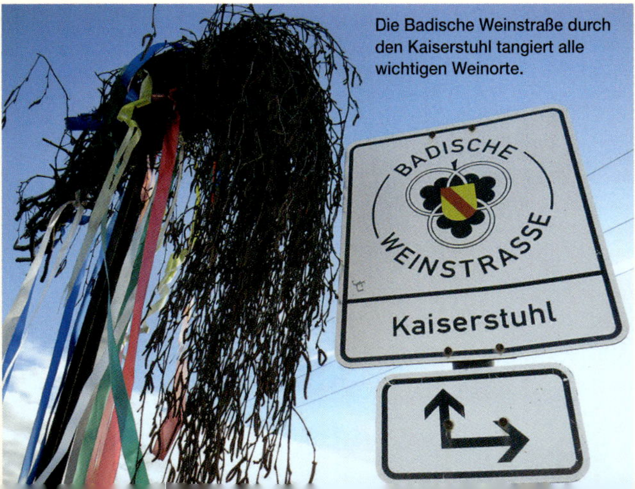

Die Badische Weinstraße durch den Kaiserstuhl tangiert alle wichtigen Weinorte.

St. Michael in Niederrotweil

St. Michael ist die älteste Kirche im Kaiserstuhl mit einem wunderbaren spätgotischen Flügelaltar aus dem Jahr 1525, wahrscheinlich geschaffen von dem Ulmer Meister Hans Loy, der von 1519 bis 1520 in Freiburg wirkte. Besonders der kunstvoll gestaltete Mittelteil des Altars wirkt als gefrorene Momentaufnahme einer bewegten Szene. Eine interaktive 360°-Ansicht mit dem Altar ist zu sehen unter: www.360cities.net/de/image/st-michael-romanesque-church-niederrotweil-kaiserstuhl. Die Kirche enthält außerdem Fresken aus dem 14. Jahrhundert und die älteste Orgel des Breisgaus.
Der Besichtigungswunsch ist unter Tel: 07662/83 33, Tel: 07662/16 50 oder beim Haus Nr. 36 in Niederrotweil anzumelden.

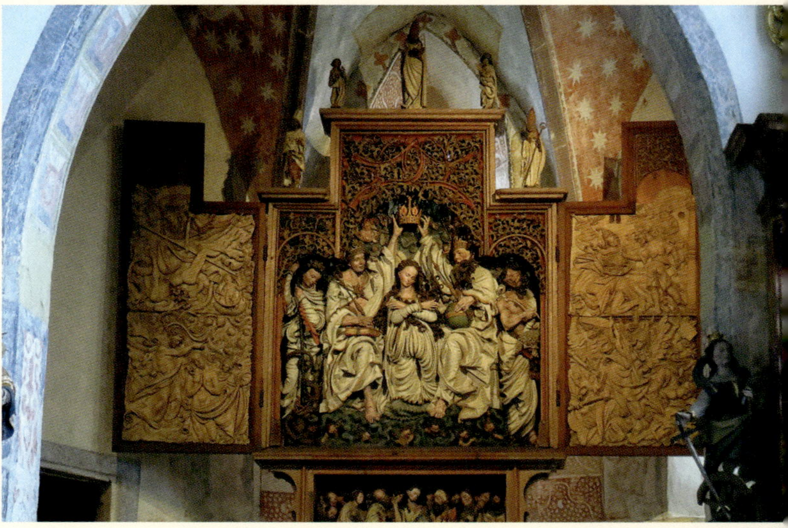

Der Schnitzaltar in St. Michael ist ein Kleinod.

Sektkellerei Geldermann Breisach

Unter dem Breisacher Münsterberg befinden sich fünf Kilometer lange Lagergänge mit einer optimalen Lagertemperatur von 13 °C. Hier reift der Rohsekt auf edlen Hefen. Nach Abschluss des Reifeprozesses werden die Flaschen mit dem Kronkorken nach unten in schräg gestellte Rüttelpulte gesteckt, sodass sich der Hefesatz langsam im Flaschen-

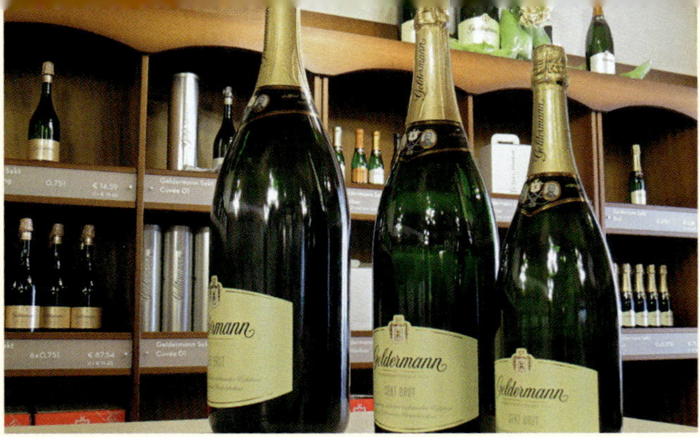
Der Sekt wird im Champagnerverfahren hergestellt.

hals zu einem Pfropf sammeln kann. Zusätzlich werden die Flaschen regelmäßig gerüttelt und systematisch gedreht.
Tägliche öffentliche Kellereiführungen (ohne Anmeldung) jeweils um 14 Uhr. Die Führung inklusive Verkostung eines Sektes dauert ca. eine Stunde. Eintritt 5 € pro Person.
Geldermann Privatsektkellerei, Am Schloßberg 1, 79206 Breisach am Rhein, Tel: 07667/834-0. **www.geldermann.de**

Landhaus Ettenbühl

Ettenbühl ist nicht nur ein Rosengarten, sondern ein fünf Hektar großer Landschaftspark mit vielen verschiedenen Blumen, seltenen Bäumen, Gehölzen und Sträuchern. In den 20 Gartenzimmern gibt es immer Neues zu entdecken. Ettenbühl steht aber auch für ein gemütliches Café und Restaurant. In der Rosen- und Staudengärtnerei finden sich über 1000 Rosen- und Staudensorten zum Mitnehmen.
Landhaus Ettenbühl, 79415 Bad Bellingen, Tel: 07635/82 79 70, Öffnungszeiten: Sommersaison: 15.3.–31.10. täglich 9–18.30 Uhr, Wintersaison: 1.11.–14.03. täglich 10–17.30 Uhr.
Eintritt: 4 € Wintersaison und 7 € Sommersaison.
www.landhaus-ettenbuehl.de

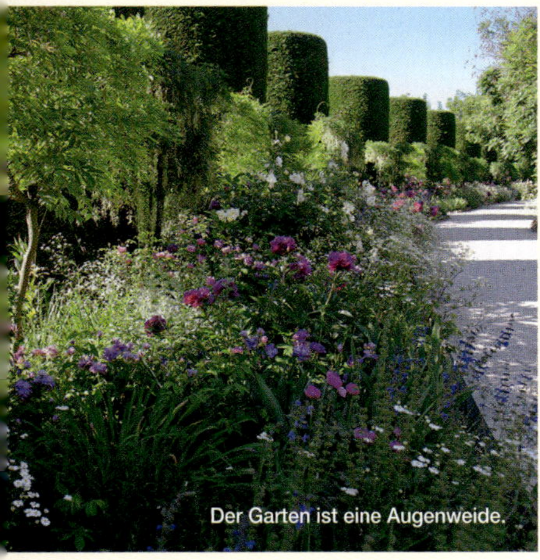
Der Garten ist eine Augenweide.

Vitra Design Museum

Das Museum umfasst Werkschauen zu einzelnen Designern und Architekten wie Jean Prouvé, Le Corbusier, Marcel Breuer, Verner Panton und Ausstellungen zu speziellen Themen. Zu sehen sind Designobjekte aus den 50er-, 60er- und 70er-Jahren. Der Horizont reicht dabei weit über das Thema Sitzmöbel hinaus. Die Sammlung kann von den Skizzen über die Prototypen bis hin zu den realisierten Produkten Designprozesse umfassend präsentieren.
Vitra Design Museum, Charles-Eames-Straße 2, 79576 Weil am Rhein, Tel: 07621/702 32 00, Öffnungszeiten: Täglich 10–18 Uhr, Eintritt: 11 € pro Person.
www.design-museum.de

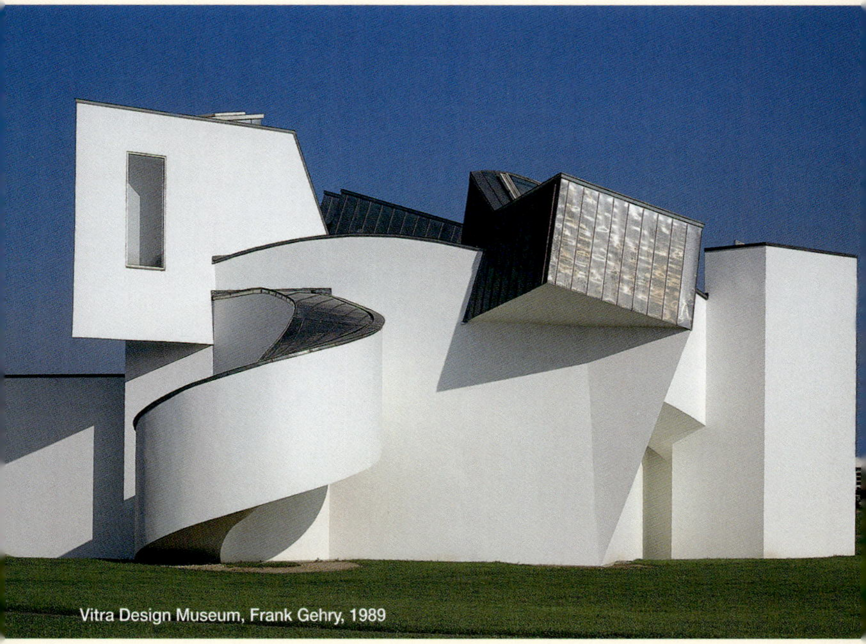

Vitra Design Museum, Frank Gehry, 1989

Register

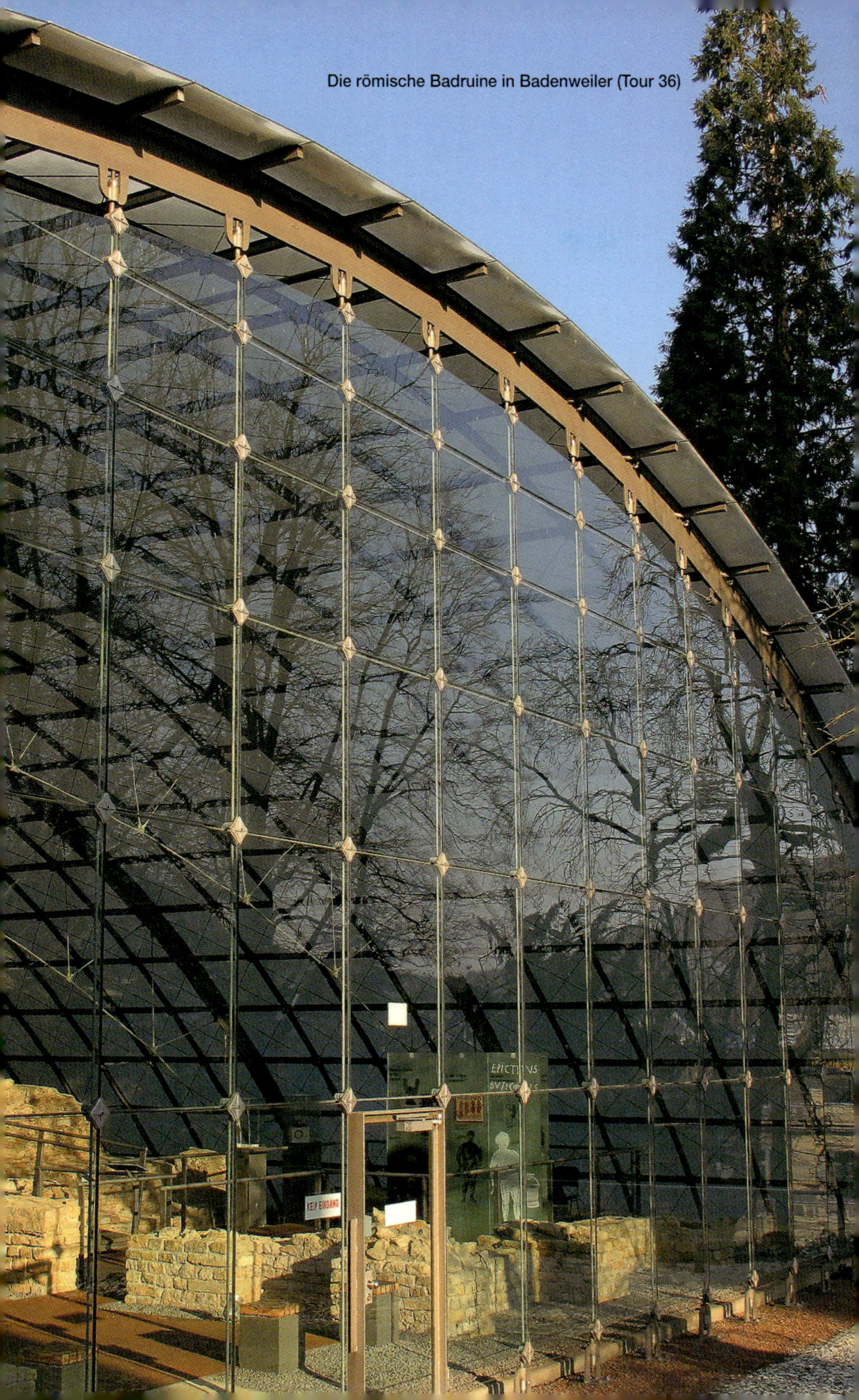

Die römische Badruine in Badenweiler (Tour 36)

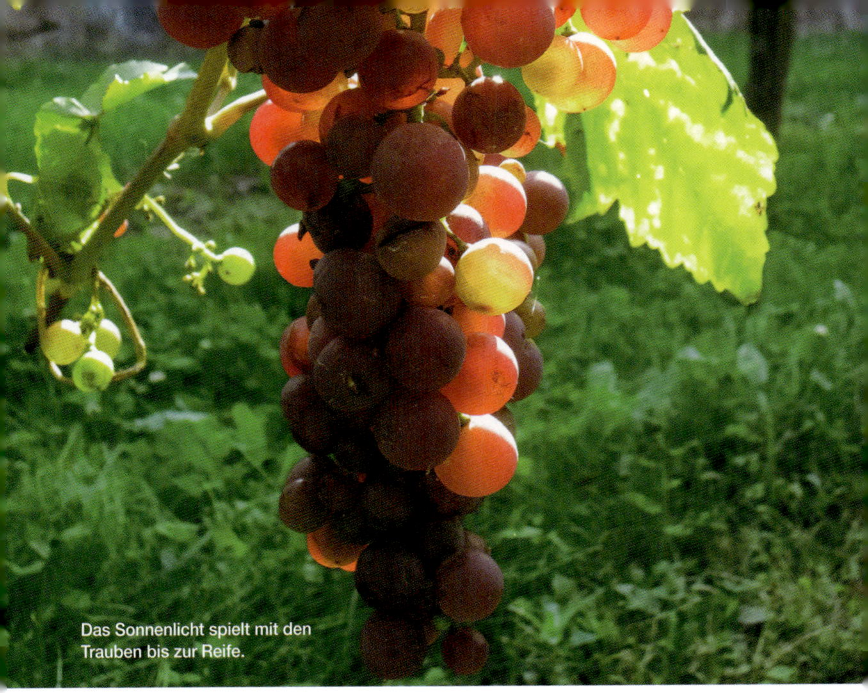

Das Sonnenlicht spielt mit den Trauben bis zur Reife.